Flachsinn

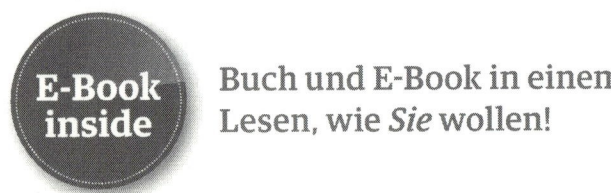

E-Book inside — Buch und E-Book in einem – Lesen, wie *Sie* wollen!

1. Öffnen Sie die **Webseite** www.campus.de/ebookinside
2. Geben Sie folgenden **Downloadcode** ein und füllen Sie das Formular aus

»TICKET TO READ« – IHR CODE: **9A2EA-SGX2T-C27GT**

3. Wählen Sie das gewünschte E-Book-**Format** (MOBI/Kindle, EPUB, PDF)
4. Mit dem Klick auf den Button am Ende des Formulars erhalten Sie Ihren persönlichen **Downloadlink** per E-Mail

Gunter Dueck war Mathematikprofessor und Chief Technology Officer der IBM Deutschland. Heute arbeitet er als Autor, Netzaktivist, Business Angel und Speaker und widmet sich unverdrossen der Weltverbesserung. Zuletzt veröffentlichte er die Erfolgstitel *Das Neue und seine Feinde* (2013) und *Schwarmdumm* (2015).

Gunter Dueck

Flachsinn

Ich habe Hirn, ich will hier raus

Campus Verlag
Frankfurt/New York

ISBN 978-3-593-50517-6 Print
ISBN 978-3-593-43572-5 E-Book (PDF)
ISBN 978-3-593-43594-7 E-Book (EPUB)

Copyright © 2017 Campus Verlag GmbH, Frankfurt am Main
Umschlaggestaltung: NETWORK!, Werbeagentur, München
Umschlagmotiv: © Getty Images / Derek Bacon / Corbis
Satz: Oliver Schmitt, Mainz
Gesetzt aus: Univers und Yoga Pro
Druck und Bindung: Beltz Bad Langensalza
Printed in Germany

www.campus.de

Inhalt

Einleitung

Das Smartphone vibriert, klingelt oder surrt. Zing! Das ist der Messenger. Eine Melodie von eBay zeigt an, dass eine Auktion in den nächsten Minuten endet. Freunde schicken Fotos, News versprechen uns »Drei Minuten, nach denen du bestimmt lange weinen musst« oder »Wenn du dieses Bild siehst, wird sich dein Leben auf der Stelle für immer verändern«.

Das Netz ist eine Welt der Wunder: Politiker betreiben simples Selbstmarketing, statt ihre eigentliche Arbeit zu tun, und fordern uns im Gegenzug auf, mal schnell unser Verhalten zu ändern – am besten natürlich »langfristig« und »nachhaltig«. Manager fordern harsch immer mehr Extrameilen von uns ein, die alle ihre (!) Probleme beseitigen. Für jede Schieflage in unserem Leben gibt es im Internet Rat von allerlei Coaches und Therapeuten, es gibt Heilslehren und Globuli. Spezial-Militante empören sich unentwegt gegen überhaupt alles, meist sehr vehement. Darunter sind viele sogenannte Trolle und *Hater*, sie fluten Hass oder sadistische Obstruktion. Unternehmen mischen sich schmeichelnd mit »gesponserten« Meldungen in die sozialen Netzwerke hinein – es sind lästige Wölfe, die dem naiven Rotkäppchen die wunderschönen Blumen tief im Wald zeigen und es vom Wege locken wollen. Sie haben weiße Pfoten (aus einem anderen Märchen, nachdem sie schon Kreide gefressen haben).

Ablenkung im Sekundentakt. Ein Hirn-Quickie nach dem anderen. Ein Tor in Barcelona, eine hühnergrippale Taube auf den Osterinseln. Jetzt wieder verstörende Verschwörungstheorien über geheime Konzentrationslager, unterirdische Städte für Reiche nach dem Atomkrieg, über Chemtrails oder von Black Goo. Was davon, bitte, ist jetzt wichtig? Was stimmt denn nun? Ist es uns überhaupt wichtig, ob es stimmt? Wollen wir wirklich viel Wahres wissen, wirklich eine Menge lernen oder einfach nur Entertainment konsumieren?

Wir genießen das Faszinierende, das Unbekannte oder das Schockierende. Unsere Aufmerksamkeit wird besonders vom Schrillen, Extremen und Exotischen eingefangen. Wir schwelgen. Es gibt eine ganze Industrie, die die Überschwemmung mit solchen Hirn-Quickies dazu nutzt, uns etwas nebenbei per Werbung oder neudeutsch über Ads zu verkaufen oder einzureden. Das wissen wir natürlich, aber wir stören uns nicht wirklich daran. Rotkäppchen findet die vielen schmeichlerisch freundlichen Wölfe so richtig cool.

Unser Hirn suchte einst nach der Wahrheit, es grübelte, forschte, suchte, diskutierte und stritt. Es gab, sagt man, noch die Geduld, neue Gedanken sacken und reifen zu lassen. Heute hat unser Hirn die Möglichkeit, alles einfach nur genießend zu konsumieren. Die Ernsthaftigkeit zur wirklichen Auseinandersetzung bleibt auf der Strecke.

»Too much!« - »Nur Quatsch!« Vor diesem Zuviel wird heute immer eindringlicher gewarnt. Ja, und wir sollten uns alle an der Nase fassen und uns an die zweite Inschrift am Orakel von Delphi erinnern: Medén àgan, alles mit Maß. »Sieh die Goldene Mitte. Bleib auf dem Weg.«

Da ging der Wolf ein Weilchen neben Rotkäppchen her, dann sprach er: »Rotkäppchen, sieh einmal die schönen Blumen, die ringsumher stehen. Warum guckst du dich nicht um? Ich glaube, du hörst gar nicht, wie die Vöglein so lieblich singen? Du gehst ja für dich hin, als wenn du zur Schule gingst, dabei ist es so lustig draußen in dem Wald.« Rotkäppchen schlug die Augen auf, und als es sah, wie die Sonnenstrahlen durch die Bäume hin und her tanzten und alles voll schöner Blumen stand, dachte es: Wenn ich der Großmutter einen frischen Strauß mitbringe, der wird ihr auch Freude machen; es ist so früh am Tag, dass ich doch zu rechter Zeit ankomme, lief vom Wege ab in den Wald hinein und suchte Blumen. Und wenn es eine gebrochen hatte, meinte es, weiter hinaus stände eine schönere, und lief danach und geriet immer tiefer in den Wald hinein.

Erinnern Sie sich an diesen Text aus den Grimm'schen Märchen? Den bekamen wir vorgelesen. Blumen und Wölfe lenken uns vom Wege ab, das wird hier das große Thema sein. Im bunten Leben gibt es wundervolle Blumen, giftige Beeren, manchmal essbare

Pilze und viele, viele Wölfe mit speziellen Absichten, die Rotkäppchen auf ihre speziellen Abwege führen wollen.

Und wir alle wissen doch noch, was vorher die Mutter zum Rotkäppchen sprach? »Wenn du hinauskommst, so geh hübsch sittsam und lauf nicht vom Wege ab.«

Unser Wald ist das Internet, und die Wölfe und Blumen des 21. Jahrhunderts sind die Werbetreibenden, die Propagandisten, Netzbanditen oder Wahlkampfpolitiker, die uns locken wollen, ihnen unsere Aufmerksamkeit für ihre in Blüten gepackten Absichten zu schenken. Es gibt immer mehr und so vieles, dem wir unsere Aufmerksamkeit schenken wollen und sollen. Leider ist unsere Aufmerksamkeit ein Gut, das wir nur begrenzt zur Verfügung haben und das deshalb umso gieriger umworben wird. Um unsere Aufmerksamkeit einzufangen, sammeln sie Kenntnisse über uns - sie wollen unsere Daten, damit sie uns leichter in ihrem Sinne ablenken können. Wer diese Daten über uns hat, ist im Vorteil. Längst sind die Daten gutes Geld wert, viele sagen, gute Daten seien wie das Erdöl des 21. Jahrhunderts. Denn wer etwas Interessantes zu zeigen hat, kann mit einem bunten Strauß von Werbung drum herum sofort mit dem Verdienen loslegen. Aufmerksamkeit ist die neue Währung unserer Zeit, und die Daten helfen, mehr Aufmerksamkeit zu ernten - so wie gute Siebe wichtig zum Goldwaschen sind.

Wir leben in einer Welt des Überflusses, in der es trotzdem und gerade deswegen gilt, sich selbst und alles andere gut zu verkaufen. Wir selbst ringen um Aufmerksamkeit. Wer bekommt die Mietwohnung in Schwabing? Wir müssen bei der Wohnungsbesichtigung mit dem Immobilienmakler zwanzig andere Familien ausstechen, die sich mit uns um die schön teure Wohnung bemühen. Wir wollen der beste Bewerber unter hundert sein, der diese eine tolle Top-Stelle bekommt. Wir wollen eine Bewerbung einreichen, die so viel Aufmerksamkeit auf sich zieht, dass sie der Personaler nach kürzestem Überfliegen auf den richtigen Stapel der engeren Wahl legt. Auch wir wollen händeringend Aufmerksamkeit!

Heute gewinnt meist derjenige, der es versteht, starke positive Aufmerksamkeit auf sich zu ziehen - sofort und auf der Stelle! Blicke einfangen! Den Atem stocken lassen! Ein Werbeplakat muss nach Sekundenbruchteilen in einen Kaufklick münden, sonst vergessen wir das Beworbene unter immer neuen Eindrücken. Ein zu langer Erklärungssatz eines langatmigen Redners im Fernsehen - zapp und weg. Und ein Manager hat heute oft fünfzig Mitarbeiter, die er nur selten persönlich spricht - er hat ja keine Zeit. Daher haben wir oft nur wenige und deshalb wirklich entscheidende Minuten beim Chef: Wie ist sein Eindruck? Bekommen wir jetzt eine günstige Entscheidung?

Mal sind wir Wolf, mal Rotkäppchen. Mal überreden wir, mal werden wir verführt. Wir verlieren uns immer leichter und zeitlich ausgedehnter im Trubel. Wir vergessen heute nur allzu leicht den Rat der Mutter, der uns vor dem Verlassen des rechten Weges warnte. Und nicht nur das: Wir sehen in vielen Fällen den Weg gar nicht mehr. Schon die Unterscheidung zwischen Weg und Abweg wird immer schwieriger. Wir bewegen uns, besonders im Netz, wie in einem »Neuland«, wie es Angela Merkel so treffend benannte.

Das Aufmerksamkeitsland Internet sieht aus wie ein frühes Amerika in den Wildwestfilmen. Goldgräber in Saloons, Trapper, Viehdiebe, Cowboys und Sheriffs zwischen frommen Puritanern, die doch nur Landwirtschaft betreiben wollen. Sie alle denken an ein Land der Träume und der unbegrenzten Möglichkeiten.

Ich werde mit Ihnen dieses Aufmerksamkeitsland betreten und seine Akteure und seine Gesetzmäßigkeiten beschreiben. Und zeigen, wie es sich von früheren Machtwelten unterscheidet: Ein Blick in eine Welt, die mit Wissenschaft und Algorithmen hinter uns her ist, um uns zu Klicks und Wahlentscheidungen zu bringen, eine Welt, in der oft die Inhalte (Artikel, Bilder, Meinungen) schon nicht mehr für sich erzeugt werden, sondern nur den schnöden Zweck haben, um die Aufmerksamkeit auf diese Inhalte über lockende Werbeseitenblicke zu monetarisieren.

Verantwortungslose Aufmerksamkeitsprofis spekulieren und zocken also in einer neuen Aufmerksamkeitsökonomie. Sie hypen Neues oder Stars und ziehen anschließend alles wieder nieder - es geht zu wie auf dem Aktienmarkt der Lebensmittelspekulanten, also ohne Rücksicht auf Verluste bei Produzenten und Menschen.

Die Spekulanten lieben besonders die großen Schwankungen (hier die der Aufmerksamkeit), weil diese stets zu großem Rummel führen und alle möglichen Milchmädchen und Affektklicker anlocken - denn die sollen ja die Zeche zahlen!

Das Erzeugen von Rummel ist durch das Netz leichter geworden denn je. Wir werden sehen, dass das Gewimmel an extremen Meinungen, Heilslehren, Management-Patentrezepten und immer neuen politischen Forderungen ein gewisses inneres System hat. Es gibt da wohl eine »unsichtbare Hand«, die nicht nur die Rhythmen der Ökonomie, sondern auch die der Aufmerksamkeitswirtschaft zu prägen scheint. Und auch privat schielen wir langsam nach den neuen Prinzipien der Aufmerksamkeit. Wir lechzen nach Rummel um uns selbst. Wir pimpen uns, wir stellen uns heraus, wir steigern die Zahl unserer Facebook-Freunde und Follower - wir werden von einer Art Sucht ergriffen, wie sie die Zocker am Aktienmarkt befällt.

All das kalkuliert Flache, Sensationelle, Emotionale, Scharfmachende, Niederziehende, Hetzende, Übertreibende, Lärmende und Verführende zum Zweck der Aufmerksamkeitsverwertung will ich hier im Buch *Flachsinn* nennen. Es neutralisiert sich lärmend gegenseitig, die Extreme heben sich auf, denn das Laute nützt im Lärm ja nichts. Wir registrieren beunruhigt das hektische Hin und Her. Nichts ist beständig gut oder schlecht - nein, alles wird hoch- oder niedergezogen, Wahrheiten scheint es nicht mehr zu geben. Das bipolare Rauf und Runter in Medien, Politik und Wirtschaft hinterlässt eine große Leere und eine Verdrossenheit. Es stiehlt uns Zeit und Energie.

Hilfe! Was ist nun noch wichtig unter all dem Unwichtigen? Wir verbringen immer mehr Stunden mit der Beurteilung, ob etwas ignoriert werden muss (jeden Morgen die Werbemails, Newsletter und unnötigen Kopien) oder ob wir es unserem Gehirn zumuten können. Wir wissen ja genau, dass uns die anderen verführen, belehren und beeinflussen wollen. Wir sollen kaufen, abonnieren, mitziehen, mehr Überstunden machen und bei »Glücksspielen« mitmachen, die den Betreibern Glück bringen sollen. Manchmal sehnen wir uns nach der guten alten Zeit, als vor allem das Wichtige und Ernsthafte Bestand zu haben schien und uns von den Autoritäten (den »Intellektuellen« und »Offiziellen«) dargeboten und empfohlen wurde. Wir leiden fast schon unter der Freiheit, unter so vielen Informationen, Videos, Meldungen und News wählen zu müssen. Wie erlangen wir wieder Souveränität im Aufmerksamkeitsland? Viele scheinen überfordert mit dem Problem, die eigene Aufmerksamkeit auf Sinnvolles und Zweckmäßiges zu lenken. Es sieht so aus, als würden sie versinken. Es wird ohne Ende gewarnt. Andere seufzen: »Hilfe, ich habe Hirn, ich will hier raus!« Wir ahnen: Flachsinn erzeugt Flachsinnige.

Flachsinn für Flachsinnige! Viele Unternehmen und sogar Politiker sind mit uns zufrieden, wenn wir nur anklicken, wählen, kaufen und Jünger aller möglichen Trivial-Heilslehren, Patentrezepte oder Wahlparolen werden. Die Glücksritter der digitalen Welt haben heute noch die Oberhand, sie profitieren von dem herrschenden Chaos im Wandel.

Aber müssen wir dieser Entwicklung ohnmächtig zusehen? Die Wildwestzeit des Internetzeitalters wird sich natürlich auch von selbst in ruhigere Bahnen bewegen. Was aber können wir heute schon tun oder wenigstens tapfer ins Auge fassen, um uns tätig zu beruhigen?

Der klassische Bildungskanon, den man uns eintrichterte, versah uns früher mit einem gehörigen Fundus, mit dem wir ein Leben lang das Wichtige und Wertvolle erkennen und so die Spreu vom Weizen trennen konnten. Heute aber ändert sich alles so schnell, dass wir eine Art Metafähigkeit rund um die Aufmerksamkeit erwerben müssen. Die klassische Bildung »gibt uns die Lösung fürs Leben mit«, nämlich was alles offiziell wertvoll ist. Nun aber müssen wir selbst zum Problemlöser werden und unsere Lösung immer neu finden. Wir müssen eine Art neuer Intelligenz in uns ausbilden, die erkennt, was Aufmerksamkeit auf sich zieht und was sie verdient.

Aber natürlich können wir das Netz auch nutzen, den gigantischen Kulturschatz der Welt dort vorzuhalten und immer aktuell zu halten.

Wir müssten - so denke ich mit Ihnen am Schluss des Buches nach - eine Art »Culture Valley« haben, nicht nur ein Silicon Valley. Warum nicht ein großer Anlauf mit »Kultur im Netz«? Wo bleiben die Intellektuellen, die uns früher leiteten? Ach, die Geisteswissenschaftler, die sich oft in dieser Rolle fanden, kokettieren heute meist mit einer ablehnenden Haltung gegenüber dem Digitalen, sie sind also in ihrer selbst gewählten Digital-Isolation nicht mehr sichtbar. »Kommt heraus!«, möchte ich ihnen vor dem Real-Elfenbeinturm zurufen.

Die Wirtschaft braucht Stetigkeit, die Politik eine blühende Kultur, wir selbst eine nachhaltige Beständigkeit. Ich rufe auf, das Wilde dieser Zeit in ein neues »Wertvolles« münden zu lassen. Dazu sollten wir uns gemeinsam anstrengen und die flachsinnigen und unverantwortlichen Schwankungen und den entsprechenden Rummel um nichts durch Besonnenheit und Verantwortlichkeit ablösen.

Lasst uns eine neue Kultur des Tiefsinns etablieren - Empowerment für alle!

Von früheren Machtwelten zum Aufmerksamkeitsbasar

Wer heute Erfolg haben will, muss »sichtbar« sein, also positiv auffallen. Jeder kämpft um seinen ureigenen Erfolg, denn wir leben derzeit in einem Solidaritätstief. Früher war es ratsam, unauffällig und still seine Pflicht zu tun, dann wurde man fast automatisch gut versorgt, geachtet und nach und nach befördert, weil man sich Verdienste erworben hatte und Erfahrungen einbringen konnte. Die Macht in solchen Systemen verlangte vor allem Gehorsam, Loyalität und fleißige Pflichterfüllung. Die Hauptforderungen der Macht konnten wir von klein auf in Form von Kopfnoten über unserem Zeugnis sehen: Fleiß, Ordnung, Mitarbeit und Betragen erwartete man von uns. In einer solchen Welt vermieden wir es geradezu, irgendwo aufzufallen. »Gehe nicht zum Fürsten, wenn du nicht gerufen wirst.«

Heute aber belohnt eine neue Ökonomie der Aufmerksamkeit genau umgekehrt diejenigen, die sich vordrängen, ins Licht stellen und viele Blicke auf sich lenken.

Die Welt wandelt sich vom Kontrollturm (»Panopticon« - »Wir sehen alles, was du tust!«) zur Bühne (»Attracticon« - »Bitte seht alle her zu mir!«). Aber wir haben die neuen Kompetenzen der Bühnentauglichkeit für diese andere Welt gar nicht: Wir sind es nicht gewöhnt, uns attraktiv darzustellen, und wir können im neuen Welttheater des Netzes noch gar nicht gut erkennen, was nun wichtige und ernsthafte Inhalte sind und was eben nur Theater ist - oder eben Nepp, Blendwerk oder um Werbeeinnahmen bemühter Sensationismus. Unter dem massenhaften Flachsinn im Netz verblasst das Wichtige und Ernsthafte, das früher die Autorität beanspruchen konnte und die Kontrolle hatte.

Das Panopticon – Kontrolle und Inspektion

Die Welt war früher ein großer Kontrollturm. Der Chef wurde als eine Art Polizist wahrgenommen. Wenn er zur Tür hereinkam, zuckten wir ein bisschen und passten unser Verhalten an. Der Chef gab sich entsprechend - er kleidete sich dunkel und er legte auf die abgrenzende Krawatte großen Wert. Krawattenträger strahlen

Loyalität mit dem System aus, sie erscheinen legitimiert, alle (als eher faul vorgestellte) Mitarbeiter zur geforderten Ordnung anzuhalten.

Für diese Vorstellung von Macht möchte ich in Ihnen ein mächtiges Bild heraufbeschwören – ein altes Sinnbild der Aufmerksamkeit. Ich entführe Sie jetzt gedanklich in das Panopticon (abgeleitet vom griechischen pan = »alles« und optikós = »zum Sehen gehörend«, Gesamtbedeutung »Ich sehe alles«).

Erinnern Sie sich? Unsere Mütter passten auf uns auf und hatten den Ehrgeiz, uns unter Kontrolle zu haben – und für die wenigen Augenblicke, in denen wir frei schienen, gaben sie uns »Gott sieht alles – sieh dich vor« mit auf den Weg.

Vor Jahren hat mir das Buch *Überwachen und Strafen* von Michel Foucault einen bleibenden Eindruck gemacht. Es trägt den Untertitel *Die Geburt des Gefängnisses*. Ich habe lange darüber nachgedacht und 2006 eine Kolumne dazu geschrieben, die in meinem Buch *Dueck's Panopticon – Gesammelte Kultkolumnen* titelgebend abgedruckt ist.

In früheren Zeiten hat man Verbrecher nicht ins Gefängnis gesteckt, so viel Mühe machte man sich nicht. Gestohlen? Hand abgehackt. Über den Herrn geschimpft? Peitschenhiebe. Gefängnisse gab es erst später. Die hielt man für viel zu aufwendig. Wer wollte schon die vielen Wärter bezahlen? Es gibt aus älterer Zeit eine berühmte architektonische Idee, wie man maximal viele Verbrecher mit einem minimalen Aufwand an Wärtern beaufsichtigen kann. Es geht um das »House of Inspection« von Jeremy Bentham. Bentham nannte seinen Entwurf Panopticon (»man sieht alles«). Hier eine Skizze des englischen Architekten Willey Reveley nach Benthams Idee aus dem Jahre 1791.

Diese Skizze zeigt einen kreisförmigen Bau, in dessen äußeres Rund die verschiedenen Gefängniszellen gesetzt sind (die Zellen sind in der Zeichnung mit A markiert). Die Gefangenen werden im Prinzip von einem einzigen Wärter aus dem Zentrum des Hauses aus kontrolliert und überwacht. Ein Wärter auf zig Gefangene!

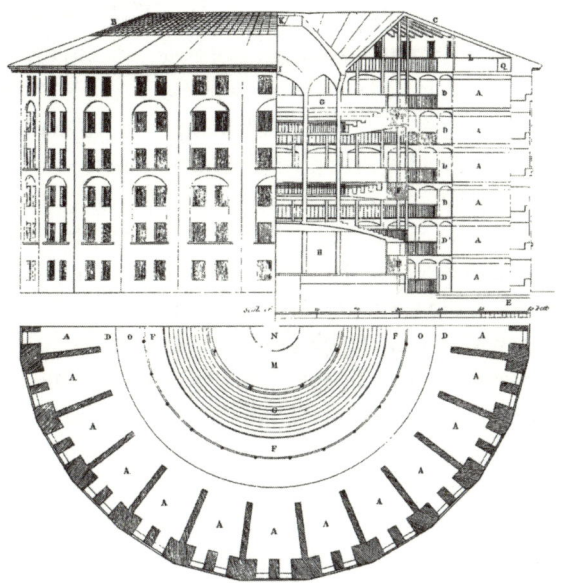

1. Skizze eines Panopticons

Diese »geniale« Idee ist viel später tatsächlich umgesetzt worden, und so kann ich meine Schilderung viel kürzer machen. Sehen Sie im folgenden Bild einen realen Bau:

2. Kubanisches Gefängnisgebäude

Dies ist ein Foto aus dem Inneren eines von fünf gleichartigen Gefängnisgebäuden des »Presidio Modelo«-Komplexes auf der »Gefängnisinsel« Isla de la Juventud vor Kuba. Diese Gebäude sind heute noch als Ruinen erhalten und stehen unter Denkmalschutz. Schauen Sie hinein: Sie sehen in der Mitte einen Wachturm, aus dem heraus der Wächter einen totalen Rundumblick in alle Gefängniszellen hatte, die Sie außen sehen. Die Zellen sind nach innen offen, damit man die Gefangenen jederzeit beobachten kann. Einer sieht alle! Das ist die Kernidee des »House of Inspection« von Bentham, das hier als »Modellgefängnis« in den Jahren 1926 bis 1928 tatsächlich errichtet und bis 1967 betrieben wurde. Die fünf Rundbauten waren auf insgesamt 2 500 Gefangene unter »humanen Bedingungen« ausgelegt, in der Spitze wurden hier bis 8 000 Leute »beherbergt«. Fidel Castro saß hier selbst auch ein.

Die große Idee hinter dem »Inspection House« drückt sich schon auf der Frontseite von Benthams Schrift aus (so lange Untertitel sind heute nicht mehr erlaubt!):

Bentham, Jeremy, Panopticon: or, the Inspection-House:
Containing the idea of a new principle of construction
applicable to ... penitentiary-houses, prisons, houses of industry,
work-houses, poor-houses, manufactories, mad-houses,
hospitals, and schools.

With a plan of management adapted to the principle/In a series of letters, written ... 1787, from Crecheff ... to a friend in England. Dublin: Thomas Byrne, 1791.

Es ging Bentham nicht nur um Gefängnisse, sondern auch um das effiziente Beaufsichtigen von Armen, Arbeitern, Psychopathen, Kranken und Schülern! Ein Wachturm in der Mitte reicht für viele. In Benthams Inspection House verfügt der Wachturm über ein Teleskop, mit dem man in jede Zelle präzise hineinschauen kann. Der Wächter selbst ist nicht sichtbar, die Gefangenen wissen also nicht, ob und wann sie beobachtet werden.

Das Kalkül: Wenn die Gefangenen zu jeder Zeit damit rechnen müssen, beobachtet zu werden, richten sie ihr Verhalten danach ein. Sie benehmen sich ständig diszipliniert, weil sie sonst mit Strafen rechnen müssen – man griff im Falle von Vergehen stets sehr hart durch, um eine ständige Angst aufrechtzuerhalten.

Das Panopticon ist weit mehr als eine Gefängnisarchitektur. Es ist eine Ideenvorlage für Machtausübung im Allgemeinen. Die Macht demonstriert sich nicht mehr in Gestalt eines Königs in Goldgewändern oder als Diktator mit Waffenparaden in der Hauptstadt. Die Macht ist omnipräsent, sie beobachtet uns wie Gefangene aus dem Dunkeln.

Die amerikanische NSA kann zum Beispiel heute alles beobachten. Sie sitzt hinter dem Teleskop im Wachturm und beobachtet uns. Sie könnten gerade jetzt mich selbst beobachten. Tun sie es jetzt? Irgendwann? Wann bin ich dran? Prüfen sie jetzt gerade meine Steuererklärung? Kennen sie meine geheimen Sehnsüchte und Triebe? Gibt das Ärger? Wir alle, Sie und ich, sitzen außen in den Zellen des Panopticons und müssen uns Sorgen machen, weil sich in unserer Mitte das Teleskop im Dunkeln zu drehen scheint. Schaut da jemand? Ist überhaupt jemand da? Wir wissen es nicht. Wir fürchten uns, Gegenstand der Aufmerksamkeit zu sein. »Gott, sieh nicht auf mich, den Sünder, schau andere an. Bitte nicht mich!« Gott sieht alles und wir haben ein schlechtes Gewissen. Die NSA sieht alles und wir haben latent Angst. Wir versuchen aktiv, keinerlei Aufmerksamkeit zu erregen.

Fühlen Sie das?

[
Das Panopticon ist ein Gleichnis für die heute übliche Machtausübung des ständigen automatisierten Überwachtwerdens.
]

Die, die im Licht stehen – die, die das Fernrohr trifft, zu denen kommt das Finanzamt, die stehen rot markiert im Excel-File, die werden mit einem Minus im SAP-System stigmatisiert, die werden als schlechter »D-Kunde« in einem Kundenerfassungssystem markiert und damit quasi vernichtet. Es droht uns ein Review, eine Untersuchung, eine Prüfung. Etwas Unsichtbares übt Macht aus. »Ich kann euch doch die schlechten Zahlen erklären!«, rufen wir flehend, aber unsere Führungskraft zuckt resigniert mit den Achseln. »Auch ich«, sagt sie, »auch ich stehe unter Beobachtung. Auch ich bin getrieben vom Licht auf mich. Niemand kann etwas tun. Das System ist anonym, es nimmt keine Einwände entgegen. Es ist unbestechlich. Jeder Mitarbeiter des Unternehmens hat seine eigene Zelle – die im Excel-File. Da wird er gnadenlos beobachtet. Diese eine Datenzelle muss sauber sein und eine gute Zahl enthalten.«

Viele Teile der Arbeitswelt sind zu einem Mega-Inspection-House pervertiert. Jeder Handgriff, jedes Telefonat wird aufgezeichnet und bewertet. Die Boni werden nach Daten verteilt. Der Mensch als solcher interessiert immer weniger, es geht um seine Leistungen in Zahlen. Das Computersystem für Leistungsabrechnungen und Controlling ist der Wachturm in unserer Mitte. Wir krümmen uns unter seiner Sicht auf uns.

> Der Gefangene im Panopticon ist exzessiv bemüht, nicht unangenehm aufzufallen.

Alles soll seinen geregelten Gang gehen. Es soll Ruhe herrschen. Ordnung regiert. Jeder bekommt sein Arbeitspensum und soll das klaglos schaffen. »Keine neue Baustelle, bitte.«

Das Jahr 1791 liegt schon weit hinter uns – und Kuba ist eben »extrem« aus unserer lokalen Sicht. Aber noch immer ist das Panopticon unter uns. Das Illinois State Penitentiary in Stateville nutzt das alte Prinzip und beherbergt heute durchschnittlich 3 500 Gefangene! Schauen Sie sich kurz die Abbildung an, es handelt sich um eine Postkarte aus der Zeit der Eröffnung des Gefängnisses (das war 1925), die hier ohne Copyright-Probleme gezeigt werden kann. Wenn Sie mehr sehen möchten: Die Webseite *Prison Photography* gibt einen guten Überblick im Internet mit etlichen Fotos aus neuester Zeit. Dort sieht das Gefängnis fast noch genauso aus, es wirkt

auf den neueren Bildern nur heller - die hier gezeigte Postkarte ist
ja schon sehr vergilbt.

Interior View of Cell House, new Illinois State Penitentiary at Stateville, near Joliet, Ill.—23

3. Amerikanische Postkarte

Das Attracticon – Aufmerksamkeit dringend erbeten!

Neben der Macht des Unternehmenssystems über den Mitarbeiter
gibt es genauso die Macht des Verbrauchers, des Kunden, Klienten
oder des Konsumenten. Durch das Internet hat der Kunde heute
die Wahl. Er vergleicht die Banken, Ärzte oder Kinofilmtrailer. Er
kann sich in Bewertungsportalen anschauen, welche Hotels oder
Cognacs die besten sind. Amazon publiziert Rezensionen und
Punktewertungen für fast alle Produkte des Einzelhandels.

Das Bild des Panopticons passt auch hier - ganz genau! Als Kunde haben Sie aber eine andere Stellung als im Gefängnisbau. Wenn
Sie Mitarbeiter sind, steht Ihr Chef in der Mitte am Fernrohr und
beobachtet Sie. Computer bewachen wie aus der Mitte des Inspection House heraus. Als Kunde aber sind Sie selbst der König. Sie
stehen im Mittelpunkt, sie dürfen selbst das Teleskop benutzen. Sie

haben die Allgewalt über Ihre »Lieferanten«, die so gläsern für Sie im Fernrohr dastehen wie Sie für die NSA.

Sie beobachten da draußen in den vielen Gefängniszellen die Unternehmen, die Ihnen etwas anbieten wollen. Sie wollen diese Unternehmen als Kunde aber nicht kontrollieren, sondern Sie wollen nur schauen, welche Angebote von Unternehmen für Sie selbst attraktiv sind oder nicht.

Das wissen die Unternehmen. Sie warten also nicht ängstlich wie Gefangene im Panopticon, dass sie inspiziert werden, sondern sie winken Ihnen aus ihren Zellen heraus wild zu: »Sieh' mich! Kauf' mich! Beachte mich! Höre mir zu! Klicke auf meine Werbung! Finde mich interessant!«

Es herrscht keine leidende Stille wie im Panopticon, sondern lautester Trubel. Diese verkehrte Szenerie im gleichen Gebäude will ich hier Attracticon nennen.

Das Attracticon soll ein Bild für die Macht des Kunden sein, die heute eine zweite Großmacht neben der des Arbeitgebers über die Mitarbeiter ist.

> Als Mitarbeiter schmachten wir geschunden in einer Zelle des Panopticons, als Kunde sind wir der Machthaber im Zentrum des Attracticons.

Die Anbieter gieren in großer Zahl im »House of Attraction« nach unserer Aufmerksamkeit, sie wollen alle von uns gesehen und beachtet werden! Dieses Treiben können wir am besten in der wilden Basarwelt des Netzes anschauen:

- Shops wollen verkaufen.
- Politiker werben um unsere Stimme.
- Propheten und Idealisten bitten uns in ihre Community.
- Event-Manager locken uns.
- Blogger wollen uns überzeugen.
- Noch mehr Blogger schreien nur zum alleinigen Zweck in die

Welt, damit wir die Werbung um ihren Beitrag herum anklicken.

- Newsletter suchen uns heim, Sonderangebote flattern herein.
- Zeitungen vermarkten sich über Werbebanner.
- YouTuber wie z. B. Hobbyratgeber locken uns zu ihren Videos, manche auch nur, damit wir den vorgeschalteten Werbetrailer anschauen.
- Unternehmen buhlen darum, dass wir in sozialen Netzen ihr »Fan« werden.
- Privatpersonen wollen uns als Follower und Freunde, einfach so oder auch nur, damit sie Eindruck bei Bewerbungen und Außenbeurteilungen machen. »Personal Branding«. »Social Trademark«.
- Berater verkünden uns den Segen ihrer Patentrezepte, die absolut nur sie selbst gegen Geld erklären können.
- Rattenfänger bieten Glück und Sofortwirkung durch Glatzen-Gele oder Antifaltencreme für Boxerhunde etc.
- Kapitalmarkthaie suchen Opfer.
- Stars umwerben uns »Hey, we love you, guys! Love to anyone who buys my stuff.«
- Priester aller möglichen Lehren umgarnen uns. Weltrettungsfanatiker bestürmen uns.
- Trolle und Hasser fluten die Kommentarspalten.

Alle werben um unsere Aufmerksamkeit. Sie wollen unsere Zuwendung.

Viele werben nicht einmal für sich oder nur für sich, sondern oft für andere und anderes. Sie rufen Ihnen zu: »Sieh her zu mir, ich kann dir verraten, wo du hinschauen musst, um dein Glück zu machen! Klick erst mich und dann dort! Ich verdiene meinen Lebensunterhalt dadurch, dir erfolgreich viele, viele Klicks zu empfehlen. Deshalb sind diese Links & Klicks so gut und hilfreich für dich!«

Noch einmal kurz zusammengefasst:

Panopticon: In jeder Zelle arbeitet ein Mitarbeiter. Die Zelle ist ein Büroplatz, ein Postbezirk, ein Platz am Fließband. Alles läuft

wie geschmiert wie im Film *Moderne Zeiten*. Bloß keine Aufmerksamkeit von oben! »Duck dich, wenn der Chef kommt.«
Attracticon: Die Zellen sind völlig überfüllt, wie Flüchtlingszüge im Krieg. Alle richten ihre Aufmerksamkeit auf Sie im Zentrum. Sie winken, lärmen und schreien, rufen um Hilfe, beschwören Sie, zeigen auf andere, die sie beachten sollen. Sie schwenken Fahnen, brüllen Witze, zeigen Bilder nackter Busen und bieten Gratisproben, Gutscheine, Coupons oder »heute portofrei«.

Wenn Sie sich nun selbst am Teleskop des Attracticons vorstellen, fühlen Sie förmlich ein großes Problem in der Luft liegen:

• Sie als König Kunde wissen nicht, worauf und wem Sie vertrauen können, was verlässlich ist, was ernst gemeint ist und was nicht. Sie haben Angst, betrogen oder beschwatzt zu werden. Sie bekommen ja Spam-Mails zuhauf und hören von erschlichenen Abonnements und Diebstählen von PINs und TANs. Es ist zu laut. Gibt es irgendwo Rat? Was ist wichtig? Was ist wahr? Welche Versprechen sind seriös? Wo ist man sicher? Wenn mir plötzlich jemand etwas schenken will – warum denn?

Wenn Sie aber als Aufmerksamkeitssucher ein Insasse einer Attracticon-Zelle sind und auf sich aufmerksam machen möchten, dann sehen Sie den Kunden hinter dem Fernrohr nicht. Sie winken und winken, bieten ihm Geschenke an, versprechen alles Mögliche und zeigen grelle Plakate. Und nun? Schweigen. Sie sehen denjenigen hinter dem Teleskop nicht. Sie raufen sich die Haare. Wer steht da? Was könnte der Unbekannte attraktiv finden? Worauf würde er abfahren? Was müssen Sie bieten? Sie spüren hautnah existenziell das Problem, dass Sie leider nicht wissen, was »der Kunde« eigentlich will – ja, wann würde er Sie denn anschauen wollen und warum?

• Als Marktschreier und Werber, als Berater und Priester wüssten Sie sehr gerne, wer der Kunde im Zentrum ist, was er denkt und fühlt. Wonach er sich sehnt und welche Laster er hat. Dann nämlich könnten Sie abschätzen, ob es sich lohnt, dem Unbekannten hinter dem Teleskop zuzuwinken oder nicht. Was könnte seine Aufmerksamkeit einfangen? Sie müssen unbedingt versuchen, ohne zu großen Aufwand seine Aufmerksamkeit zu erregen. Kommen Sie irgendwie billig an seine Aufmerksamkeit heran?

Beide Seiten möchten eine gute Verbindung, aber bitteschön nur zu wertvollen Kontakten, die auch etwas unter dem Strich bringen. Der Kunde muss wissen, welche Anbieter, welche Produkte, Marken und Services zu ihm passen. Der Anbieter sucht gute Kunden, an denen sich verdienen lässt. Wen findet der Kunde attraktiv? Welcher Kunde ist attraktiv?

Die Kunden informieren sich bei eBay, Google oder Amazon, sie werten Rezensionen und Urteile auf Vergleichsplattformen aus. Die Anbieter aber versuchen, den Kunden »hinter dem Teleskop« zu beobachten und aus den Bewegungen des Fernrohrs heraus über mathematische Algorithmen zu berechnen, wer das wohl ist, der in die Runde schaut. Beide Seiten werden nun berechnend.

Das Analyticon – personalisierter Service oder Betrug?

Die nach Aufmerksamkeit dürstenden Anbieter müssen unbedingt wissen, was der »König Kunde« hinter dem Teleskop will, was ihn anturnt, wonach ihn gelüstet!

Ich nerve Sie deshalb mit einem dritten Vorstellungsbild. Sie versetzen sich neuerlich in Gedanken in das Gefängnisrund hinein und sehen nun bildhaft vor sich, wie die Aufmerksamkeitssucher im Attracticon nun allesamt selbst kleine Fernrohre bei sich haben und wie sie aus den Zellen heraus versuchen, einen Blick in den Wachturm hinein zu erhaschen, in dem Sie ja als König Kunde die anderen da draußen beobachten. Leider sind Sie durch die Wand des Turms vor den Blicken einigermaßen geschützt. Der Turm bietet Ihnen »Privatsphäre/Privacy«, er schützt Sie vor den öffentlichen Einblicken.

Sie selbst schauen sich im Zentrum des Turms »als Kunde« alle die Leute in den Zellen an – deren Webseiten, ihre Internet-Shops und alle möglichen Dienstleister – aber die anderen in den Zellen versuchen von ihrer Seite aus, wenigstens ein bisschen über Sie zu erfahren. Was um Himmels Willen interessiert Sie denn als Kunde? Immerhin kann man an Ihren Bewegungen hinter dem Teleskop feststellen, wohin Sie schauen.

Aha, jetzt schauen Sie hierhin, es ist zu erkennen, wohin Ihr Teleskop zeigt. Nun gucken Sie dies an, dann jenes (im Netz: Sie klicken hier, Sie klicken da). Ihr Blick verharrt so einige Zeit auf einem unseriösen Zappelkasper, jetzt klebt er an einem tiefen Dekolletee – dann wird Sie wohl so etwas interessieren ...

Kurz: Aus Ihrem Suchverhalten im Attracticon (zum Beispiel im Netz) erschließt man, wer Sie wohl sein mögen, was Sie lieben, was Sie kaufen oder gar langfristig abonnieren.

Wohin blicken Sie denn am häufigsten? Da ist ein einziger wichtiger Punkt, wohin Sie fast immer zu schauen scheinen. Er heißt »Google Suchmaschine«, der scheint Ihr Liebling zu sein, das sehen jetzt alle im Rund ganz deutlich. Ihre Beobachter schaudern. »Hey, schauen Sie nicht immer auf Google, schauen Sie direkt auf uns!« Da beginnen sie, mit Google Deals abzuschließen. Wenn Sie Ihr Teleskop auf Google richten, soll Google ein Schild hochhalten: »Kauf Bücher von Gunter Dueck«, dafür bekommt Google Geld ... von Gunter Dueck.

Die Beobachter beginnen jetzt, mathematische Algorithmen zu entwerfen, um Sie zu analysieren. Prognoseprogramme sollen vorhersagen, wohin Sie ihr Teleskop richten. Sie sammeln alle Punkte, wohin Sie schauen, und sie führen Buch über Ihr Suchverhalten. Sie nennen es »Big Data«. Daraus ziehen sie Schlüsse über Sie. Sie nennen es »Kunden Analytics« oder »People Analytics«. Aller Augen richten sich auf Sie! Sie persönlich! Ihre Xing-, Facebook- oder LinkedIn-Einträge stehen wie auf einer Bühne – zur Besichtigung freigegeben. Sie haben immer weniger Privatheit, wenn alle Ihre Daten bekannt sind. Das erinnert nicht gerade an ein Panopticon, sondern an ein Theaterstück, in dem Sie die Hauptrolle für alle die Berechnenden da draußen spielen.

4. Teatro de Fenice in Venedig, 2015, nach der Rekonstruktion

Verblüfft Sie die Ähnlichkeit des Theaters mit einem Panopticon nicht auch so sehr wie mich?

Zurück zur Sache: Analytics – das ist ein Sammelbegriff für Versuche, aus den Daten im Internet Nutzen zu ziehen. Wer Aufmerksamkeit will, sucht mathematisch, statistisch, kombinatorisch und wahrscheinlichkeitstheoretisch nach allen möglichen Wegen, um besser auf sich aufmerksam zu machen. Man lechzt nach Leuten, die leicht und am besten so labil wie möglich Aufmerksamkeit zollen und unüberlegt Geld ausgeben. Der Kampf um Aufmerksamkeit wird damit eindeutig berechnend.

Das Attracticon wird zum Analyticon. Es wird eine neue Mathematik zur Verhaltensprognose von Menschen entwickelt, die im Netz surfen oder im Laden mit Kreditkarten bezahlen. Man berechnet den Menschen aus der Gesamtheit seiner digitalen Spuren in Kassensystemen, Suchmaschinen oder selbstfahrenden Autos, in Smartphones, Telefonen, GPS-Positionen und seiner Steuererklärung. Man wertet Posts bei Facebook und Tweets bei Twitter aus, man versucht, seine Wertpapieranlagen aus seinen Kursabfragen im Netz zu erschließen, man weiß um seine Gesundheitsdaten aus seiner Smartwatch, man kennt seine DNA und seine Lügen gegenüber seinem Arzt.

Im Netz gibt es zwei unterschiedliche Ansätze: Die »guten« Menschen versuchen, durch »Analytics« besseren Service zu bieten, so wie Amazon, wo uns Produkte per Algorithmus über unsere Bestell- und Surfdaten empfohlen werden, die uns vielleicht interessieren könnten. Dieser bessere Service zielt natürlich auch auf mehr eigene Gewinne aus diesem Service, aber es ist ein »guter« Service.

Andere »böse« Methoden wollen nur hohe Gewinne – egal wie, Service hin oder her.

Bei den Nerds in der Computertechnologie gibt es den Ausdruck »White Hat Hacking« im Gegensatz zu »Black Hat Hacking«. Die Guten haben den weißen Hut auf, die Bösen einen schwarzen. White Hat Hacker versuchen, Computersysteme zu knacken beziehungsweise zu hacken, nur um zu sehen, ob sie sicher sind. Sie greifen Systeme an, um aus den dabei gefundenen Schwachstellen viel zu lernen. Sie arbeiten also für die Sicherheit der Systeme. Dagegen wollen Black Hat Hacker die Systeme wirklich zerstören oder mutwillig in sie eindringen. Black Hat Hacker versuchen, Daten zu stehlen oder die Computer für ihre Zwecke nutzbar zu machen.

Die Bezeichnung »white hat« (weißer Hut) und »black hat« wird heute langsam auf andere Bereiche ausgedehnt – »guter Zweck« gegenüber »böser Zweck«.

Das Panopticon lässt daran denken,

- eine effiziente und gesunde Kontrolle über Schutzbefohlene auszuüben, um sie in gute Bahnen zu lenken und sie ruhig in gut funktionierenden Routinen und Prozessen arbeiten zu lassen (*White Hat Panopticon*), oder dazu,
- um Gefangene, also Mitarbeiter oder Kinder/Schüler zu unterdrücken und zu drangsalieren und sie unter dem erzeugten Stress der Kontrolle zu eigenen Zwecken auszubeuten (*Black Hat Panopticon*).

In beiden Fällen wird man im Business sagen, der »Kunde stehe im Mittelpunkt« der eigenen Überlegungen und Handlungen.

Das Attracticon gibt uns die Idee von:

- einem gesunden Marktplatz der Welt, auf dem jeder nach seiner Art seine Dienstleistungen anbieten und dafür werben kann (*White Hat Attracticon*),
- einem Basar voller Opportunisten, denen jedes Mittel recht ist, naive Marktteilnehmer auszunehmen (*Black Hat Attracticon*).

Das Analyticon lässt in uns die Vorstellungen aufkommen,

- durch die Kenntnis rund um gewonnene und ausgewertete Daten bessere und vor allem maßgeschneiderte Services und Produkte anbieten zu können und dem Kunden lästiges Suchen zu ersparen (*White Hat Analytics*),
- Menschen mittels der Kenntnis ihrer privaten Daten und Wünsche auszubeuten, zu manipulieren oder Ihnen noch mehr Werbung unterzuschieben (*Black Hat Analytics*).

Wir wünschen uns als Idealisten immer die »weiße Version« unserer Vorstellungen. Wir wissen aber um die »schwarze Seite« aller Dinge, weil jedes Ding nun einmal zwei Seiten hat. Und die Wirklichkeit ist dann meist in vielerlei Hinsicht »Grey Hat«, sie findet also in einer Grauzone statt.

Im Panopticon droht Unfreiheit – im Attracticon blüht der Flachsinn

Sehen wir es einmal nur »schwarz« wie Black Hat: Der Machthaber im Panopticon drangsaliert seine Gefangenen, Eltern erziehen ihre Kinder zu streng beziehungsweise autoritär, Manager stressen ihre Mitarbeiter. »Leistet mehr! Schneller! Ohne Fehler!« Mit dem einstigen »Lean Management« fing die Arbeitsverdichtung an, sie setzte sich mit der Einführung stringenter Geschäftsprozesse fort.

Die Dienstleistungen werden seither so stark industrialisiert wie einst die Industrieproduktion am Fließband. Am Fließband drängten die Vorarbeiter schon immer auf mehr Geschwindigkeit, nun hat der Stress auch im normalen Büro Einzug gehalten. Computer zählen die Arbeitsschritte jedes Einzelnen, wir kommen langsam in eine Zeit der totalen Überwachung. Der Computer steht nun im Panopticon hinter dem Teleskop. Er übt immer mehr Druck aus.

Im Ergebnis fühlen wir uns immer unfreier bei der Arbeit – wie Gefangene eben. Wir müssen uns alles genehmigen lassen, haben keine Entscheidungsfreiheit, alles wird uns von den Prozessen haarklein vorgeschrieben, vieles läuft gegen den gesunden Menschenverstand. Global gesehen mag dieses riesige Arbeitssystem vielleicht effizient laufen, aber das können wir als »Gefangene« mit der lokalen Brille unserer Vernunft kaum glauben. Wir gehen also immer demotivierter zu unserer immer sinnleereren Arbeit, in der zunehmend die Zahlen zählen und eben nicht Vernunft und Sinn.

Die Effizienzbestrebungen der Manager gehen weiter. Sie feuern die Mitarbeiter und setzen nun auf Zeitarbeitskräfte, die als »atmende Reserve« eingesetzt werden, sodass immer alle arbeiten und bei Auftragsmangel niemand untätig sein muss – gibt es zu wenig Arbeit, schickt man die Zeit- oder Leiharbeiter einfach heim. In vielen Berufen ist das Dasein als »Freelancer« oder freier Mitarbeiter schon zur Normalität geworden, etwa im Einzelhandel, in der Automobilproduktion, im Journalismus oder in der IT-Welt. Immer mehr Menschen arbeiten selbstständig, ob nun aus eigenem Entschluss oder infolge der neuen Umstände. Im Panopticon bekommt man die Arbeit schwer aufgedrückt, aber im Attracticon muss man für sich werben, um Aufträge zu bekommen.

Wer also selbstständig ist, muss laut die Werbetrommel rühren. »Ich biete die beste Beratung der Welt!« – »Hier gibt es die niedrigsten Preise der Stadt!« Nun ziehen alle ins Internet, in dieses große Attracticon, und versuchen, die Aufmerksamkeit von Interessenten auf sich zu lenken. Sie verschicken Newsletter, Aufforderungen, sie auf Facebook zu liken, laden zu Kennenlernworkshops ein, schicken unverlangt Mails mit Sonderangeboten und nerven uns mit allerhand Schnickschnack, den wir »Spam« nennen. Kurz:

Wenn alle unsere ungeteilte Aufmerksamkeit wollen - alle zugleich - dann werden wir zugemüllt. Das wissen die Werbenden natürlich selbst auch. Sie wissen, dass es darauf ankommt, aus der Masse der anderen hervorzustechen. Nur der Beste kommt durch! Sie werben deshalb mit immer grelleren Farben und deftigeren Versprechen. So beginnt der Flachsinn zu erblühen. Sie buhlen immer fadenscheiniger um unsere Aufmerksamkeit und letztlich natürlich um unser Geld.

Neben dieser wirtschaftlich orientierten Welle im Netz tummeln sich bald alle Menschen als Privatleute im Netz. Sie werden Teil von sozialen Netzwerken und Communities, sie chatten, posten und ätzen nach Herzenslust.

Das Netz ist frei zugänglich. Jeder kann eine eigene Webseite ins Netz setzen - das kostet ein paar Euro pro Monat. Jeder kann sich in den Kommentarseiten zu allem kritisch äußern, jeder kann seine Meinung zu allem breittreten.

Die schiere Masse an Flachsinnigem, das Millionen Menschen jeden Tag so leicht aus der Tastatur fließt, überdeckt alles Wichtige und Wahre immer mehr.

Was ist neben den vielen Liebeserklärungen, den Hassparolen und zwischen den Festessenfotos überhaupt relevant? Welche Behauptungen treffen zu? Wem kann man trauen? Was ist seriös?

Ich wiederhole mich: Wir brauchen neue Kompetenzen für das Dasein im Attracticon. Im Panopticon kommt man mit Gehorsam, Leidensfähigkeit und Bravheit durch. Im Trubel des überbordenden Attracticons aber brauchen wir neue Kompetenzen, um

- uns selbst in positiver Weise sichtbar zu machen und
- mitten im Informationschaos punktgenau das Wichtige zu erkennen und sofort das jeweils gesuchte Zweckmäßige zu finden,
- insbesondere White Hat, Grey Hat und Black Hat unterscheiden zu können, also die Motive und am besten auch die Algorithmen der Aufmerksamkeitssuchenden zu erkennen und zu verstehen.

Die heutigen Autoritäten verharren ungläubig-ratlos im Alten

Noch leben wir in einer geordneten Welt, in der die alten Autoritäten wichtig sind, die sich natürlich allesamt als Teil einer »White-Hat-Führung« verstehen. Hier soll bitte Ordnung herrschen:

- Erziehung
- Schulbildung
- Studium
- Berufsausbildung
- geduldige Arbeit für das Leben
- beharrliche Politik für die Zukunft des Landes
- Expertise rund um Arbeitsprozesse
- Regierung und Demokratie
- Religionen und Ideale
- Wirken für örtliche Vereine, Gemeinschaften und gemeinnützige Organisationen
- unsere Umwelt (Energie, Müll, Natur)
- unsere Infrastrukturen (Modernisierung, Erneuerung, Wandel im Zuge von Innovationen)

In diesen Hallen des Ernsthaften ist Aufmerksamkeit Pflicht! Hier muss sich das Ernsthafte bestimmt nicht selbst um die eigene »Attraktivität« bemühen! Bildung, christliche Haltungen und Demokratie sind im Sinne von Kant nicht »Neigung«, sondern eben »Pflicht«. Erst die Pflicht, dann die Kür. Das ist das Credo des Braven im Panopticon. Es gibt keine Wahl, die eigene Aufmerksamkeit selbstständig zu allozieren, sie beliebig zu- oder abzuwenden Die Autorität hat den alleinigen Anspruch auf unsere Aufmerksamkeit. Wir hören ihr zu, passen auf und gehorchen.

Aber die heutigen Kunden, Schüler, Studenten und Mitarbeiter leben schon halb im Attracticon, in dem sich alles interessant und begehrenswert hinstellt. Die herkömmliche Welt wirkt dagegen sehr blass. Demokratie, Kirche, Gymnasium oder die Teilnahme am Vereinsleben sind nicht mehr so hoch attraktiv wie früher. Denken Sie doch einmal zurück, bitte ein paar Jahrzehnte oder länger! Da war die Kirche der Zufluchtsort der Armen und die christlichen Feiertage die Tage der Freude schlechthin – man hatte ja nur diese Feiertage und keinerlei tariflichen Jahresurlaub. Das später entstehende Vereinswesen gehörte zum heiß geliebten Kern des örtlichen Lebens. Die Möglichkeit zu höherer Schulbildung fühlte sich wie eine absolute Auszeichnung an. Demokratie wurde als Befreiung gesehen!

Das, was einmal Freude war, wurde mit der Zeit zur Pflicht erklärt und dann wie in einem Panopticon kontrolliert. Es verfestigten sich Gewohnheiten, Rituale oder Lehrpläne. Man appelliert jetzt flehentlich an die Bürger, ihrer Wahlpflicht nachzukommen. Die Kirchen appellieren in leeren Kirchen an das christliche Gewissen. Die Regierung wundert sich über die ausbleibende Partizipation der Bürger (»Wer pflegt denn jetzt mal das Kriegerdenkmal?«). Die Schule schimpft über die Null-Bock-Generation, die die klassische Bildung öde findet. Das Alte brilliert nicht gerade in puncto Attraktivität – das war früher anders! Wir appellieren heute nur noch, alles Alte doch trotz allem immer noch gut zu finden. Wir beteuern ohne innere Überzeugung, dass es »schließlich nichts Besseres gibt«.

[
Das herkömmlich Wichtige und traditionell Ernsthafte, das Komplexe, Tiefsinnige und hart Erarbeitete sind nicht mehr »cool« oder »geil«.
]

Das Alte gibt sich unbeeindruckt. Es macht eben keinerlei Anstalten, sich selbst attraktiv zu gestalten und dabei auch immer wieder behutsam zu erneuern. Die junge Generation lebt schon im Attracticon und erliegt dort in einem solchen Ausmaß dem schon herrschenden Flachsinn, dass viele Ältere tief besorgt sind. Sie mahnen und drohen, schrecken aber dadurch die Jüngeren nur ab. Sie bieten außer den Mahnungen keine Alternative.

Im Attracticon wird nur das als wichtig und ernsthaft gesehen, was sich selbst so darstellen kann – nicht das, was von oben befohlen wird. Kann – so fragen sich die jungen Leute der sogenannten Generation Y – der Lateinunterricht denn wirklich so wichtig sein, wenn er auf Facebook kaum Likes auf sich ziehen würde? Die junge Generation stellt die Sinnfragen auf ihre neue Art.

Die neu erforderlichen Kompetenzen, sich und seine Ziele attraktiv zu machen und das Wichtige und Zweckmäßige zielsicher aus Millionen von Informationen herauszuangeln, hat das Alte nicht. Im Panopticon oder in der Welt der geforderten Bravheit ist »Attraktivität« keinen Gedanken wert, und das, was wichtig ist, ist vorgegeben. Die junge Generation braucht aber die Fähigkeit, das Wichtige und Ernsthafte selbst zu erkennen, ohne dass es vorgegeben ist. Das Wichtige und das Ernsthafte können heute nicht mehr vorgegeben sein, weil sich die Welt zu sehr und zu schnell verändert. Unsere Zeit des starken Wandels verlangt von uns, eine längere Weile in einer Art Versuchsmodus zu leben. Das macht das Alte vollkommen ratlos. Gibt es nichts Festes und Bewährtes mehr? Warum soll das Neue denn besser gefunden werden, wo es doch noch so unfertig erscheint?

Keine Zeit – das Neue kann nicht mehr aushärten

Das Internet-Zeitalter ist Neuland wie damals der Wilde Westen. Es gab zuerst kaum Regeln im »jungen Amerika«. Beschlossene Gesetze galten die erste Zeit nur an der besiedelten Küste, dahinter war »wildes Indianerland«. In der ungekürzten *Lederstrumpf*-Saga von James Fenimore Cooper fragt jemand, wie man sich denn verhalten solle, wenn man einem fremden Menschen begegnen würde. Die Antwort klingt etwa so: »Wenn es ein Indianer oder ein Franzose ist, schieß ihn tot, dann bist du auf der sicheren Seite.« – »Ist das nicht gegen alle Gesetze?« – »Vom Waldrand ab gibt es keine.«

Puritaner und Gesetzlose bevölkern noch heute die Western-Filme. Alles brodelt und entwickelt sich und kommt erst nach vielen Jahrzehnten beziehungsweise wenigen Jahrhunderten so langsam ins Gleichgewicht.

Genauso entwickeln sich Innovationen. Sie besetzen ein Neuland (ein Wort, das die Kanzlerin Angela Merkel berühmt gemacht hat, als sie vom Internet sprach), in dem zunächst keine Regeln etabliert sind. Erste Pioniere sondieren das Land, andere ziehen nach und versuchen ihr Glück, dann bildet sich ein erstes geregeltes Leben, ein Staat entsteht, Gesetze werden erlassen, und bald ist alles betonsicher geregelt, reguliert und überwacht. Jetzt endlich ist es sicher. Wenn es sicher ist, ist es für viele Menschen richtig gut, aber erst dann. Es muss sicher sein.

Schauen wir auf mögliche Adaptionsstufen des Neuen:

- Idee + Antrieb
- probieren + lernen
- Heuristiken bilden + validieren
- Regeln aufstellen + nach den Regeln leben und damit Erfahrungen machen
- aus Erfahrungsregeln Methoden entwerfen + Monitoring der Methodenanwendung
- Verordnungserlass + Überwachung (»Compliance«)
- Gesetzesbeschluss + Sanktionen (»Verfolgungsbehörden«)
- unveränderbares »heiliges« Dogma + Exkommunikation und Ächtung

Eine Idee wird ausprobiert, man lernt dabei, modifiziert sie und beginnt, eine Ahnung um die erste Idee herum zu bekommen, wie es weitergehen kann. Zum Beispiel: Robinson Crusoe sät ein paar Getreidekörner aus, hat damit einen ersten tollen Erfolg und entwickelt sofort danach Heuristiken (vernünftig erscheinendes Handeln bei wenig Wissen über die Sache) für den Ackerbau. Die Erfahrungen, die man zuerst unter wenig Wissen gesammelt hat, verdichten sich zu genaueren Kenntnissen. Robinson stellt Regeln auf und agiert nach ihnen. Die Erfahrungen verdichten sein Wissen.

Wäre Robinson noch dazu Wissenschaftler, so würde er Methoden entwickeln, sie genau einhalten und prüfen und nur langsam nach weiteren Erfahrungen modifizieren. Seine Assistenten würden überwacht (»Monitoring«), ob die alles genau so machen, wie es die Methode vorsieht. Später würden die Methoden in Geschäftsprozesse gegossen und überwacht, damit niemand etwas eigenmächtig verändert, beim Ablauf schummelt oder etwas abzweigt. »Compliance« schließt auch die Überwachung der Menschen ein, die die Methoden anwenden. Und in einem letzten Schritt könnte man die Regeln als Gesetze formulieren und Abweichungen wirklich hart bestrafen.

In dieser Weise werden aus Ideen einer einzigen Person erst Daumenregeln, dann Erfahrungsregeln für andere, Methoden für viele und zum Schluss allgemeine Gesetze für alle. Die Idee mündet in Heuristiken und diese »härten immer weiter aus«, wie ich sagen möchte. Das ursprünglich flexible Chaos verfestigt sich langsam und bildet schließlich einen festen Boden. Jetzt ist es sicher. Manchmal graust uns vor einer letzten Stufe: Wir sagen, es ist jetzt alles eingefroren - unveränderbar für immer. Das sind zum Beispiel die Dogmen der katholischen Kirche.

Das Aushärten von Ideen bis hin zu Gesetzen und Dogmen dauert manchmal Jahrhunderte, meist Jahrzehnte. Änderungen der Gesetze verlangen ein Umschwenken in der allgemeinen Stimmung der Bevölkerung. Ein Beispiel: Von der Idee, das schädliche Rauchen einzudämmen, bis hin zum Rauchverbot in öffentlichen Gebäuden verstreichen Jahrzehnte. Ganz verboten ist das Rauchen immer noch nicht ... Ich würde heute fast tippen, dass es bald verpönt sein könnte, Fleisch zu essen, wo es jetzt sogar Veggie-Produkte zunehmend auch beim Discounter gibt. Auch eine solche Entwicklung dauert eine unbestimmt lange Zeit.

Das Internet aber bringt eine ungekannte Geschwindigkeit in unser Leben. Neue Ideen rasen um den Erdball, werden überall probiert, die Erfahrungen schwirren durch die Glasfasern - und nach kurzer Zeit gibt es neuartige Unternehmen, die uns brandaktuelle Attraktionen anbieten. Google wird heute oft als mächtigstes Unternehmen der Welt empfunden - es wurde im Januar 1998 gegründet. In wenigen Jahren wird aus Riesencomputern ein kleiner Laptop, dann das Tablet und ein Smartphone. Das Netz explodiert, wir arbeiten in der Cloud. Wir treten Vereinen im Netz bei – ach, du kleines Dorf daheim, was bist du eng geworden! Wir lernen jetzt aus dem Netz, ach was, was soll eine Uni! Wir surfen weltweit, sehen alles von überall her – stimmt, wir haben immer noch eine Landesregierung. Wozu eigentlich? Diese Entwicklungen dauern nur noch wenige Jahre, nicht mehr Jahrzehnte.

Und das ist absolut gravierend:

> Unsere Zeit verändert sich so rasend schnell, dass sich die Veränderungsprozesse nicht mehr in natürlicher Weise im Übergang neuer Generationen vollziehen können.

Wenn Sie noch solche Haltungen hören – viel zu langsam! »Ach, ich bin von der alten Managementsorte. Die Ausdehnung nach Asien soll mein Nachfolger angehen.« – »Ach, diese Roboter sind nicht mein Ding. Wir lassen das irgendwann junge Mitarbeiter machen.« – »Ach, meine Enkel sind schon sehr fit in diesen – äh – Apps heißen die wohl. Ich bin dafür zu alt.« – »Ich bin schon sechzig, das ist für das Surfen-Lernen zu spät, es lohnt sich nicht mehr für mich.«

Deshalb ist das die große Herausforderung unserer Zeit:

> Der Mensch muss sich noch zu seinen eigenen Lebzeiten wandeln können. Er muss sich noch selbst den Veränderungen stellen. Er kann dieses ihm Unangenehme nicht mehr den Kindern übergeben.

Bisher war es immer die junge Generation, die sich für neue Ideen begeistert und sich langsam ein neues Leben mit diesen neuen Regeln definiert hat. »Wir müssen heutzutage nicht mehr heiraten, wenn wir zusammen sein wollen, Oma.« Aber jetzt kommen die

Ideen zeitlich so schnell hintereinander, dass sie es nicht mehr schaffen, sich zu Gesetzen auszuhärten - es sind ja immer wieder neue Ideen unterwegs, für die sich neue Heuristiken für ein wieder neues Leben bilden. Nichts gelangt mehr zur Stufe der Sicherheit. Keine Dogmen mehr! Der Mensch soll sich jetzt selbst »lebenslanges Lernen (LLL)« verordnen. Dabei geht es nicht nur ums Lernen, sondern um eine immer wieder stärkere Umorientierung des persönlichen Seins, der Werte und Prinzipien - und darum, immer wieder die Vorstellung aufzugeben, dass alles amtlich sicher sein sollte.

Aber ebendiese früher übliche Sicherheit verteidigen die Institutionen, der Staat, die Kirchen, die Vereine und Bildungseinrichtungen. Sie wollen sich nicht verändern. Sie kämpfen hinhaltend mit verkniffenen Lippen. Sie wollen ihre sicheren Regeln wie im finsteren Panopticon durchhalten. Sie halten am Alten fest, das nun in rasender Geschwindigkeit unattraktiv wird.

Mit dieser Haltung lassen sie den Protagonisten des Attracticons und des Analyticons fast freie Hand, die neue Zeit zu gestalten, weil sie selbst nicht mitmachen wollen. Sie schmollen und hoffen, »dass das Internet irgendwann wieder aufhört«.

Und weil sich so elend viele Offizielle der neuen Entwicklung verschließen, stehen die wenigen Qualitätsjournalisten, die authentischen und meist idealistischen Blogger und viele um Wahrheit bemühte Wissenschaftler und Freiwillige all diesen Business-Leuten, Werbern, Verführern, Radaumachern, Hetzern, Grey Hats und Black Hats immer machtloser gegenüber.

Die Idealisten des frühen Internets fühlen sich wie die frommen Pilgrim Fathers, die mit der Mayflower in Amerika mit der Besiedlung beginnen, um eine neue Welt zu gründen - aber bald kommen Goldsucher, Glücksritter, Bandidos und die Saloons mit leichten Damen. Wollen wir das so? Nein, das wollen wir alle nicht! Aber das Alte bringt sich eben nicht konstruktiv ein. Es will keine neue Ordnung, die wir so dringend brauchen. Es beharrt auf der alten oder es versucht sich auf seine alten Tage selbst noch als Glücksritter - wozu es ihm an der Kompetenz fehlt.

Der Übergang in die Internet-Gesellschaft ist kein länger dauerndes »Generationenproblem«, dafür kommt sie zu schnell und mit zu großer Macht. Das Neue ist nicht bloß für »später«, etwa für unsere Kinder. Wir selbst müssen uns noch verändern und uns neu einleben, wir dürfen nicht auf die Kinder warten.

Wir selbst müssen alles rund um das Attracticon besser ordnen, wir müssen die neuen Kompetenzen entwickeln und den entstehenden unkontrollierbaren Trash-Trubel eindämmen.

Vor ebendiesem warne ich Sie hier. Ich zeige, wie sich nach und nach der Flachsinn ausbreitet. Ich rufe zwischendrin immer wieder auf, dass Sie sich an der Schaffung einer guten neuen Zeit beteiligen und nicht alles Neue mit zusammengepressten Lippen und hochgezogenen Augenbrauen ablehnend giftig kommentieren. Die jetzige technologisch induzierte Schnelllebigkeit verlangt, dass Sie mitkommen, am besten mit vorausgehen.

Warum ist der Wandel nur so schwierig für uns?

Wenn uns Psychologen oder Ärzte beurteilen, benutzen sie die Bezeichnungen »auffällig« und »unauffällig«. Es klingt wie »krank« oder »böse« beziehungsweise »langweilig normal«.

[Im Panopticon ist es gefährlich, auffällig zu sein. Im Attracticon ist es nicht so gut, unauffällig zu sein.]

Bedenken Sie diesen riesigen Unterschied. Es ist im Prinzip möglich, dass alle brav sind, aber wir können nicht alle zugleich die ganze Aufmerksamkeit erregen. Wenn es trotzdem alle versuchen - die meisten haben ja kein Talent dafür und verfügen keineswegs über die neuen Kompetenzen rund um Attraktivität -, dann kommt Flachsinn en masse heraus.

[Es gibt unendlich viel mehr Möglichkeiten, »auffällig« zu werden, als Methoden, unauffällig zu bleiben.]

Du und ich im Netz

Versetzen Sie sich einmal als Kunde oder Konsument ins Zentrum des Attracticons. Alle winken Ihnen zu, alle wollen Ihre Zuwendung und danach sicherlich auch Ihr Geld. Da stehen Sie im Mittelpunkt, Sie haben die volle und freie Auswahl. Was interessiert Sie? Was zieht Sie an? Sie möchten es alles kurz und knackig, Sie mögen nichts Langatmiges mehr, alles soll leicht zu verstehen sein. Sie fallen leicht auf blanken Blödsinn herein, der sich überall mit greller Headline anbietet. Sie schaudern über Massen von Schrottinformationen, über überbordende Aggressivität und dumm-einfache Einsichten. Auf der anderen Seite sieht man ja auch Sie selbst im Internet. Erscheinen Sie selbst denn nun sehr attraktiv? Bemühen Sie sich darum? Können Sie alles so genial einfach darstellen, wie Sie es selbst von allen anderen im Netz erwarten? Wenn Sie doch so viel im Netz als Spam empfinden – wie werden Sie selbst empfunden? Wirken Sie vertrauenswürdig, wichtig, wertvoll?

Die Kompetenz phatischer Kommunikation

Wenn alles auf uns einströmt, müssen wir entscheiden, wem wir überhaupt zuhören. Wie verteilen wir unsere Ressource Aufmerksamkeit? Wem oder was ordnen wir unsere Aufmerksamkeit zu? Neudeutsch: Wie managen wir eine optimale Aufmerksamkeitsallokation? Beim Fernsehen würden man sagen: Zwischen welchen Kanälen zappe ich hin und her? Wann schaue ich etwas am Stück an?

In diesem Sinne müssen wir entscheiden, »auf welchen Kanal wir schalten« und mit wem wir auf Facebook Freund sein möchten. Welche Apps nutzen wir auf dem Smartphone? Wer ist im realen Leben unser Freund? Welche Hobbys haben wir, welchen Vereinen und Communities wollen wir angehören? Überall erschlägt uns die Vielfalt, und wir stehen vor der Qual der Wahl.

Es gibt in diesem Zusammenhang ein seltenes Fremdwort: die sogenannte phatische Kommunikation (während ich das Wort »phatisch« tippe, moniert MS Word einen Rechtschreibfehler).

Vor der eigentlichen Kommunikation muss erst die Aufmerksamkeit des Empfängers auf sich gelenkt werden, es muss »der Kanal zwischen Sender und Empfänger auf Kommunikation geschaltet« sein! Diese »Kommunikation« vor der eigentlichen Kommunikation bezeichnet man als phatische Kommunikation. Vor dem Anschauen einer TV-Sendung muss man ja erst den Kanal wählen, und bevor wir mit jemandem reden, suchen wir zum Beispiel seinen Blickkontakt. Erst muss »der Kanal stehen«. Im Leben räuspern wir uns laut, wenn wir etwas sagen wollen. Wir richten Blicke auf uns, wenn wir »Entschuldigen Sie bitte ...« sagen. Oder »Darf ich Sie einen Moment stören?« - Oder: »Haben Sie kurz Zeit?« - »Hallo, ihr alle, ich möchte um eure Aufmerksamkeit bitten! Ruhe!« - »Ich hätte da eine Frage ...« Oder ärgerlicher: »Hey, ihr da hinten, es ist jetzt Unterricht!« - »Bitte nur ein einziges Meeting, ihr da hinten!« - »Hallo, interessiert Sie das gerade nicht?« - »Smartphones aus! Die Blicke hierher!« Solche Äußerungen zielen darauf ab, die Verbindung zwischen Sender und Empfänger einer Nachricht herzustellen, so sagt man in der Mathematik (»Informationstheorie«).

Erreiche ich als Sender überhaupt den Empfänger? Das ist die entscheidende Frage bei der phatischen Kommunikation. Als Sie geboren wurden, suchten Sie als Baby ständig den Blick Ihrer Mutter oder auch des Vaters. »Ist die Mami da?« Solange der Verbindungskanal stand, war für uns alles in Ordnung. Babys fangen oft an zu weinen, wenn sich die Mutter nicht im Sichtfeld befindet. Babys brauchen einige Zeit, um zu begreifen, dass sie die Mutter auch hören oder in der Wohnung irgendwie fühlen können. Lehrer werden sehr ungemütlich, wenn der Kanal zu den Schülern nicht steht, wenn sie sich also nicht in Richtung Tafel konzentrieren! Deshalb sind sie so böse, wenn sie im Unterricht anders gerichtete Blicke auf Smartphones bemerken. Den meisten Professoren scheint das egal zu sein, sie reden auch dann weiter, wenn alle Studenten murmeln oder alle surfen. Professoren nehmen wohl an, dass nicht aufmerksame Studenten der Vorlesung nicht würdig sind oder sie wahrscheinlich nicht gut sind und nicht sofort verstehen (was Profs ganz »normal« finden). Sie merken daher nicht, wenn sie vielleicht schlecht erklären und die Studenten schon »den Kanal abgeschaltet« haben. Professoren sind berühmt dafür, dass sie für sehr lange Zeit glatt in die Luft dozieren können – ganz ohne jede phatische Verbindung. Sie scheinen bei der Vorlesung gar nicht im engeren Sinne zu kommunizieren, sondern vorne laut nachzudenken. Kennen Sie dieses verloren-verzweifelte Gefühl, wenn Sie auf einem Wissenschaftler-Empfang mit dem Sektglas in der Hand zum Opfer eines solchen Dozenten geworden sind, der seine Wissenschaft vollkommen unverständlich vor Ihnen ausbreitet und irrtümlich annimmt, Sie wären hochinteressiert und nebenbei auch Spezialist in seinem Fach?

Phatische Kommunikation wird immer dann wichtiger, wenn der Empfänger eine zu große Auswahl hat, wem er zuhören soll. Wenn Sie über den Fischmarkt gehen, müssen die lauten Verkäufer ja genau Ihre Augen einfangen! »Noch einen Fisch drauf und immer noch alles zusammen für 10 Euro!« Werbende müssen gegen alle anderen Marktschreier durchdringen. Prospekte wollen beachtet werden. Webseiten zeigen Werbebanner: »Sieh' mich!« – »Sieh' mich bewusst!« – »Klick mich!« – »Kauf' doch was!« Schauen wir nun hin oder nicht? Schalten wir unseren Aufmerksamkeitskanal auf EIN? Jeder von uns schaut sich je nach Person etwas anderes an, die meisten erfasst dabei eine generelle Werbemüdigkeit, jeder bemüht sich, eine Art »Ad-Blocker« im Gehirn zu entwickeln.

Beim Thema Werbung sind wir schon weitgehend sensibilisiert. Im Arbeitsleben scheinen wir diese Tendenz zur Überschwemmung mit Information und Werbung noch nicht so scharf zu erkennen. Ja natürlich, wir klagen über Unmengen von zum Teil sehr unwichtigen Mails. Wir stöhnen unter den unsäglichen Geschäftsprozessen, die uns barbarisch-kalt zwingen, ihnen Aufmerksamkeit zu »schenken«. Den ganzen Tag wollen sie etwas von uns: »Bitte bestätigen Sie kurz, dass Sie Ihre Firmenmailadresse noch benötigen.« – »Es ist obligatorisch, den Empfang der Sicherheitsrichtlinien zu dokumentieren.« Unter diesen lästigen Seitenstichen der Arbeitswelt leiden wir zunehmend, aber das ist gar nicht der entscheidende Punkt – der ist woanders: Niemand hört mehr richtig zu, wenn wir selbst etwas wollen. Der Chef hat keine Zeit für uns. Wir bekommen keinen Termin. Die Kollegen haben so viele eigene Sorgen. Wenn man wirklich laut schreit und Forderungen stellt, entgegnet der Chef meist ruhig, er erbitte zunächst eine kurze, knackige PowerPoint-Präsentation mit der Problemdarstellung für das nächste Meeting. »Dort bekommen Sie von mir zehn Minuten Airtime, das ist viel, wertschätzen Sie das bitte«, bescheidet er. Es gibt nicht mehr so ohne Weiteres einen direkten Kanal zum Vorgesetzten, keinen mehr zum Bürgermeister, keinen zum Abgeordneten und oft auch nicht einmal mehr einen zum Pfarrer (in einer immer größer werdenden Seelsorgeeinheit). Niemand hat mehr Zeit – und das bedeutet: Wir bekommen kaum noch Aufmerksamkeit.

[Wer Aufmerksamkeit will, muss durchdringen.]

Bevor wir angehört werden, müssen wir uns erst um das Schalten des Kanals zwischen uns und dem anderen kümmern. Das tun wir heute nur ungenügend, weil wir fest erwarten, dass man uns zuhört oder gefälligst zuzuhören hat. Wir sehen es fast als Recht an, angehört zu werden, wenn wir ein Anliegen haben. Aber wir selbst und alle anderen Menschen sind überlastet. Unser Inneres reagiert wie ein überlastetes Call-Center: »Alle unsere Aufmerksamkeits-kanäle sind gerade geschaltet. Warten Sie. Haben Sie bitte etwas Geduld. Wir schalten den nächsten frei werdenden Kanal für Sie frei. In diesem Fall fassen Sie sich bitte kurz. Wenn Sie mehr Zeit benötigen, vereinbaren Sie bitte einen Termin, indem Sie per Fax einen formalen Antrag stellen und ihn ausführlich begründen.«

Weil dieser Sachverhalt unserer modernen Zeiten nicht genügend gewürdigt wird, sind wir zunehmend böse auf die anderen, die uns nicht zuhören wollen. Das »Zuhören« wird heute allen Managern in vielen Lehrgängen ans Herz gelegt. »Zuhören ist der Erfolgstrumpf im Business« – so verkünden es unzählige Coaches und Feinfühlberater, die die »Emotionale Intelligenz« in den Himmel heben und als Allheilmittel predigen. Wahrscheinlich ist aber nicht das Fehlen dieser Intelligenz das Problem, sondern die Überlast an »noch Ungehörtem«. Es fehlt schlicht die Zeit für die phatische Kommunikation. Manager haben immer mehr Mitarbeiter, Mitarbeiter immer mehr Projekte am Hals, alle haben immer mehr Geschäftsprozesse zu bedienen. Die Zuhör-Berater dringen auf uns ein, zuerst die Kanäle zu den Notleidenden und Bittenden zu öffnen, aber im wirklichen Business haben wir kaum eine Wahl: Wir müssen die erste und wachste Aufmerksamkeit den Geschäftsprozessen im immer dringlichen Tagesgeschäft widmen. Den absoluten Vorrang haben leider kontrollierende Mails der Art: »Begründen Sie sofort, weshalb Sie mitten in der Nacht Taxi fuhren. Das Unternehmensrechtfertigungsportal errechnete, dass eine U-Bahn-Nutzung zu keinem sehr großen Zeitverlust geführt hätte. Wenn Sie nicht binnen 12 Stunden antworten, wird diese Mail erneut an Sie verschickt, aber mit Kopie an Ihren Vorgesetzten.«

[Wer Aufmerksamkeit will, muss sich um hohe Priorität bemühen.]

In Überlastsituationen hat nie mehr jemand Zeit. Man stört immer. Wer also durchdringen will, muss einen guten Grund haben, angehört zu werden ... Oder hilft Lautstärke? Schreien? Heute hilft nicht einmal mehr »Chef sein«. Die Mitarbeiter sind ja auch überlastet. »Chef, ich habe nur ein Leben. Ich kann mich nicht zerreißen. Was Sie von mir gerade jetzt unbedingt sofort haben wollen, können Sie gerne befehlen – aber das, woran ich gerade arbeite, haben Sie ja auch befohlen.«

Wenn aber niemand zuhören will, weil er nicht mehr kann – wie gehören wir zu denen, denen man am Ende doch zuhört? Wir müssen uns eben aktiv darum kümmern, dass man uns Gehör schenkt. Wir brauchen gewissermaßen eine ganz neue Kompetenz, oder?

In meinem Buch *Professionelle Intelligenz* habe ich verschiedene Intelligenzen des Menschen postuliert - solche, die man sich von einem professionellen Menschen wünschen würde. Eine davon ist die auf den ersten Blick ungewöhnlich anmutende Intelligenz, attraktiv dazustehen und positive Aufmerksamkeit auf sich zu ziehen.

Betrachten Sie sich selbst doch nur einmal als Werbender oder als Bewerber. Was macht Sie attraktiv? Wann hören Ihnen andere zu? Mir geht da eine Anekdote nicht mehr aus dem Sinn, die mein Chef bei IBM sehr oft erwähnt hat, weil sie ja auch eine so wichtige Erkenntnis enthält. Er fragte einen Großkunden, was er von IBM erwarten würde. Seine Antwort:

[»Be interested. Be interesting.« (»Sei interessiert. Sei interessant.«)]

Damit ist viel gesagt! Hören Sie den anderen interessiert zu und geben Sie den anderen etwas, was diese attraktiv finden und dem sie gerne ihre Aufmerksamkeit schenken. Es geht um Geben und Nehmen, um Kümmern und Inspirieren, um Vertrautsein und Helfen. »Sei attraktiv und finde uns attraktiv.« Die Aufnahme des Gesprächs soll erfreuen. Der Kunde ist König, er muss von sich aus nicht sooo attraktiv sein, also tun wir ihm den Gefallen, ihn attraktiv zu finden, und wir hören ihm in diesem Sinne geduldig erfreut zu und versuchen ihn zu verstehen.

Wer attraktiv sein will, muss Vertrauen, Attraktivität und Freudigkeit ausstrahlen. Es wäre gut, zu dem anderen eine vertraute Beziehung zu haben, so wie wir sie zu einer uns vertrauten Markenware haben (»Ich trage nur Unterwäsche von ...« - »Ich kaufe nur bei dieser Verkäuferin.«). Marken leben von ihrem Bekanntheitsgrad genauso wie von dem Vertrauen in ihre Qualität!

In Management-Meetings liegen oft irgendwelche Vorschläge zur Entscheidung vor. Bevor man sich damit überhaupt mental befassen will, wird erst einmal die phatische Seite der Angelegenheit erledigt. Die Frage in Management-Meetings ist doch diese: Ist der vorgebrachte Vorschlag so wichtig, dass wir gerade ihm unsere Aufmerksamkeit widmen sollten? Warum jetzt, wo wir so sehr unter Druck stehen? Schalten wir einen Kanal ausgerechnet für diese Angelegenheit frei? Ist wenigstens eine gewisse Mehrheit im Meeting dafür oder schalten viele sofort ab? Dann wird suchend in die Runde gefragt:

- »Kennt jemand den Menschen, der das hier vorschlägt?«
- »Hat dieser Mensch schon einmal echt etwas in der Firma gerissen?«
- »Ist es ihm selbst sehr ernst oder schlägt er nur mal etwas vor, weil es ihm in den Kopf kam?«
- »Ist es für viele von uns interessant?«
- »Ist es aufregend? Ist die Story gut?«

Man schaut erst, ob es an sich interessant ist, dann entscheiden sich Einzelne, ob sie sich dafür interessieren wollen. Wenn Sie in Ihrer Firma nicht positiv bekannt sind oder nicht hierarchisch weiter oben stehen, haben Sie meist schon verloren. Kommen Sie mir jetzt bitte nicht mit »ohne Ansehen der Person, es geht um die Sache« etc., so ist das Leben nur selten. Man schaut doch auf Sie als Person, auf Ihre Meriten, schätzt dadurch ab, wie sehr Ihrer Sache vertraut werden kann, und vergewissert sich in die Runde, was die anderen denken.

Früher ging es mehr nach der Stellung in der Hierarchie. Der Chef hatte automatisch Recht. Sein Vorschlag war Befehl. Wenn der Chef den Raum betrat, war die Lage phatisch gesehen klar: Der Kanal der Aufmerksamkeit war blitzartig und vollkommen für den Chef frei. Heute ist die Lage sehr viel unübersichtlicher. Jeder muss sich Gehör verschaffen oder irgendwie Gehör finden, jeder muss für sich selbst attraktiv sein.

In der Überlast der vielen Kontakte, Geschäftsprozesse, Mails und Werbebotschaften aller Art sind täglich irre viele »phatische Entscheidungen« zu treffen. Anschauen oder löschen? So wie man Menschen auf Anhieb sympathisch findet oder instinktiv ablehnt, so entscheiden wir in Sekundenbruchteilen, ob wir irgendetwas oder irgendwen attraktiv finden. Bei Facebook entscheiden wir spontan »Like« oder nicht, bei Twitter »Herzchen« oder nicht.

Unsere Kinder, die jetzt auch »Kids« heißen, unterscheiden im Slang zwischen »epic« und »fail«, also zwischen »toll« und »ätzend«. Großer Mist ist »epic fail«. Ich zitiere einmal aus dem *Urban Dictionary* für Slang: »Epic: the most overused word ever, next to fail. For even more asshole points, use them together to form ›epic fail‹. Everything is epic now. Epic car. Epic haircut. Epic movie. Epic album.« (»Das Wort ›epic‹ wird schrecklich inflationär gebraucht, gleich nach dem Wort ›fail‹. Wer noch mehr Arschloch-punkte einheimsen möchte, nutzt die Kombination ›epic fail‹. Alles ist jetzt *epic*, das Auto, der Haarschnitt, der Kinofilm ...) In uns ist ein Instinkt, eine Art innerer Kampfrichter, der entscheidet, ob wir unsere Aufmerksamkeit auf etwas richten oder nicht.

Wir müssen lernen, die gewünschte Aufmerksamkeit auf uns zu ziehen, also den inneren Kampfrichter der anderen zu überzeu-gen, und dann auch die geweckten Erwartungen der anderen zu erfüllen. Wenn wir das oft und über lange Zeit schaffen, werden wir zu einer »bewährten Marke«. Daran muss jeder von uns für sich selbst arbeiten. Es reicht nicht mehr wie früher, einfach »zur Aufmerksamkeit berechtigt zu sein«. Früher kam meist jemand mit dem autoritären Anspruch »Hör zu!«, und wir wandten uns den Eltern, den Älteren, den Vorgesetzen und Autoritäten wie Pastoren und Beamten sofort pflichtgemäß zu.

Heute verschiebt sich die Entscheidung, ob der phatische Kanal geschaltet wird oder nicht, mehr auf den Empfänger der Nach-richt. Es ist wie in unserer Mailbox. Wenn wir nur wenige Mails bekommen, dann lesen wir sie eben alle, mehr oder weniger. Ist die Mailbox irre voll, so müssen wir wählen, was wir überhaupt anschauen.

> [
> Vorrangig entscheidet jetzt der Empfänger, was beachtet wird, und weniger der Sender. Genau darin liegt der Übergang vom System des Panopticons zum Attracticon.
>]

Mit dieser Tatsache müssen wir in der Zeit der Kommunikationssintfluten leben. Wir müssen also zwei verschiedene Kompetenzen erwerben oder zwei verschiedene Intelligenzen entwickeln:

- Die Kunst, positive Aufmerksamkeit auf sich zu ziehen (»Sei sinnvoll interessant!«)
- Die Kunst, die eigene Aufmerksamkeit auf das Richtige zu lenken (»Sei sinnvoll interessiert!«)

Unsere heutige Erziehung macht es sich da zu einfach. Sie regelt immer noch in der altbekannten Weise das Phatische über Autorität und Hierarchie. Positive Aufmerksamkeit erhält allenfalls das »brave Kind«, »der brave Soldat« oder der »zuverlässige Mitarbeiter« - und zwar hierarchisch von oben. Man hört dem Braven dabei nicht zu - oh nein, man tätschelt die Braven nur und zeigt ihnen Huld. Das war's. Kein Hinhören in der Sache. Wozu auch in der Hierarchie? Worauf aber in der Sache die Aufmerksamkeit zu richten ist, bestimmt ebenfalls die Kultur oder der Chef. Was wertvoll und wichtig ist, bestimmen die Autoritäten, nicht wir selbst. Die Autoritäten kontrollieren, ob wir brav sind. Wenn wir das nicht sind, werden wir bestraft. Wenn wir im Großen und Ganzen brav sind, bekommen wir eine kleine Sonderzuwendung, und sie tätscheln uns wie ein Pferd nach einem bravurösen Ritt - ein Stück Zucker gibt es auch.

Im alten Panopticon wie im Attracticon: Aufmerksamkeit zu bekommen ist schwer. Wenn Sie es doch versuchen, jammern Sie nicht lange herum. Vielleicht bekommen Sie ja doch Aufmerksamkeit, aber eben nur kurz. Ganz generell: Wenn Aufmerksamkeit rar ist - versuchen Sie nicht, gleich ganz viel davon zu bekommen. Ein bisschen? Das geht eventuell.

Tl;dr/tl;dw – bitte kurz fassen – SOS – keine Zeit!

Kennen Sie dieses flau-frustrierte Gefühl in der Magengegend? Sie suchen nach einer kurzen Erklärung für ein Phänomen, das sie gerade interessiert. Sagen wir, Sie haben eine Quaddel an der Innenfläche des Arms, die nicht wie ein Mückenstich aussieht. Jemand meint, es könnte Nesselsucht sein. Sie surfen »Nesselsucht«. Da erscheint ein supergenauer trocken-medizinischer Artikel mit schlimmsten Fachausdrücken und grässlichsten Formen von Ganzkörpernesselsucht, die einen lebensruinierenden Juckreiz verspricht. Sie seufzen. Das ist es nicht, was Sie suchen. »Bitte, einfach! Kurz! Sofort verwendbar! Hilfreich!«

Wenn Sie nach Soforthilfe surfen, wollen Sie schnell einen ersten genial einfachen Einstieg in die Sache und erst dann und nur vielleicht etwas Tieferes dazu wissen. Dasselbe kennen sie von IT-Experten. Sie fragen Vertreter dieser Spezies, wie man einen Apple iMac einschaltet (gar keine so dumme Frage, denn der Schalter ist nun wirklich sehr unscheinbar), und der Experte erklärt Ihnen daraufhin ellenlang die Grundzüge des gesamten Betriebssystems und grenzt das alles gegen andere Systeme ab. Sie rollen die Augen: »Bitte nur ganz kurz: Wo ist der Schalter?« – »Apple hat eine ausgeklügelte Produktstrategie der unscheinbaren Schalterplatzierung. Wer die vollkommen durchdrungen hat wie ich und bald auch Sie, kann beim Anblick jedes Produkts aus dem Apple-Universum sofort intuitiv ...« – »Hilfe! Nur für Dumme: Wo - du zeigen - jetzt - Schalter - wo??«

Immer flaut uns so ein verlorenes Gefühl im Magen. Wir glauben, wir könnten es einfach gesagt bekommen, aber da bietet man uns einen sicherlich unnützen Tageslehrgang. »Das will ich alles gar nicht wissen!«

Im Internet gibt es den magenentlastenden Kommentar dazu: tl;dr oder etwas lax einfach tldr. Dies ist die gebräuchliche Abkürzung für »too long; didn't read« (»zu lang, hab es nicht gelesen«). Man meint damit: »Zu lang, ich habe es nicht lesen mögen.« Neuerdings sieht man auch öfter die Abkürzung tl;dw für »too long; didn't watch«. Sie bezieht sich auf Videos. »Zu lang, habe es nicht angesehen.« Gemeint ist: »Zu lang, das tu ich mir nicht an.« Ich habe beim ersten Erscheinen von »tl;dw« in meinem Gesichtskreis sofort gesurft, was es bedeutet. Da fand ich als erste Erklärung: »Du, das antwortet man entnervt, wenn einer will, dass ich ein zehnminütiges Video angucken soll.« Ich musste lachen und erinnerte mich an meine Konfirmandenzeit, wenn sich die Predigt so lang hinzog. Um uns beim Gottesdienst wach zu halten, zählten wir damals mithilfe der Finger, wie manisch oft das Wort »auch« in der Predigt unseres sinnkarg-ehrbaren Pastors vorkam – auf der Empore aber schliefen die schon lange konfirmierten Männer, ohne etwa Schafe zählen zu müssen.

Googeln und zack – da ist es schon. So sind wir es heute gewöhnt. Kein langes Durchforsten mehrerer Seiten im Netz. Alles muss sofort in der richtigen Dosierung zu haben sein. Nicht zu kurz und nicht zu lang – genial einfach dazu. Und bitte kein Verkaufsversuch dabei!

Wir sind zunehmend verwöhnt. Auf YouTube wimmelt es von wunderbaren Drei-Minuten-Videos. Millionen von Smartphone-Hobby-Filmern dokumentieren das Leben ihrer Katzen und sonstigen Tiere – und ab und zu geschehen wirklich erstaunliche Dinge! Ein Igel stupst einen Ball vor sich her, rennt mit dem Ball vor sich vollkommen agil herum, wie wir einen Igel noch nie sahen! Da kommt ein sehr großer Hund dazu – und? Er spielt mit – wirklich mit dem Igel! Solche Videos bekomme ich fast jeden Tag auf meine Facebook-Timeline. »Katzenvideos!«, stöhnen die vielen Übersättigten. Diese Zufallsaufnahmen werden absolut berühmt – sie haben oft bis 50 Millionen Zuschauer. Drei Minuten hat ja jeder schnell einmal Zeit – beim Rumsitzen in der Bahn oder in einem Telefonmeeting.

Bald gibt es auch (hoffentlich) den gesamten Lehrstoff der Universitäten in kleinen Häppchen. Jeder Fachbegriff ist dann in einem Drei-Minuten-Video erklärt. In der Mathematik machen das die Khan Academy und der Bielefelder Professor Jörn Loviscach vor.

Das Wissen, die Musik, die Kunst und überhaupt alles wird im Internet ein volles Upgrade erfahren. Gehen Sie zur Probe in ein Kino, da zeigt man vorab Werbung zweierlei Art: Einmal die superaufwendigen Werbevideos, wo die Schönsten der Menschheit unter Palmen Markenrum schwenken und mit dem Eis klingeln – und ein andermal die Regenrohr-Werbung eines ortsansässigen Installateurs, die vor allem Leute mit Dachschaden ansprechen soll. Der Unterschied im Professionalitätsgrad ist zum Teil abenteuerlich groß. Das eine Video hat eine halbe Million gekostet, das andere allenfalls einen Kinogutschein für einen Zehntklässler, der PowerPoint kann.

Die weltweit ausgestrahlten Blockbuster, die globalen Werbefilme, die sagenhaften Zufallsaufnahmen von Amateuren verwöhnen uns. Die Nachrichtenportale und -sender füttern uns mit den Unglücken der Stunde. Weltweit gesehen passiert immer etwas Aufregendes, was uns kollektiv vor Augen geführt wird: ein Vulkanausbruch, eine Bombe, ein Orkan oder ein unglücklicher Elfmeterschütze, der sich in ein Mager-Model verschossen hat.

Das Aufregende kommt per Smartphone im Drei-Minuten-Takt: In unserem Dorf passiert dagegen rein gar nichts - und nie ein wirkliches Premium-Ereignis. Nebenan hämmern sie, da wird gerade das Dach vom Klempner neu verkupfert, aber sonst? Weltweit dagegen haben wir täglich die Auswahl aus Amokläufen, Naturkatastrophen und Korruptionsvorwürfen. Wir wählen die optisch und medial Herausstechenden: Tornado, Tote, Tränen.

Wollen wir etwas kaufen? Der lokale Laden hat kaum Auswahl. Bei Amazon gibt es alles, sogar billiger als im Geschäft. Brauchen wir einen Kredit? Wir fragen einfach eine Smartphone-FinTech-App, die bietet nach Sekunden einen Deal an, klick - ist sofort erledigt. Wir haben vollen Zugang zur ganzen Welt! Wir haben die volle Auswahl. Wir wollen nur das Allerbeste.

In sozialen Netzwerken wird man förmlich zugedröhnt. Ich sehe oft, dass Twitterer und Facebookies mehr als 500 Freunde haben oder mehr als 500 Leuten folgen, also alle Nachrichten von diesen allen in der »Timeline« vorfinden. Wenn die jetzt alle jeden Tag einmal etwas posten, ist man absolut eingedeckt. Es erscheint ein schier unendlicher Strom von Eindrücken der Freunde. Man kann das gar nicht alles zur Kenntnis nehmen oder gar alle empfohlenen Links anklicken. Wer ein so großes Netzwerk hat, ertrinkt sogar nur in Mini-Messages und Kurzmeldungen aller Art. Nicht einmal für diese Minihäppchen reicht irgendeine Hirnkapazität – selbst Ihre nicht. Das meiste wird deshalb einfach gar nicht angeschaut, nicht einmal eine Sekunde lang.

Also bitte: alles so kurz wie möglich. Ein Hirn-Quickie reicht, nichts Ellenlanges! Mehr wollen wir von den anderen nicht. Die anderen sollen vor allem prägnant und konzis sein, interessant und informativ – oder schnell sehr lieb zu uns mit einem Streichelwort. Einen Satz, vielleicht zwei Sätze bei Facebook, dazu ein Bild, ein Link oder ein Video. Das reicht uns! Ein einleitender pointierter Satz mit einem Gefühl, einer emphatischen Empfehlung oder einem Appell: »Ich will, dass ihr euch mit mir empört, drüber lacht, mit mir weint, mitmacht, dies hier anschaut, Lesebefehl ...« Bei Twitter sind schon immer nur 140 Zeichen pro »Tweet« (engl. »Gezwitscher«) erlaubt. Kurzfassen ist Trumpf! Gefühl + Appell + Bild oder Link. Alles andere ist uns zu viel.

[
Wir wollen alles kurz und höchst interessant.
Instant Kick!
]

Vor allen Inhalten geht es um die Aufmerksamkeit an sich, um das »Einschalten«, um die phatische Kommunikation. Und gute Attribute für das Erregen von Aufmerksamkeit sind:

- »kurz und knackig«
- »erfrischend, macht Spaß«
- »leicht verständlich«
- »intuitiv«
- »sensationell«
- »aufrüttelnd«
- »emotional und leidenschaftlich«.

Wir wollen verwöhnt werden und wir erliegen solcher Versuchung gern.

Dumm – grob – geil – laut – abstoßend – berührend – genial

In meinem Buch *Schwarmdumm* habe ich eingehend die folgende Grafik besprochen. Sie enthält eine einfache symbolische Wahrheit. Ich habe diese Grafik ursprünglich auf der Webseite von Olivia Mitchell gefunden, bei deren Betrachtung ich so etwas wie einen spontanen Lichtblitz hatte. So ist es! Olivia Mitchell erklärt an ihrem Schaubild, wie man gute Präsentationen hält. Sie erklärt den Zusammenhang zwischen der Eleganz der Darstellung eines Sachverhalts in Reden und der Komplexität der Argumente.

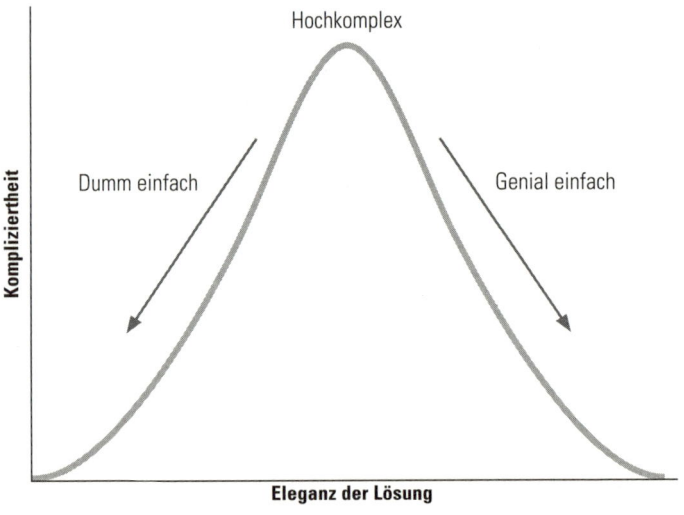

5. Die Einfachheitskurve

Im Attracticon ist keine Zeit mehr für das Hochkomplexe. Wer sieht sich schon einstündige Videos im Netz an? Viele meiner Reden sind bei YouTube im Netz zu finden. Sie haben oft über 10 000 Views. Dabei ist aber nicht gesagt, dass alle Leute, die das Video angeklickt haben, es auch in voller Länge ansahen! »View« bedeutet ja erst einmal nur so etwas wie »Buch aus dem Regel genommen, kurz oder lang durchgeblättert und wieder reingestellt«. Das Komplexe und Langatmige wird meist gleich wieder zugeklappt.

Früher erläuterte man alles ausführlich und genau, der Experte ließ sich länger in gründlicher Argumentation aus. Keine Chance mehr in der heutigen Zeit! Im Netz soll es kurz sein. Die Grafik soll deutlich machen, dass es zwei grundverschiedene Arten gibt, etwas einfach darzustellen. Man kann es vergröbern – das ist einfach.

Man greift sich aus einem Zusammenhang das, was im Attracticon auf Anhieb Pluspunkte bringt: das Sensationelle, Grobe, Grelle, Schrille, Visuell-Sexuelle, Kuriose oder Provokative. »Sieben Tote!« – »Grausamer Fund!« – »Börsencrash – viele weinen!« – »Ehedrama endet blutig!« – »Schalke doch noch weiter!«

Dieses Vergröbern hin zu kurzen »Eilnachrichten« wird heute eifrigst betrieben. Es geht eben einfach: Man sagt es »so kurz, dass es jeder Dumme sofort versteht« (*dumb down*).

Dagegen ist es sehr, sehr schwer, etwas Wichtiges und Ernsthaftes kurz so genial auf den Punkt zu bringen, dass es in uns tiefere Wirkungen auslöst.

Zum Beispiel hallen immer wieder bestimmte Sätze in uns wider, die Geschichte machten. »I have a dream« von Martin Luther King, »Ich bin ein Berliner« von John F. Kennedy oder »Jetzt wächst zusammen, was zusammengehört« von Willy Brandt (exakt eigentlich: »Jetzt sind wir in einer Situation, in der wieder zusammenwächst, was zusammengehört«). Wir hören im Innern sogar noch den Stimmenklang in uns. Gerade höre ich noch Ronald Reagan »Mr. Gorbachev, *open* this gate! Mr. Gorbachev, tear down *this wall*!«

Im Attracticon wendet sich unsere Aufmerksamkeit tendenziell vom Komplexen ab. Dumm Einfaches, Banales, Nacktes, Blutiges, Beleidigendes, Prolliges und Plattes wird willig oder unwillkürlich sofort aufgenommen, bei genial Einfachem, Inspirierendem, Bewegendem und Berührendem setzt beim Zuhörer eine große Faszination ein.

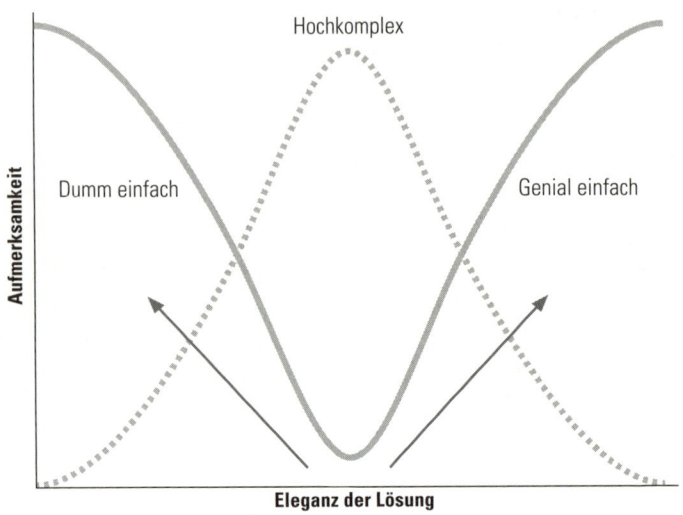

6. Unsere Aufmerksamkeit in der Einfachheitskurve

Wie kann man unter solchen Umständen noch das Wichtige und Wahre, das Ernsthafte und Große in die Welt tragen? Es muss sich – das sage ich hier immer wieder – viel mehr Mühe geben, weil es nicht mehr die Autorität hat, unsere Aufmerksamkeit als Pflicht verlangen zu können. Es muss so genial gut dargebracht werden, dass wir uns für das Ernsthafte aus Neigung interessieren.

Wir müssen alles schnell auf den Punkt bringen

Was wir von den anderen erwarten, müssen wir nun auch einhalten. Kurz und interessant sein, damit wir die anderen nicht langweilen. Ein Höhepunkt soll dem anderen folgen, und unsere Mitteilung muss sich kurz in eine lange Schlange unseres Konsumadressaten einreihen. Wir wollen nicht zugemüllt werden, wir dürfen die anderen nicht zumüllen.

Neulich wurde ich von einem sehr bekannten TV-Moderator vor einer Podiumsdiskussion eingeschworen: »Wir wissen aus Messungen, dass die Leute ohne neuen Kick oder Impuls im

Durchschnitt nach 27 Sekunden zur Fernbedienung greifen und woandershin zappen. Viele haben beim Fernsehen den Finger dauerhaft auf dem Weiter-Weiter-Knopf. Deshalb die Bitte: Erklären Sie nichts langatmig wie ein Professor, lieber Herr Dueck, bitte nicht in die Tiefe, auch größere Flachheit in der Argumentation macht gar nichts, streiten Sie lieber laut herum – egal, ganz egal – schnell getaktet, polarisierend, das ist wichtig, die Zuschauer müssen dranbleiben bis zur Werbung! Es muss Dauertrubel sein. Wenn Sie also nach 20 Sekunden nicht zu Ende zu kommen scheinen, werde ich Sie unterbrechen und am besten schnell das Gegenteil Ihrer Thesen behaupten oder hämisch fragen, ob Sie selbst glauben, was Sie sagen. Das wirkt gut, und wir vom Fernsehen sind ja dafür da, alles zu hinterfragen.«

Das machte mich nicht gerade froh, denn ich würde ja erst einmal wirklich erklären wollen, was ich meine, bevor ich gleich »kritisch« hinterfragt werde. Aber ja, das Gegenhaken und Bohren an empfindlichen Stellen hält den Zapper von der Fernbedienung ab. Aber ja, so ein Moderator muss nichts vorbereiten und verstehen – stereotypes Hinterfragen ist so simpel – er ist ohne Sachverstand direkt auf die Werbepause danach optimiert. Ich verstehe ihn ja. Es ist auch klar, dass ein Moderator nervös wird, wenn ein Politiker endlos schwadroniert, um nicht auf die gestellten Fragen eingehen zu müssen. Denn dann haben die Zuschauer wieder dieses flau-verdrossene Gefühl im Magen: tl;dl, too long; do not listen, oder too long and zap.

Es gibt deshalb den gelegentlichen Brauch im Internet, vor einen langen Artikel einen kurzen Abstract zu setzen, der mit »tl;dr« beginnt. Das heißt: Für Leute, die das darauffolgende Untenstehende zu lang finden und nicht lesen wollen, gibt es hier eine kleine Zusammenfassung der These. Im Management heißt das »Executive Summary«. Für den Chef, der immer nur kurz von oben reingrätscht, wird die Sachlage in aller Prägnanz dargestellt (bei Dilbert kommt immer kurz ein »Bungee Boss« am Gummiseil kurz reingesaust und ist schwupp!, wieder weg).

Für Tagungen gibt es Teaser für die Reden, jeder Redner erklärt in einem Kurzbriefing, worum es ihm geht. Neue Filme oder

Videogames kündigen sich mit Trailern an. Diese Formate setzen die Maßstäbe. Und ich sage Ihnen: Es ist nicht einfach, etwas ganz kurz so auszudrücken, dass sich alle Leute sofort hingerissen fühlen. Ich kann es immer noch nicht ohne viel Zeitaufwand. Es geht dabei absolut nicht darum, das Wichtige kurz in Worte zu fassen, man muss nur wie bei einem Teaser dem Gegenüber Lust auf das Ganze machen – er soll dranbleiben! Oh, ich versuche immer noch zu sehr, das Ganze wirklich zu erklären, aber dann sehe ich gleich vor mir, wie sich die Augen meiner Zuhörer verdrehen – »zu lang« lese ich in ihrem Blick. Im Fernsehen waren meine ersten Auftritte die reine Katastrophe, ich wurde dauernd unterbrochen. Wahrscheinlich immer nach 27 Sekunden, ich kannte damals die geheimen Regeln noch nicht.

Egal, was Sie heute öffentlich sagen: Es muss so genial ausstrahlend formuliert sein, dass die Leute völlig fasziniert dranbleiben. Sie müssen gebannt sein. Am besten ist die Botschaft kurz und eingängig und eignet sich zum Weitersagen. Die besten Botschaften sind »viral« wie ein Virus, sie verbreiten sich per »share« und »like« im Netz wie eine Epidemie.

Erinnern Sie sich noch an Ihre ersten Bewerbungen um eine Arbeitsstelle? Sie waren gerade mit der Ausbildung fertig oder hatten ein Studium abgeschlossen. Sie setzten sich vor einen leeren Bildschirm und wollten ein Anschreiben verfassen – so schmissig, dass der Personalbeauftragte des Unternehmens Sie sofort lieb gewinnt und einstellt. Sie fühlten sich verpflichtet, einen Teaser vorwegzuschicken. Schwierig! Sie schwankten zwischen verschiedenen mittelmäßigen Formulierungen. Sie kauten ratlos an der Feder oder der Tastatur. Zum Schluss vertrauten Sie doch wieder auf vorgefertigten Floskelflachsinn und priesen sich selbst dergestalt: »Ich bin bereit, mich schnell in jedes beliebige Gebiet einzuarbeiten.« Heißt das nicht eigentlich: »Ich kann wahrscheinlich leider gar nichts von dem, was Sie genau laut Stellenausschreibung brauchen, aber ich lerne das sehr schnell nach. Das verspreche ich. Es ist mir egal, was ich neu lernen muss, ich muss ja Geld verdienen und mache daher sofort alles, was Sie verlangen.«

Solche Formulierungen machen doch den Einstellenden nervös. Zu lang, zu blöd. Weil sie aber so oft vorkommen, nimmt man heute wohl allgemein zugunsten des Bewerbers an, er habe solche Standardsätze aus dem Internet abgeschrieben. Man knurrt ein bisschen und liest weiter – oder legt die Mappe dann doch recht schnell auf den größeren Stapel der Ablehnungen. Warum schreiben die Leute nicht einfach: »Hiermit bewerbe ich mich auf die Stelle Nummer XY als Berufsanfänger. Meine Praktika passen leider nicht genau zu Ihrer ausgeschriebenen Position – ich konnte ja im Studium noch nicht wissen, dass Sie diese mich so sehr interessierende Stelle bieten, die ...« Das normale Schwadronieren hat ein Personaler doch so satt. Oder es ist ein schlechter Personaler, der die dumpfen Blabla-Bewerbungen aus »Lehrbüchern« für optimal hält, seufz.

Im Management und besonders im Marketing übt man die sogenannten Elevator Pitches. Wir stellen uns dabei vor, ein höherer Chef oder ein wichtiger Investor tritt mit uns in denselben Aufzug ein und fährt mit uns ein oder zwei Stockwerke mit nach oben. Er murmelt Ihnen ein knappes »Wie geht's?« zu – und das ist Ihre einmalige Chance! Jetzt können Sie ihm für ein paar Sekunden etwas besonders Knackiges mitteilen: »Ich arbeite am Projekt XY, sehr wichtig, kennen Sie das?« Sind Sie auf eine solche Zufallschance stets gründlich vorbereitet? Oder starren Sie den Vice President verlegen an, verlassen den Aufzug ganz verdattert und denken melancholisch bei sich, dass Sie eigentlich gerade eine Großchance hatten? »Ich hätte ihn ansprechen sollen, aber das macht man doch nicht?!« Solch ein Gedanke zeigt, dass Sie noch im Panopticon leben.

Investoren verlangen solche kurzen Pitches von Innovatoren (»Sie haben jetzt als junger Erfinder den ersten Aufschlag zu einer – bitte! – sehr kurzen Verkaufsargumentation«). Die neuen Entrepreneure haben dann zehn Minuten »Airtime«, die über vieles in ihrem Leben entscheiden können.

In anderen Bereichen schaut sich eine Jury Pitches von »Künstlern« an, die man auf der Suche nach neuen Superstars castet. Jeder hat dort zwei, drei Minuten für die Darstellung seines Traums.

Dieses Auftreten vor Jurys müssen Sie üben! Es kann sein, dass Sie am Anfang noch ganz gut wegkommen, aber dann werden gleich noch ein paar kurze Fragen gestellt, worauf Sie wieder einen kurzen Teaser sollten hervorsprudeln können! Sie dürfen bloß nicht ins Stottern kommen ...

Einladungen zu Kongressen oder Newsletter müssen mitreißen. Ich selbst bekomme täglich solche unverlangten Plagen, auch per Post. Die beginnen praktisch immer mit trostlos banalen Sätzen:

- »Das Einsparen von Kosten ist das Gebot der Stunde. Deshalb laden wir Sie ...«
- »Die Welt wird immer komplexer. Es ist daher wichtig ...«
- »4.0 ist in aller Munde, aber was ist es genau? Wir bieten ...«
- »Sind Sie sicher, genug Ausstrahlung zu haben? Wir freuen uns daher, Sie ...«
- »Weil wir schon fast ausgebucht sind, verlängern wir den Frühbucherrabatt. Klicken Sie noch heute ...«

Wenn ich solche Sätze am Anfang eines Schreibens lese, befülle ich sofort den Papierkorb. Es sind die üblichen Sätze eines durchschnittlichen Marketingmitarbeiters, der die Einleitungssätze aus früheren Anschreiben kopiert hat.

Und ich merke daran, wie sehr alles rund um die 27 Sekunden herum die reine Wahrheit ist. Auch ich selbst gebe ja jedem Vorgang nur ein paar Sekunden Aufmerksamkeit. Was mich nicht auf der Stelle »einfängt«, kommt sofort weg und hat keine zweite Chance.

[
Wir sind selbst eher schlecht in der Disziplin, das Wesentliche kurz, überzeugend, interessant und mitreißend vorzubringen. Von allen anderen aber verlangen wir das wie selbstverständlich.
]

Sie ahnen schon, worauf das abzielt: Stellen Sie sich zum Beispiel einen ausgewiesenen Kenner des Werks des Philosophen Georg Wilhelm Friedrich Hegel vor. Dieser Experte ist ein Mensch, der sich in Teilen des für fast alle Menschen unverständlichen Gestrüpps auskennt und alles furchtbar ehrgeizig noch komplizierter interpretieren kann, als Hegel alles je gemeint haben könnte. Wie würde sich dieser in der Hirnquickie-Welt fühlen? Das finden Sie vielleicht etwas gemein. Ich surfe mal kurz unter »Hegel kurz erklärt« und komme auf die Seite www.philosophieseite.de. Dort beginnt eine Seite mit den absolut wichtigsten Hegelschen Grundgedanken so:

Hegels Philosophie ist dreistufig ausgebaut. Das Absolute ist in den Geist/die Vernunft »an sich«, »für sich« und »an und für sich« unterteilt. Sein System baut sich dialektisch auf. Das »an sich sein« teilt sich noch einmal in Sein, Wesen und Begriff. Der Geist an sich wird in seiner »Wissenschaft der Logik« als die Idee in einem zeit- und raumlosen Zustand des »an sich seins« betrachtet. Dort entwickelt er seine Logik. Den allgemeinsten Begriff, den des, verneint er mit dem und löst den Widerspruch im. So entwickelt er diese Kette bis hin zum Absoluten und verarbeitet darin auch die Gegensätze zu seinen Thesen.

Das klingt an und für sich sehr wertvoll, aber auch wie absolut groteske anti-phatische Kommunikation an sich. Es ist »hochkomplex« und nicht »genial einfach«. Unser Aufmerksamkeitssensor winkt bei so Hochkomplexem fast erschrocken ab. Tc;dt oder »too complicated; didn't try« beziehungsweise »zu kompliziert, versuch's gar nicht erst«. An diesem Beispiel möchte ich Sie schon einmal auf die Tragik des Wahren und Wichtigen einstimmen, wenn es sich nicht neu erfindet. Der alte Hegel wird wohl immer tiefer in der allgemeinen Gunst sinken, weil er zu viel Konzentration und Zeit erfordert. Probieren Sie's, lesen Sie rein: Sofort steigt die Ungeduld. Sie denken sofort: »Was nützt es mir, mich da hineinzuquälen? Gibt es überhaupt eine minimale Aussicht auf einen Erkenntnisgewinn?« Und diese Haltung dämpft Ihre Lust so sehr, dass Sie mit Sicherheit in wenigen Minuten oder gar Sekunden aufgeben.

Hegel verschwindet unter den Millionen anderen, die den Zugang zu uns aktiv suchen und bei uns laut anklopfen möchten. Jeder von uns hat es vor dem Bildschirm mit einer unglaublichen Masse von Aufmerksamkeitsheischenden im Netz zu tun:

- Millionen von Shops,
- Millionen von Kleinanzeigen,
- Millionen bis Milliarden Stellenbewerber,
- Milliarden von Twitterern, Facebookies etc. in sozialen Netzwerken,
- Millionen von Bloggern und Chatrooms,
- Millionen von Anhängern verschiedenster Überzeugungen,
- Abermillionen von Spammern und Trollen,
- Millionen von Hobbyfilmern und -fotografen,
- Milliarden von Bildern mit zum Teil nackten Tatsachen,
- Millionen von Unternehmen und Wertpapieren,
- Millionen von Start-ups, die Investoren suchen,
- Millionen von Reisezielen,
- und Abermillionen von Produkten und Services wollen Beachtung.

Viele davon reden im Netz drauflos, liken und kommentieren, aber sehr viele von Ihnen sind für einen wirklichen Zweck im Netz und geben sich jede erdenkliche Mühe, uns zu überzeugen oder zu belehren, zum Mitmachen zu überreden, uns zu beeinflussen oder im weitesten Sinne etwas zu verkaufen. Verkaufen im Netz bedeutet »monetization of attracted attention« oder »Erhaltene Aufmerksamkeit zu Geld machen«. Sei es diese Motivation, sei es das Predigen von Überzeugungen oder sei es das Teilen von Neuigkeiten mit Freunden: Alle diese Aufmerksamkeitssuchenden prägt ein großes Maß von Engagement, eine Leidenschaft für die Sache, Sehnsucht nach einer neuen Welt, dann wieder viel reine Geldgier, Spezialhass, Weltschmerz oder Narzissmus. Sie alle sind im Internet, und alle wollen sie »uns«: Wanted: You! In diesem Trubel hat langatmig Ernstes keine Chance. Armer Hegel.

Spam! Spam! Spam! Unsere Aufmerksamkeit hat Grenzen!

Alle suchen unsere Aufmerksamkeit! Aber unsere Aufmerksamkeit lässt sich nicht beliebig steigern. Und wir kratzen uns am Kopf und denken:

[Werbung und Rummel nehmen zu, unsere
Aufmerksamkeitskapazität jedoch nicht.]

So einfach ist das. Deshalb muss jeder, der unsere Aufmerksamkeit möchte, entsprechend umso deutlicher hervorstechen, je mehr er nach unserer Aufmerksamkeit giert.

Wie gesagt: Im Grunde sind selbst hoch wertvolle Inhalte kaum noch geeignet, jemanden hinter dem Ofen hervorzulocken. Die wertvollen Inhalte, oft zeitlos wichtig, nützlich oder unterhaltend, nehmen in den letzten Jahren stark zu. Auf YouTube finden sich immer mehr absolut sensationelle Videos (Musik, Kunst, Schnappschuss-Filme), die sich kaum toppen lassen. Diese Inhalte sind allesamt neu, sie sind fast alle in der letzten Zeit entstanden. Wenn diese Tendenz noch ein paar Jahre anhält, gibt es im Internet so viel Hervorstechendes, dass wir uns überhaupt nichts Mittelmäßiges mehr »antun« müssen.

Wer also unsere Aufmerksamkeit will, muss sich mehr und mehr anstrengen, mit uns in eine dauerhafte phatische Kommunikation einzutreten. Viele Aufmerksamkeitsgierige erkennen schon frustriert, dass man Leute nur noch »kriegen kann«, wenn man ihnen einen Nutzen bietet: nützliche Apps, Downloads verwertbarer Inhalte, Rabattcoupons oder ernsthafte Produktbesprechungen. Gut wäre es, wertvolle Services zu bieten ... Aber das kostet und kostet! Das macht dauerhaft und nachhaltig Mühe, wird aber natürlich durch eine lang anhaltende Kundenbeziehung und Vertrauen belohnt. Wer eine solche »Beziehung« aufgebaut hat, darf auch ab und an eine unerwünschte Werbung dazwischenschalten.

[
Alles Laue oder bloß Mittelmäßige geht im Grundrauschen unter. Phatische Kommunikation ist nicht mit beliebig vielen Verbindungen möglich.
]

Genau das wird viel zu oft nicht gesehen. Die Geschäftemacher müssen uns doch »kriegen«! Also werden naiv unverdrossen weitere mittelmäßige Impulse in die Welt rausgehauen! Die Hoffnung stirbt zuletzt. Massenmails, Newslettersendungen und Werbung ohne Ende gleich superaufwendig an die ganze Welt – und fast jeder Empfänger fragt sich: »Warum schicken die mir das?«

Da wir nun so großen Informationsfluten ausgesetzt sind, empfinden wir mehr und mehr davon als Spam. Spam? Das ist eine berühmte Handelsmarke aus den USA, unter der seit 1937 die Firma Hormel Foods Co. vorgekochtes Schweinefleisch in Dosen verkauft. Vielleicht würde man in Deutschland »Frühstücksfleisch« dazu sagen. Zu Anfang der 70er-Jahre – lange vor so etwas wie »Pferdelasagne«-Skandalen – begann man in der Gesellschaft über »Mystery Meat« zu lästern, also über Fleischzubereitungen unklarer Herkunft. Man vermutete Seltsames im Gemeinschaftsessen der Kantinen, Gefängnisse und Schulen. 1970 zeigte das Fernsehen erstmals den *Spam Song* der Gruppe Monty Python, den Sie sich unbedingt auf YouTube anschauen sollten. Der Sketch spielt in einer Imbissstube. Dort werden etliche Schnellgerichte angeboten, die alle »Spam, Spam, Spam, Spam, Spam« enthalten. Unter unendlich vielen schrillen Wiederholungen des Wortes »Spam« wird dem Spam-Fleisch der Ruf eines unvermeidbar schrecklichen Zeugs verpasst, das man überall essen muss.

Spam hat sich heute als Wort für »unerwünschte und aufdringliche Werbung« etabliert, die man als Mail, Newsletter oder als

Anfangssekunden vor YouTube-Videos immer stärker hassen lernt. Spam nervt so sehr!

Trotzdem gibt es davon immer mehr. Sie versuchen es alle mit aller Gewalt. Sie bieten für die phatische Kommunikation schon Geld: Wer einwilligt, einen regelmäßigen Newsletter geschickt zu bekommen, bekommt protzig angepriesene Mini-Mini-Rabatte (z. B. Paybackpunkte), Treuepunkte oder sogar Begrüßungsgelder, wie sie bei den Banken schon lange üblich sind (bis wir alle zu Tagesgeldnomaden geworden sind und überall ein Konto eröffnet haben). Wer irgendwo etwas kauft, wird nach dem Kauf mit Werbung verfolgt.»Danke für die Billigwein-Bestellung, möchten Sie dazu noch zwei Wochen die HÖR ZU?« – Ich war nach der Installation des neuen Windows 10 ziemlich schockiert, dass jetzt ab und zu Fenster mit der Anregung aufpoppen, ich solle irgendetwas kaufen. Mein Betriebssystem gehörte doch bislang mir? Und jetzt spammt es mich zu? Bekommen wir demnächst das Auto umsonst, wenn wir uns damit abfinden, dass das Navi ständig Angebote in der jeweiligen Nachbarschaft anpreist? So, dass sich die Werbung nicht leiser stellen lässt? Lachen Sie nicht! Der Getränkekonzern Diageo (u. v. a. Hennessy, Cragganmore, Guinness) hat gerade mit der Firma Thinfilm aus Norwegen ein intelligentes Whiskyetikett entwickelt, das den Käufern Mix-Rezepte und »Informationen über Sonderaktionen« übermitteln kann. Man verspricht sich eine stärkere Kundenbindung davon. Wirklich? Hallo? Hey, es ist Spam!

Nicht genug, dass sie uns alle als Freunde bei Facebook haben wollen – jetzt reden uns wahrscheinlich bald auch unsere Möbel an? Eine große deutsche Bank überlegte neulich öffentlich, ob man nicht Kunden einen Tipp geben könnte, dass sie zu hohe Haftpflichtprämien zahlten. Ließe sich denen nicht ein Angebot des eigenen Hauses unterbreiten? Registriert die Banksoftware vielleicht auch meine finsteren Gedankenspiele, mir ein Konto anderswo zu wünschen?

Ich stelle fest: Wir bekommen immer mehr Spam – so viel, dass wir das Wertvolle kaum noch herausspüren können oder wollen. Mag sein, dass es gute Informationen gibt, die wertvoll für mich sind, aber die vielen dumm einfachen Versuche vermengen alles zu einem ärgerlichen Brei von Spam. Was ich derzeit bekomme, sieht im Ganzen vollkommen beliebig aus. Ich will sagen:

[Das Ringen um Aufmerksamkeit treibt uns in eine flachsinnige Ad-lib-Kultur.]

»Ad lib.« im Deutschen oder »ad lib« im Englischen steht für »ad libitum«, was »nach Belieben« bedeutet. In Musiknoten bedeuten die Abkürzungen »ad lib.« oder »a.l.«, dass der Komponist das Spieltempo des Stücks in das Belieben des Interpreten stellt. »Ad lib« steht für »beliebig«, aus dem Augenblick heraus, ganz spontan, auch oft ohne jede Vorübung: »Ich wollte auch kurz etwas dazu sagen, obwohl ich keine Ahnung habe.« Im Internet wird geäußert, was so gerade in den Kopf kommt. »Ad libbing« heißt es im Amerikanischen, wenn ein Künstler improvisiert.

Oder, um einen anderen Aspekt zu beleuchten: Es sieht so aus, als würden den Leuten die Inhalte der Newsletter, der Werbung oder der Tagespolitik genauso gerade so in den Kopf kommen. Da klemmt der Verkauf eines Produkts - zack, einen Newsletter! Da will ein Politiker gewählt werden, den keiner kennt! Schnell - abstrus inhaltsleere Plakattexte! Wieder ist es nicht so, dass es nichts Wertvolles inmitten der Spammassen gäbe, aber es schmeckt nicht mehr durch. Alles ist umrandet von Spam. Lauter amateurhafter Unsinn, den sich ein Praktikant der Kommunikationsabteilung gerade schnell überlegen musste, weil alle Festangestellten immer nur in Meetings sitzen.

[Das Ringen um Aufmerksamkeit treibt uns in eine flachsinnige Ad-hoc-Kultur.]

Die Inhalte, die uns zumüllen, haben im Durchschnitt überhaupt nicht die Qualität, die nötig wäre, um unser Interesse zu wecken. Irgendwie scheint sich das allgemeine Kommunikationsniveau dem scheinbaren Trivial-Trash auf Facebook anzunähern. Die Profis denken wohl irrtümlich, das würde reichen. Sie beobachten nämlich, wie die Leute auf Facebook mit Herzchen oder Smileys reagieren und dann so kommentieren:»toll«,»ich liebe dich, wie du bist«,»super cool, dein Bild« oder»ich denke an dich, mein Beileid zu dem Tod eurer Hausschnecke, hier mein Video von meinem Hauskaninchen, das aus Versehen eine Fliege verschluckt hat – ach, nun hat es eine schwere Depression«, darauf zwanzigmal »wir leiden mit dir«. Ich habe schon so viel Häme über das Niveau von Facebook-Posts gelesen, wahrscheinlich von Leuten, die gar nicht echt auf Facebook sind. Das Niveau ist formal gesehen oft sehr trivial bis hin zu unterirdisch peinlich, aber die Kommentare sind doch bitteschön eine wichtige phatische (!) Kommunikation, deren Inhalt überhaupt keine (!) Bedeutung haben muss. Die Kommentare sagen nur sinngemäß»Hallo, ich bin bei dir«, so wie»Guten Morgen« auf der Straße. Und wenn meine Freunde nur einen Smiley schicken, dann ist das wie»winke-winke«, wie ein kleiner Herzensstrahl. Was ich aber an der phatischen Kommunikation mit meinen Freunden liebe, darf sich doch kein Fremder, keine Firma oder ein Markenartikelwerkstudent herausnehmen, noch dazu mit der Absicht, mir etwas zu verkaufen? Da empfinde ich keinen Sonnenstrahl, kein Lächeln, sondern Grimm. Ich will mit denen doch nicht in Verbindung sein! Stellen Sie sich vor, ich poste auf Facebook»habe schlecht geschlafen«, und dann antworten zum Beispiel eine Hotelkette, ein Kuschelwuschelkissen-Hersteller oder ein Dormatologe:»Brauchst du Hilfe«? Spam, Spam, Spam!

Aber die Spammer tun kommunikatorisch so, als wären sie wie meine geschätzten Freunde. Dabei wollen sie immer etwas von mir. Hilfe! Ich traue ihnen nicht! Mir ist zum Keulen.

Ich fürchte, Sie schimpfen jetzt immer noch innerlich über Facebook, auch wenn ich Ihnen klar gesagt habe, dass es vor allem um phatische Kommunikation unter Freunden geht und nicht nur um wichtige Informationen oder Botschaften. Ich erinnere Sie an die guten alten Zeiten. Versetzen Sie sich in einen Urlaub am Gardasee im Jahr – sagen wir 1980. Damals gab es keine Mail, kein Internet! Telefonieren nach Hause war sündhaft teuer. Also kauften wir an Kiosken haufenweise Postkarten und suchten irgendwo nach Briefmarken (die es oft am Kiosk nicht gab, weil auch das Wort »One-Stop-Shop« nicht existierte). Dann legten wir uns in die Sonne. Phatische Kommunikationsgenies schrieben sogleich auf sehr viele Postkarten dasselbe: »Wetter und Essen gut, es ist so schön hier.« Ein Verwandter von uns trieb es sogar noch weiter und kaufte immer Postkarten mit Aufschriften »Alles Gute zur Goldenen Hochzeit!« oder so. Dann textete er monoton und knapp: »Umseitiges wünscht Dein Ernst.« Etwas anderes schrieb er nie. Mein Vater hasste dieses vollkommen inhaltslose Postkartengesülze, er kannte ja den Begriff der phatischen Kommunikation noch nicht. Ich will sagen: Das reine Kommunizieren zum Erinnern und zum Aufrechterhalten der Beziehung gab es schon immer. Nur eben mit Standardpostkarten und ohne Smileys. Kennen Sie die Gewohnheit der Phatiker, im Urlaub ungefähr jedem Bekannten ein Geschenk mitzubringen, was gut die Hälfte der Urlaubszeit kosten kann? Können Sie sich dabei meinen Vater vorstellen, wenn jemand aus unserer Familie das so durchziehen wollte?

Es geht um Freundschaft! Auch die zum Teil öden und von Assistenten vorformulierten ewig gleichen Grußworte auf Konferenzen sind Freundschaft! Die Politiker und Bürgermeister wollen nur sagen, dass sie unsere Freunde sind und es ihnen deshalb ein tiefes Bedürfnis ist, kurz für uns zu erscheinen. Dann grüßen sie alle wichtig erscheinenden Leute in den ersten Reihen noch namentlich, was in Österreich wegen der vielen Konsul- und Ratstitel ziemlich lange dauern kann. Es geht um Freundschaft! Weihnachtskarten an Geschäftsfreunde sind auch ein Zeichen der Freundschaft. Ich bekomme viele, manche sind unleserlich unterschrieben, sodass ich oft nicht weiß, von wem sie überhaupt kommen. Sie wandern alle in den Papierkorb, aber ich fühle, dass jemand an mich gedacht hat – und ich erinnere mich eine Minute lang an sie und einige gemeinsame Momente. Phatisch!

Das verstehen die kostensparenden Controller heute nicht

mehr und sehen darin nur inhaltsloses Getue. Sie denken über Grußkarten fast allesamt wie mein Vater über die Floskel-Postkarten. Daher schaffen die Unternehmenskalkulierer im kalten Hauptverwaltungsturm das Zeigen von Freundschaft wieder ab.

Oh, da fallen mir die Visitenkarten ein, die immer ausgetauscht werden. Ich meine auch die, die in sehr frühen Zeiten die Gutsbesitzer bei anderen Landbaronen abgegeben haben, wenn sie mit der Kutsche vorbeikamen, aber aus Zeitmangel nicht zu einem Kurzbesuch reinschauen wollten. Das Abgeben einer Visitenkarte beim Hausdiener galt damals als vollwertiger »Besuch«, also als kleiner höflicher Akt und somit als phatisches Signal.

Verstehen Sie jetzt ein bisschen mehr von Facebook?

Die Wikipedia definiert: »Freundschaft ist ein auf gegenseitiger Zuneigung beruhendes Verhältnis von Menschen zueinander, das sich durch Sympathie und Vertrauen auszeichnet.« Oh, manchmal hätte ich ja Sympathie für die Produkte eines Unternehmens oder Thesen einer Partei – habe ich aber Vertrauen zum Unternehmen oder zur Partei? Wenn ich kommuniziere, möchte ich das auf der Basis des Vertrauens – dann halte ich den Kanal per phatischer Kommunikation gerne offen. Was aber ist Vertrauen?

Ich verehre die Bücher von David Maister, die so viel Lebensweisheit ausstrahlen. Aus einem solchen Buch entlehne ich einmal die dort angegebene Formel des Vertrauens. Die hat Maister einfach so ins Buch *The Trusted Advisor* (»Der Berater/Betreuer/Ratgeber meines Vertrauens«) gesetzt. Man kann natürlich noch darüber diskutieren, ob sie so oder ähnlich lauten könnte. Sie ist aber von der Idee her sehr instruktiv. Schauen wir sie an:

Formel des Vertrauens

(Maister, The Trusted Advisor)

Vertrauenswürdigkeit =

$$\frac{\text{Zuverlässigkeit} + \text{Glaubwürdigkeit} + \text{Vertrautheit}}{\text{Selbstorientierungsgrad}}$$

Jemand, dem wir vertrauen, tut, was von ihm erwartet wird. Er sagt nur, was auch stimmt und was er wirklich meint – er ist uns über längere Zeit ein vertrauter Freund geworden und ärgert uns eigentlich nie durch Egoismus oder Versuche, uns zu übervorteilen. Maister hat das Ganze durch eine Bruchformeldarstellung erhellt. Die will sagen: Auch wenn jemand zuverlässig, glaubwürdig und vertraut ist, vertrauen wir ihm nicht wirklich, wenn er gleichzeitig zu offensiv seine eigenen Interessen in den Vordergrund stellt. Selbstorientierung steht im Nenner des Bruchs, sie mindert das Vertrauen.

Wenn mir Spam geschickt wird – ist mir die Gegenseite vertraut? Nein. Glaubwürdig? Nein. Selbstorientiert? Ja, bestimmt. Sie ist berechnend, finde ich. Ich misstraue. Die Absender kalkulieren und sinnen danach, mich zu beeinflussen. Sie erfragen meine Daten nicht wie Freunde, die mir vertraut werden wollen. Sie wollen aus den Kenntnissen ihren Vorteil suchen. Sie analysieren mich nur deshalb! Wir fühlen den Unterschied, ob ein vertrauter Handwerksmeister uns eine Weihnachtskarte schickt oder ob das ortansässige Bekleidungsunternehmen »nur zu Weihnachten nur für Sie drei Teile zum Freundschaftspreis von zweien« anbietet.

Triumph der Oberflächlichkeit – »Noobs!«

Es sind nicht die Smileys, die Katzenvideos oder anderen Banalitäten, die der Welt schaden. Das sind doch nur Botschaften unter Freunden! Die mögen Zeit kosten, ja sicher, sie mögen vielleicht bis kurz vor eine Sucht führen, aber es geht im allerweitesten Sinne um »Netzwerkpflege«, Unterhaltung und auch Selbstdarstellung.

Wenn es aber um ernste und wichtige Themen geht, sollten die vielleicht tiefsinniger im Netz diskutiert werden können. Das ist noch immer der Traum der Netzpioniere: Wir diskutieren alles im Internet aus, wir treffen uns dort wie einst die Römer auf dem Marsfeld und üben uns in einer neuen Gesellschaftsform der Basisdemokratie. Wir stimmen nicht nur gemeinsam ab, wir reden auch gemeinsam. Alle mit allen!

Die Piratenpartei hat so etwas wenigstens auf ihren Parteitagen versucht, die aber immer mehr im Chaos versanken. Wenn jeder alles sagen darf, sagen viele Leute ziemlich viel Seichtes, Dummes, Vorurteilsbelastetes oder eben Selbstorientiertes.

Es wäre nun gut, man würde über ein Thema oder ein Problem in einen ernsthaften Diskurs eintreten und zu einer Entscheidung kommen, die dann alle bis zur Umsetzung mittragen.

Das geht in einem offenen Kreis im Internet einfach nicht. Die Mitdiskutierenden kommen und gehen. Vorbeiziehende werfen kurz ihre Empfindungen ein, Parteiische wiederholen stereotyp dieselben Forderungen, am besten werben noch Unternehmen dazwischen.

Dabei haben wir sehr komplexe Probleme zu lösen: TTIP, Datenschutz, Digitalisierung, Industrie 4.0, Flüchtlingsprobleme, Nullzinsen, Altersarmut ...

Und es hat niemand so recht Lust, sich in solche komplexen Problematiken einzuarbeiten. Man haut mit den sattsam bekannten und immer wiederholten Argumenten aufeinander ein. Schauen Sie sich die Kommentarspalten zu Internetartikeln an. Diese Diskussionen um die wichtigsten Themen unserer Zeit werden hier auf niedrigstem Sachniveau geführt. Es sind nicht einmal Meinungsführer da, auf deren Seite man sich schlagen könnte oder deren Ansichten wir vertrauen könnten. Es kommt fast regelmäßig zu einem zum Teil sehr emotionalen Schlagabtausch.

Bei jedem Impuls durch einen Artikel (der im Internet natürlich kurz ist) werden diese Themen wieder neu diskutiert, als wenn sie gerade heute erstmals aufträten und vollkommen neu wären. Danach schlafen sie gleich wieder ein. Man regt sich über das Kommen von Flüchtlingen auf, dann sind sie da, wir haben kein Interesse mehr. Jetzt eine Straftat eines vielleicht eventuellen Flüchtlings - sofort eine komplette Neudiskussion, die sich wiederum beruhigt. Die Polizei bekommt eine neue Stelle dazu, und gut ist es. Dann wieder ein gesunkenes Flüchtlingsboot mit angeschwemmten Leichen: Touristenfotos, Neudebatte über Menschlichkeit - wie schrecklich! Warum setzen die sich denn bloß in Boote, die wissen doch, wie gefährlich das ist!

Wir können unseren Willen nicht mehr gemeinsam darauf konzentrieren, uns auf einen Konsens zu verständigen und gemeinsam einen Weg zu gehen. Unsere Führenden geben dafür keine Vorbilder ab. Wir reagieren nur noch kurzfristig auf neue Impulse. Wie Goldfische, denke ich und lächle.

Es gibt ein bekanntes Ammenmärchen über Goldfische. Wissen Sie, warum diese in runden Gläsern gehalten werden? Man sagt, Goldfische hätten ein Gedächtnis für nur acht (!) Sekunden ihres Lebens. Wenn acht Sekunden vorüber seien, nähmen sie die Welt jeweils wieder neu wahr. Deshalb könne man sie unbedenklich in ein rundes Glas setzen. Sie schwämmen dann in acht Sekunden eine Runde - und würden die Welt wieder von Neuem erleben! Der Goldfisch hat nach dieser falschen Theorie bei jeder Runde im Glas ein neues Glückserlebnis. Nach acht Sekunden sieht er: »Huih, ist es hier schön! Hier war ich noch nie!« Und sein Lebensglück beginnt wieder neu.

Haben vielleicht Menschen auch so ein kurzes Gedächtnis? Sie regen sich periodisch über etwas auf, wenn es in der Aufmerksamkeit wieder hochkommt oder hochgespült wird - und dann verschwindet es wieder. Es ist hier wohl falsch, von Gedächtnis zu sprechen. Es geht ja wieder um die Aufmerksamkeit, die bei einem geeigneten »Trigger« hochschießt und dann wieder verebbt.

»Du hast heute wieder die Zahnpastatube nicht ordentlich ausgedrückt. Ich will verdammt nicht, dass du in der Mitte quetschst! Lernst du das denn niemals?« - »Lass mich in Ruhe damit, ich habe wichtigere Dinge zu tun. Ich versuche mich gerade zu erinnern, welche Schüler ich im Biologieunterricht sitzen habe. Ich muss heute Noten geben! Ach, die sehen alle gleich aus, die Schüler, so viele. Sie kommen mir jeden Morgen völlig unbekannt vor.«

»Bist du für TTIP?« - »Was war das noch mal?« - »Meinst du, dass es Negativzinsen geben darf?« - »Oh, da fragst du was. Ich wäre jedenfalls böse, wenn sie mir etwas wegnehmen.« - »Begrüßt du die Gemeinschaftsschule?« - »Ich habe keine Kinder.«

»Chef, dürfen wir einen neuen Computer bestellen?« - »Hmm, ich bitte um eine PowerPoint-Präsentation zur Begründung. Ich habe ja keine Ahnung von Computern und weiß daher, dass ihr mir sonst was erzählen könnt. Das will ich dann wenigstens noch einmal erklärt bekommen.« -»Chef, wollen wir dann nun endlich mit der Digitalisierung anfangen?« -»Ach, das wird mir nun seit etwa zwanzig Jahren jedes Quartal empfohlen. Ich vergesse es dann wieder, weil wir so viel zu tun haben, um die harte Konkurrenz dieser - wie heißt das? - dieser neuen Internetportale abzuwehren. Was soll ich denn konkret tun, Leute? Geht es wenigstens schnell?« -»Chef, wir haben doch schon so oft eine PowerPoint-Präsentation für Sie gemacht, bestimmt alle drei Monate!« -»Ja, die ist aber jetzt schon alt. Aktualisiert mir die mal und setzt das auf die Agenda, es sind ja nun auch wieder neue Geschäftsführer dabei, die sich nicht mit dem Stand der Dinge auskennen.« -»Chef, dann müssen« wir die Diskussion aber doch immer wieder ganz von vorne anfangen!« -»Mir ist das recht, denn das Quartal fängt ja auch dauernd neu an. Es ist wie eine Runde schwimmen bei Goldfischen.«

»Wie oft soll man es denn noch sagen!«, schimpfen die Leute, die sich wirklich mit etwas auskennen, auf die anderen, die Laien. Die aber scheinen sich jedes Mal, wenn sie wieder denselben Fehler begehen, kurz wieder neu auf diese Sache zu besinnen. Sie wachen auf und erwidern:»Stimmt, das hatte ich ja ganz vergessen.«

In dieser Weise stöhnen Fachleute über Bosse und Politiker. Die sagen bei jeder Sachfrage:»Ich bin da nicht so tief drin. Frisch mich mal auf. Ein kurzes Briefing bitte.« Moderatoren im Fernsehen erfahren regelmäßig ein paar Minuten vor der Sendung, wer ihre Gäste überhaupt sind.»Update - die sind jetzt geschieden und der hat eine Neue und die bringt eine neue Kollektion heraus ...«

Natürlich kann man nun nicht verlangen, dass Bosse und Politiker alles zu jeder Zeit klar auf dem Schirm haben, sie sind ja für vieles oder alles verantwortlich. Aber die Fachleute zweifeln heute langsam am Verstand aller derer da oben, wenn sie sich immer wieder neu briefen lassen. Wie Goldfische machen sie eine Quartalsrunde nach der anderen. Zwischen zwei PowerPoint-Präsentationen wird alles vergessen. Der Verstand ist immer erst nach dem Briefing einsatzbereit beziehungsweise verwendungsfähig. Ohne den neu auffrischenden Input geht gar nichts.

Bei den »Gamern«, den Spielern im Internet, gibt es Menschen mit einer bestimmten Persönlichkeitsattitüde, die sie als »Noob« oder stilecht als »N00b« (mit zwei sehr absichlichen Nullen) beschimpfen. Ich erkläre kurz. Wenn ein Neuer ins Spiel kommt, der das Spiel noch nicht gut kennt, ist er »new« und wird als »Newbie« gesehen. Bei den Shootern schießt man sich nun nicht gleich auf ihn ein und lässt ihn ein bisschen stressfreier mitspielen, damit er sich eingewöhnt. Er kapiert ja auch nicht gleich alles. »Hallo, ich bin neu hier, ich komme nie um die erste Ecke herum, weil ich da sofort umgelegt werde!« – »Du musst links auf das Fass achten und dich da herumschleichen.« – »Aha, danke!«

Jeder erfahrene Spieler bringt den Newbies eine gewisse Willkommensfreude entgegen. Die Newbs (andere übliche Bezeichnung) genießen daher eine Weile Welpenschutz. Man lässt sie langsam an ihren Fehlern wachsen und unter Ratschlägen und Ermunterungen gnädig mitspielen.

Aber ein Noob – das ist jemand anderes! Die hören sich anders an. »Lauert ihr mir da dauernd auf? Wie gemein! Mistkerle!« – »Hey, da müssen alle ständig vorbei, weil da öfter Lebenspunkte zu holen sind. Steh da nicht rum, sonst erwischt es dich.« – »Ich warte da aber auf die Lebenspunkte, ich will auch mal welche. Es ist doch gemein, dass ich nie welche bekomme. Können wir uns nicht ordentlich in einer Warteschlange aufstellen, dass jeder einmal drankommt?« – »Du, es ist ein Kampfspiel! Bemühe dich, trotzdem ab und zu Lebenspunkte zu ergattern. Du musst das Spiel doch langsam erlernen!« – »Ich spiele das Spiel schon lange, aber immer mit anderen Leuten. Überall sind sie gemein.« – »Nein, sind wir nicht, du musst nur lernen! Das wird hier erwartet. Wenn du nicht lernen willst, nervst du uns. Wir akzeptieren keine Spieler, die nicht lernen wollen.« – »Ich will Spaß haben und nicht lernen.« – »Dann suche dir einen Sandkasten.« – »Nein ich spiele hier!« – »Dann ballern wir dich eben immer raus – keine Nachsicht von uns. Du dummer Noob!«

Na, vielleicht ist diese Episode zu neuzeitlich für Sie. Es gibt überall Leute, die nicht lernen wollen. Meine Mutter war ein Skat-Noob. Man musste ihr jedes Mal neu erklären, wie man spielt.

»Karo ist neun, aha, warum eigentlich neun?« – »Mutti, du bist dran.« – »Was ist noch einmal Trumpf?« – »Pik, oh Himmel.« – »Wenn ich eine Herz Zehn lege, die ist am höchsten, oder?« – »Das ist im Doppelkopf.« – Und sie sagte dann oft so etwas: »Die anderen zählen beim Skat die Karten, die raus sind. Sie wollen partout gewinnen. Ich gewinne auch gerne, aber nicht so. Dazu habe ich keine Lust. Ich lasse mich aber nicht dauernd anmaulen, wenn ich noch mal mitten im Spiel nachfrage, was Trumpf ist. Ich spiele sehr, sehr gut, nur dass ich mir die Karten nicht merken will. Ich finde es auch unfair, wenn alle lachen, wenn ich nicht weiß, mit wem ich zusammenspiele. Kann doch passieren. Es ist immer noch ein Spiel, oder? Es geht doch um nichts?«

Noobs sind Leute, die absolut nichts dauerhaft lernen (wollen) und immer neu aufgefrischt werden müssen. Sie merken nicht, dass dies die »Experten« ungeheuer nervt.

Überall Noobs: Manche schaffen es nie, Steaks rosa zu braten, andere sägen für immer auf der Geige. Viele wollen Tennis wie freundschaftliches Ping-Pong spielen. »Warum spielst du absichtlich in die Ecke? Da komme ich doch nicht hin, das weißt du doch. Komm, lass uns zählen, wie oft wir uns den Ball hin und her zuspielen können.«

Und ich fühle, dass das arglos-schamlose Noob-Sein immer ärger um sich greift. Immer mehr Personen ganz da oben gebärden sich wie Noobs. Sie scheinen nicht zu lernen und vor allem nicht lernen zu wollen – die Politiker und Manager. »Klären Sie mich kurz auf. Worum geht es hier? Bitte ganz, ganz kurz, nur so viel, dass ich schnell entscheiden kann. Es müssen ja auch viele andere dazu nicken, es ist fast egal, was oder wie ich entscheide.« Wenn sich unsere Oberen immer nur nach Kurzbriefings zu etwas äußern können und wegen der Aufmerksamkeit auch gerne äußern wollen, dann steigt der Flachsinnspegel enorm. Oberflächenmenschen reden zu uns und entscheiden über uns – ohne jede erkennbare Anstrengung, aus dem Oberflächendasein heraustreten zu wollen.

Im Internet schrieb jemand ultra-fremdwortschwelgend: Ein Noob ist »ultracrepidarain, inaniloquent, and autohagiographic«. Schöne lange unbekannte Wörter! Ein Ultracrepidarian ist jemand, der ständig vollkommen unbefangen außerhalb seiner eigentlichen Wissensreichweite redet und am besten gleich wertende Kommentare abgibt. Ein Inaniloquent redet ununterbrochen und ermüdend beredsam, ohne sich um Sinn seiner Rede oder um die Zuhörerschaft zu kümmern. Er ist »chatty«, quakt also viel herum. Eine Autohagiography bezeichnet im Amerikanischen die »tendenziell marktschreierische Autobiografie eines Heiligen«. Noobs erwähnen oft Ereignisse der Art, »mit dem Papst in Rom gemeinsam eine Messe zelebriert« oder »den Vorstandsvorsitzenden in den Fahrstuhl zum Mitfahren gebeten zu haben«. -»Ich habe morgen meinen ersten Arbeitstag. Ich werde Schwung in diesen Großkonzern bringen, das habe ich dem Arbeitsdirektor beim Vorstellungsgespräch auch gleich gesagt. Er lächelte freundlich und wünschte mir dazu alles Gute. Na, wenn das kein Freibrief ist, alles zu verändern!« -»Ich habe in meiner Jugend viele Instrumente gespielt und ernsthafte Hobbys betrieben, aber ich konnte mich schließlich nie so richtig zwischen meinen vielen Begabungen entscheiden.« Im Business spricht man von SABTA-Menschen: »Sicheres Auftreten bei totaler Ahnungslosigkeit.«

[Flachsinn und Flachsinnige gehen Hand in Hand.]

Die Kakophonie und das dumm-einfache ständige Dagegensein erzeugt Noobs, die nie tiefer in etwas einsteigen wollen. Man redet dreist mit. Politiker sagen etwas, Bosse demonstrieren hohe Drehzahlen, drehen aber eigentlich nur Pirouetten auf der Stelle. Journalisten beleuchten genüsslich die Pole einer Auseinandersetzung und suggerieren, es gäbe nur die Gegenmeinungen von rechts und von links, niemals eine Mitte.

Am Ende reden alle sehr selbstbewusst durcheinander. Für jede kleine Meinungsverschiedenheit treten Pro und Contra hervor, verteidigen entrüstete Meinungspriester gegen Noobs, rennen Vernünftige gegen SABTA-Leute an, vermuten andere Groß-Katastrophen: »Gibt es zum Bundespresseball Lammkoteletts oder

Lammkeulenscheiben? Die Koalition ist tief gespalten. Ein extremer Krach steht ins Haus. Es wird ein Misstrauensvotum geben. Es riecht nach Neuwahlen. Lammert sagt nichts.«

Jede kleine Community sieht alles aus ihrer kleinen Brille, verteidigt das wenige, das sie vertritt, in Rosarot und sieht überall sonst tiefschwarz.

Nichts steht einfach so im Raum, alles ist eben auch angeschmutzt worden. Es gibt einfach nichts mehr, was einfach so unstrittig wahr oder ehrenhaft ist, was uns allen ernst wäre oder was wir alle für wichtig halten.

Jede Ansicht, jede Religion, jeder in der Öffentlichkeit stehende Mensch ist auch schmutzig geworden, jeder wird auch mit Eiern beworfen. Damit ist alles zweifelhaft und nicht moralisch einwandfrei -»halbseiden« sagte man früher wohl.

Wir resignieren. Alles hat seine Skandale, von der Kirche bis zu den Bioprodukten, die mit mehr Gift getestet werden als andere. Es gibt wirkliche Betrügereien und noch viel mehr zynisch vermutete.»Sie dopen doch alle. Was soll Sport da noch.« Jeder Quatsch, was immer es sei, trifft bei irgendwelchen Noobs stets auf einen guten Teil Zustimmung, kein Unsinn lässt sich wirklich ausmerzen. Das Internet lässt sich leider nicht löschen. Auch wenn irgendwann eine Wahrheit klar zutage tritt, ist das Dumme um sie herum immer noch im Netz zu lesen - und es verschwindet ja nicht, sondern wirkt weiter. Nichts lässt sich mehr reinwaschen, alles hat Flecken.

Wir resignieren. Da bereichern sich Vorstände? Wir wussten es. Politiker und Sex-Affäre? Tja, Macht bringt bekanntlich in Versuchung. Totalbeschmutzung und Hetze im Wahlkampf? Nicht so toll, aber wenn man damit gewinnen kann? Unsere Vorgesetzten tricksen mit Quartalszahlen? Machen wir in unserem bescheidenen Rahmen ja auch. Unwürdige Witze in der Werbung? Das muss schon sein, wie bekäme man sonst die Aufmerksamkeit? Eine gefakte wissenschaftliche Studie? Na, diese armen Professoren müssen bekanntlich alles publizieren und werden für die Ergebnisse von der Industrie-Lobby bezahlt.

Und wenn jemandem aus einer Gruppe Gleichartiger ein Skandal nachgewiesen werden kann, reagieren wir meist unaufgeregt mit »Na, dachte ich mir, es machen bestimmt alle so.«

Wir akzeptieren den Schmutz, wir kämpfen nicht mehr gegen ihn an. Wir leben jetzt im Schmutz, wir sind es gewöhnt. Wir machen zögernd mit und schummeln auch. Irgendwie geht es schon weiter. Es muss doch weitergehen, oder?

Die öffentlichen Debatten werden durch die Medien absolut verzerrt und dabei unendlich verflacht. Die komplexere Wirklichkeit passt nicht mehr zwischen die Werbung auf den Webseiten, sie bringt keine Quote, keinen Kick und damit keinen Klick.

[
Wir kommen vor lauter Bashing, Wrestling
und Empörung nicht mehr dazu, die Realität zu
verstehen.
]

Noch schlimmer, wir finden das Irreale und Aufgebauschte langsam besser. Es belastet nicht, fordert nicht und unterhält bestens.

Algorithmen
berechnen, wer wir
sind und was wir
wahrnehmen sollen

W er ist wie viel für wen wert? Was ist wie wichtig? Es ist im Leben entscheidend, die Preise zu kennen und um die Prioritäten zu wissen. Wie viel bin ich wert? Wie kann ich meinen Wert steigern? Was kostet das? Wie schätze ich den Wert anderer ein? Eines der meistgebrauchten Hype-Wörter dieser Zeit ist »Algorithmus«. Es handelt sich um mathematisch-statistische Verfahren, die aus Informationen Werturteile oder Bewertungen für Entscheidungen berechnen. Algorithmen werten unsere Daten in großem Stil aus (»Big Data«), erstellen Profile und Klickstatistiken. Man will berechnen, was unsere Aufmerksamkeit anzieht und was nicht – und dieses Wissen soll beim Verkaufen an uns genutzt werden. Es wäre nun gut, wenn wir alle ein bisschen von diesen Algorithmen verstünden, denn wir werden ja von ihnen als Konsument oder als Stellenbewerber bewertet. Wir müssen dann wohl oder übel darauf achten, dass wir bei den Algorithmen gut wegkommen. Wer das nicht mag oder sich nicht darum kümmert, hat das Nachsehen. Diejenigen aber, die sich offensiv im Netz »ausstellen« und sich entsprechend aufpimpen, sind ein echtes Ärgernis und bilden eine weitere große Quelle für flachsinnigen Rummel im Netz.

People Analytics

Wissen Sie denn wirklich, wie Sie selbst als Person wirken, wenn man Sie durch Googeln im Netz »erschließen« würde? Das versuche ich jetzt einmal. Oh, da steht zum Beispiel über Sie, Sie hätten an einer Demonstration gegen Masernimpfungen teilgenommen. Da werden Ihnen viele Experten Unrecht geben und es werden manche, die das jetzt erfahren, die Stirn über Sie runzeln. Oh, da sind Sie auf einem Foto zu sehen, das ist aber unscharf – was soll das? Sie sind zu dunkel abgelichtet, man hat Sie gegen das Fenster fotografiert – da hat mal wieder einer keine Ahnung von vorteilhaftem Licht. Amateur! Da steht auch über Sie, dass Sie neulich bei der freiwilligen Feuerwehr ausgeschieden sind. Warum denn? Haben Sie Ärger gehabt? Ihre Frau spielt Blockflöte, das ist okay. Jetzt schaue ich mal, ob Sie auf Xing gelistet sind, wo sich viele

Leute eine Art tolle Visitenkarte designen. Hey! Wieder dieses unscharfe Bild! Das geht doch nicht, das hier ist eine offizielle Webseite, auf der Sie adrett erscheinen müssen - und zwar unbedingt! Ich schaue einmal, wie viele Kontakte Sie haben und ob das hoch bewertete oder bekannte Leute sind. Hmm. Nichts Besonderes zu finden. Prickelndes schon gar nicht. Okay, okay.

Dieses kritische Herumsuchen über Sie macht Sie verletzlich, oder? Können Sie damit umgehen?

Viele Menschen haben Angst davor. Daher sehen sie das Internet zu einseitig als Panopticon, das sie bewacht und kontrolliert, das Dinge über sie offenlegt und herauströtet, die nicht öffentlich bekannt sein sollen. Viele andere Menschen dagegen sehen im Netz die Chance, endlich positiv wahrgenommen zu werden. Den meisten Leuten ist das alles (noch) ziemlich egal. Typische Haltungen:

- »Ich vermeide es nach Möglichkeit, öffentlich zugängliche Spuren im Netz zu hinterlassen.«
- »Es ist mir egal, was da über mich steht.«
- »Ich achte schon ein bisschen darauf, was im Netz steht - ich bin vorsichtig.«
- »Ich versuche bewusst, mich gut darzustellen, und arbeite selbst daran.«
- »Ich habe sehr korrekte Profile im Netz, das muss reichen.«
- »Ich bin anonym im Netz aktiv. Ich verwische alle Spuren.«
- »Ich gebe einfach keine Daten ab. Ich fürchte Missbrauch.«
- »Ich versuche, positiv bekannt zu sein, steigere aktiv die Anzahl von Kontakten in den sozialen Netzwerken und versuche, eine Art persönlicher Marke zu etablieren.«

Ducken Sie sich oder stellen Sie sich aktiv dar? Mehr Panopticon oder mehr Attracticon? Wo sehen Sie sich in Ihrer Zelle?

Stellen Sie sich vor,

- Sie bewerben sich.
- Sie beantragen einen Kredit.
- Sie möchten sich versichern.

Sie kennen das. Sie schreiben Bewerbungen, die jemand durchlesen und beantworten muss – die Bewerbung mag eine halbe Stunde Arbeit erzeugen, wenn sie eine derer ist, die in Betracht kommen. Sie gehen zur Bank und führen ein einstündiges Gespräch. Sie bekommen Besuch von Ihrem Versicherungsagenten, der mit An- und Abfahrt leicht einmal zwei Stunden investieren muss. Das alles kostet ganz schön viel Geld, wenn man für eine Stellenbesetzung zig Bewerbungen durchackern oder mit Ihnen wegen eines 5 000-Euro-Kleinkredits lange Befragungen zu Ihrem Risiko abhalten soll. Es geht aber viel billiger!

Im Netz boomt der neue Geschäftszweig »People Analytics«. Man surft einfach über Sie im Internet und stellt anhand von vielen möglichen Kennzahlen fest, ob Sie wahrscheinlich ein guter Bewerber, ein zuverlässiger Zahler oder ein nur kleines Risiko sind. Ein People-Analytics-Programm saust eine Zehntelsekunde in Ihrem Fall durch das Netz und urteilt, ob Sie zur Kundenklasse A (gut), B (mittel), C (schlecht) oder X (nichts gefunden oder inaktiv) gehören.

Eine solche Internetrecherche kostet fast nichts! Deshalb kommen jetzt langsam neue Finanzunternehmen an den Markt (man nennt sie im Jargon »FinTechs«), die Kredite einfach per App auf dem Smartphone anbieten. Wenn Sie Geld brauchen, rufen Sie die App auf. »Ich brauche 5 000 Euro.« – Nach einer Sekunde: »Zwei Jahre zu 4,62 Prozent. Deal or no deal? Abgemacht?« Sie drücken Okay und das Geld ist auf Ihrem Konto.

Da die Internetrecherche sehr viel billiger ist als die Befragung im Beratungsgespräch, bekommen Sie in der Regel im Internet per Smartphone auch bessere Konditionen als bei Ihrer Hausbank oder bei Ihrer Versicherung. Deshalb werden sich diese neuen Unternehmen wahrscheinlich über kurz oder lang solide am Markt etablieren. Die Banken dagegen werden sich aus »zu kleinteiligem Geschäft« wohl oder übel verabschieden müssen. Bei den Bewerbungen wird sich die Beurteilung nach Internetdaten wohl noch schneller durchsetzen, wenn das nicht schon weitgehend geschehen ist.

Sie müssten sich einmal in einen jungen Handwerksmeister hineinversetzen, der jetzt den ersten Gesellen einstellen möchte.

Wenn der schlecht arbeitet, kann er sein junges Geschäft gleich zumachen. Wenn er mit ihm persönlich nicht klarkommt, wird die Arbeit ziemlich spaßfrei. Das Leistungsverhältnis zwischen einem mauen Gesellen und einem richtig guten mag bei vielleicht 1 zu 2 liegen (bei Programmierern ist das schon so gemessen worden). Also muss der Meister eine absolut wichtige Entscheidung fällen, die sich auf sein ganzes Unternehmen auswirkt. Bei IBM hatten wir oft sehr hochwertige Arbeitsplätze zu besetzen. Wenn Sie genau nachrechnen, kommt die Einstellung eines Top-Mitarbeiters einer Investition in Millionenhöhe gleich (ca. 20 Jahresgehälter, Rente, Risiko der Krankheit oder der Kündigung nach Einarbeitung etc.). Da soll man also eine Millioneninvestition nach ein paar Seiten Bewerbungsmappe und einem zweistündigen Gespräch tätigen? Echt? Das wird oft furchtbar schludrig gemacht, denke ich. Würden Sie denn persönlich eine Millionenimmobilie nach einem verwackelten Foto und einem einstündigen Maklergespräch kaufen? Ich will sagen: Heute wird ganz bestimmt zusätzlich über den Bewerber gesurft – das ist doch klar?

Auch das Surfen kostet nun leider seine Zeit – und man möchte, wenn man nach Ihnen surft, am besten alles Wissenswerte gleich zur Hand haben. Es liegt deshalb nahe, Algorithmen zu entwickeln, die nach Personen Ausschau halten und sie im Hinblick auf verschiedene Zwecke bewerten.

Es ist eigentlich genauso wie früher, nur besser und ohne Telefon. Man rief die Schufa für Kreditwürdigkeit an und die Polizei wegen der Vorstrafen. Dann entschied man. Heute lässt man Algorithmen surfen und errechnen. Diese Entwicklung läuft unter dem Oberbegriff »People Analytics«. Mir selbst wird da ein bisschen mulmig. Bei der Schufa können Sie ja im Prinzip nachfragen, was dort an Negativem über Sie gespeichert ist. Dann wissen Sie wenigstens, warum Sie kaum noch Kredit bekommen oder nicht eingestellt werden. Die Algorithmen aber geben ein positives oder negatives Ergebnis ab, nachdem sie da und dort etwas Zufälliges und sich täglich Änderndes über Sie im Netz angeschaut haben. Nach welchen Daten im Einzelnen entschieden wurde, wissen dann später nicht einmal die Algorithmen mehr. Die sausen eben einmal durch das Netz und verpassen Ihnen dann eine Punktzahl, die Ihnen wie ein Kainszeichen anhängt. Kann es sein, dass irgendjemand Sie im Netz als unzuverlässigen Gesellen hingestellt hat? Oder haben Sie im Netz erwähnt, dass Sie an einer Allergie leiden? Dass Sie gerne schnell fahren? Haben Sie für den Algorithmus zu wenige Freunde bei Facebook? Gibt es unseriöse Bilder von Ihnen im Netz? Was suchen »die« denn über Sie? Kennen die Ihre Fitnesswerte aus der Digital-All-Feature-Watch, mit der Sie Ihre Gesundheit in der Cloud beurteilen lassen? Wie entscheidet der Algorithmus, wenn über Sie nur wenig im Netz steht, was gar kein schlüssiges Gesamtbild zulässt?

Sie werden also in ungeklärter Weise beurteilt - aus den zufälligen Informationsbruchstücken, die es von Ihnen im Netz gibt. Dabei sind Sie ganz und gar nicht »gläsern«, wie uns die unkundigen und nur spekulativen Medien glauben machen. Es ist nicht so, dass man alles oder auch nur viel über Sie weiß. Man hat nur Bruchstücke, Mosaiksteinchen, Ahnungen, Hinweise, Verbindungen und Milieuzugehörigkeiten. Man weiß vielleicht etwas Vages über Ihre Vorlieben und Hobbys, vielleicht auch - wenn Sie Missbrauch fürchten und überall anonym sind - nur, dass Sie einmal einen Pervers-Porno angeschaut haben, mehr nicht. Ich will sagen:

> Das Netz kennt Sie, aber vollkommen verhunzt, verzerrt, unvollständig und aus Urteilen heraus, die von guten oder schändlich schlechten Apps getroffen werden.

Den FinTechs ist das egal. Im Schnitt urteilen die Kreditwürdigkeits-Apps vielleicht schlechter, aber sie brauchen keine kostenintensiven Gespräche. Dann bekommen die FinTechs unter Umständen im Schnitt weniger Kredite zurückgezahlt, aber im Ganzen lohnt es sich doch. Sie als Privatperson wissen aber überhaupt nicht, warum was wie nach welchen Kriterien über Sie festgestellt wird. Sie bewerben sich, man liest Ihre Bewerbung per Scanner und OCR (Optical Character Reader) ein und lässt einen Algorithmus nach allem über Sie surfen, was zu Ihrer Bewerbung und den von Ihnen darin abgegebenen Fakten passt. Dann sagt ein Algorithmus:»Bewerber einladen!« oder»Nichtssagend neutrale Absage.« Er sagt:»Kreditwürdig.« Oder:»Kredit nur zu doppeltem Zinssatz.« Und gute Algorithmen werden noch dazu wissen, ob Sie vom Personaler als Bewerber im Gehalt gedrückt werden können und ob Sie Kredite zu jedem Zins brauchen.

Bekommen Sie jetzt nicht ein bisschen Angst? Merken Sie, dass es Ihnen immer weniger egal sein kann, was über Sie bekannt ist? Dass es nicht einmal gut sein muss, wenn nichts bekannt ist? Denn das wäre für Bewerbungen und Bonitätsanalysen ja nichts aus dem Plusbereich.

[
Die große Frage ist: Welches Urteil fällt wohl ein unbekannter googelnder Algorithmus über Sie? Wie gehen Sie damit um, dass man Sie»berechnet« und»ausrechnet«?
]

Sie sollten sich mit der Idee anfreunden, sich im Netz gut darzustellen – oder auszustellen. Sie müssen sich wohl in der einen oder anderen Weise »pimpen«, wie man heute neudeutsch statt »aufmotzen« sagt, seit es die TV-Serie *Pimp My Ride* gibt. Da werden schrottreife Autos blitzend mit Chrom und Leder veredelt – na, Sie wissen, was ich sagen will: Sie werden wohl oder übel »Pimp myself« üben müssen, wenn Ihre Internetakte nicht schon genügend von selbst hergibt. So wie man Autos »frisiert«, üben Sie an sich selbst. Was dabei an Unseriösem herauskommen kann, sehen Sie ja überall im Netz: Flachsinn mit höchsten Stilblütennoten, Effekthascherei und Quark-Formulierungen. Es geht also nicht nur um das Pimpen an sich, es muss auch ein gutes Ergebnis her! Sie brauchen, so sagt man im Netz, eine gute Reputation. Ihre Reputation (als englisches Wort verstanden) ist die Gesamtheit der Meinungen und Vermutungen, die Ihre Person und besonders Ihren Charakter betreffen. Wer Sie wahrhaft sind, spielt hier nicht die Hauptrolle. Es geht darum, wer Sie aus der Sicht der anderen sind. Wir Deutschen scheinen mehr als etwa die Amerikaner wie selbstverständlich davon auszugehen, dass man ist, wer man ist. Nein, hier ist die Reputation als Meinung der anderen über Sie gemeint. Und Sie könnten nun auf die Idee kommen, sich eine Reputation zuzulegen oder Ihre schon erworbene Reputation im Netz mindestens gut zu pflegen.

(Und bitte reagieren Sie jetzt nicht säuerlich empört mit »Das sollte verboten werden.« - »Das ist ungeheuerlich.« Die Welt ist jetzt so, wie sie ist. Ich sage nicht, dass ich sie gut oder schlecht finde, nur, dass Sie sich den Gegebenheiten fügen müssen und sich um Ihre Reputation kümmern sollten.)

Überall Reputation Management

Was denken die anderen über Sie und was sollen sie denken? Das beschäftigt ja jeden Menschen in gewissem Sinne. »Kind, was werden bloß die Nachbarn über uns denken«, hören wir von klein auf. Im Analyticon stellt sich die Frage neu:

[
»Was denken die Algorithmen über Sie?« –
»Wissen Sie das?«
]

Es geht nicht unbedingt darum, was Sie selbst für eine gute Darstellung Ihrer Person im Netz halten. Sie müssen nur möglichst gut verstehen, wofür die Algorithmen Pluspunkte geben. Wie das funktioniert, wissen Sie doch noch aus Ihrer Schulzeit. Dort und auf der Universität war es wichtig, zu sagen, was die Lehrer hören wollten und was die Professoren am liebsten wissen wollten. Wir erkundigten uns nach den Mathe-Aufgaben, die unser Lehrer in der Parallelklasse gestellt hatte. Wir fragten ältere Schüler. Es ging immer um Informationen, wie das ganze System mit uns umgehen würde.

In meinem Bekanntenkreis wurde jemandem der Führerschein wegen wüster Karnevalstrunkenheit für längere Zeit abgenommen. Nun stand eine psychologische Prüfung an, in der ein Urteil über meinen Bekannten gefällt werden sollte. Dieser erkundigte sich nun sehr genau, wonach er wohl eingeschätzt werden würde. Es gibt sogar Beratungsstellen, die einem für 100 oder 200 Euro eine Probeprüfung anbieten! Mein Bekannter verwandte viel Zeit und Geld darauf, um genau zu erfahren, »worum es geht und wie es um ihn steht«. Es war so wichtig, den Führerschein wiederzubekommen!

Im letzten Abschnitt habe ich angedeutet, dass Ihre digitale Präsenz im Netz zu etwas Wichtigem wird, von dem immer mehr abhängt. Kümmern Sie sich darum mit genauso viel seelischer Energie wie um den Führerschein? Warum geben Sie dort 200 Euro ohne Weiteres aus, setzen aber nichts für Ihre digitale Reputation ein? Warum schaffen es die meisten von Ihnen nicht einmal, ein vernünftiges Foto im Netz vorzuhalten?

Warum gehen Sie immer nur von sich aus, wenn Sie etwas ins Netz setzen? Es geht nicht nur darum, ob Sie selbst Ihr Xing-Profil »schön« finden und ob Ihre Facebook-Seite »okay« ist. Das ist natürlich auch wichtig, aber Sie sollten sich genauso fragen: Was denken die Algorithmen über Sie?

Leider kennen wir die Algorithmen, die uns beurteilen, nicht wirklich. Wir können uns überlegen, wie die Algorithmen wohl vernünftigerweise aussehen könnten. Welche Daten könnten die Algorithmen schnell, zuverlässig. up to date und am besten kostenlos bekommen? Was würden die Algorithmen aus diesen vorliegenden Daten schließen? Jeder kann zum Beispiel sofort sehen:

- Wie viele Freunde oder Abonnenten haben Sie bei Facebook?
- Wie viele Kontakte bei LinkedIn oder Xing?
- Wie viele Follower bei Twitter oder Google+?

Ich forsche weiter:

Haben Sie eine Homepage? Deren algorithmisches Ranking lässt sich im Netz abfragen.

- Die ungefähre Anzahl der Zugriffe beziehungsweise die Anzahl der Besucher Ihrer Page kann öffentlich abgerufen werden.
- Man ruft Ihren Namen bei Google Images auf und schaut sich die Fotos von Ihnen an. Gibt es welche? Sind sie gut? Werden Sie bei wichtigen Anlässen gezeigt, oder beim Hocken vor der Toilettenschüssel, weil Ihnen gerade sehr schlecht vom Tequila ist?
- Google berechnet für jede Webseite oder Homepage den Google-PageRank (das ist der Wert, den Google über Sie erhebt, um zu beziffern, ob Sie gute Inhalte und ansprechende Präsentation zu bestimmten Themen bieten. Google berechnet, ob man Suchern Ihre Seite bei bestimmten Suchwörtern guten Gewissens empfehlen kann und ob sich zum Beispiel Werbung auf Ihrer Seite gut ausmachen und damit gut verkaufen würde).
- Einige Portale ermitteln den geldwerten Wert Ihrer Netzadresse, wenn Sie etwa Ihre Domain verkaufen wollen.
- Das Portal CircleCount präsentiert Statistiken zu Ihrem Wirken bei Google+. Dort wird gezählt, in wie vielen Kreisen (Circles) Sie vorkommen, wie oft Ihre Beiträge die Bewertung +1 bekommen haben (+1 bei Google ist wie »Like« bei Facebook), wie oft Ihre Beiträge weiterempfohlen wurden etc.
- Twopcharts erhebt analoge Daten über Sie bei Twitter.
- Google Scholar zeigt, was Sie publiziert haben und wie oft Ihre wissenschaftlichen Arbeiten irgendwo zitiert werden.
- Amazon zeigt alle Ihre Rezensionen, wenn Sie solche publiziert haben.
- Das Portal Klout ermittelt Ihren Einfluss im Netz. Sie bekommen einen Klout-Wert zugeordnet. Angeblich bekommt man in den USA schon bessere Hotelzimmer, wenn man einen Klout-Wert über 60 hat. Die Hotels hoffen dann, von diesen Leuten gute Bewertungen zu bekommen. Eine schlechte Hotelbewertung eines Netzstars mit mehr als 80 Punkten kann fatale Folgen haben,

weil sich eine solche Negativkritik dann schnell im Netz verbreitet. Hotels werden schließlich auch von Algorithmen beurteilt!

Klout.com hat früher einmal (diese Statistiken finde ich jetzt nicht mehr auf der Webseite) genauer erklärt, wonach Sie dort klassifiziert werden:

- Sind Sie ständig im Netz aktiv oder nur gelegentlich-unstetig?
- Beobachten und konsumieren Sie nur im Netz oder partizipieren Sie?
- Sind Sie breit interessiert oder stark fokussiert?
- Teilen Sie Inhalte mit Freunden oder erzeugen Sie sogar neue Inhalte (»Contents«)?

Dann werden Sie entsprechend als »Broadcaster« oder »Thought Leader«, als »Specialist« oder »Dabbler« (Dilettant) eingestuft. Sind Sie der Maßgebende im Netz, der Trendsetter, der Fachguru oder nur ein Gelegenheitssurfer, der leicht beeinflusst werden kann? Haben Sie ein großes Netzwerk? Haben Sie Celebrities zum Freund oder nur ein paar iPaddler? Sind Sie ein Schwerpunkt im Netzwerk, also ein wichtiger Knotenpunkt für andere? Wie hoch ist der durchschnittliche Klout-Score Ihrer Kontakte, Follower und Freunde oder derer, die Ihre Beiträge liken? Befinden Sie sich also in bester Gesellschaft?

Genau mit solchen Analysen beginnen derzeit die Personalabteilungen der Unternehmen. Man installiert einen Algorithmus für das Unternehmen, der die Intranet- und Mailaktivitäten der Mitarbeiter auswertet. Sind Sie fokussiert oder breit interessiert, sind Sie engagiert oder nur still nutzend? Oder – um es auf die eine Personalerformel zu bringen: Sind Sie motiviert? Sind Sie die »busy person«, die eine Goldene Hand im Vertrieb, eine Goldene Nase fürs Business oder einen Grünen Daumen für Menschen hat? Haben Sie keine Angst: Die Personaler lesen bestimmt nicht Ihre Mails. Das ist verboten. Aber die IT-Abteilung weiß, wie viele Mails Sie bekamen und ob Sie einen großen Mailverteiler haben. Haben Sie Kontakt zu vielen Kollegen? Tragen Sie zum Wissensmanagement bei, indem Sie Ihre PowerPoint-Präsentationen anderen Kollegen im Intranet zu Verfügung stellen? Sind Sie als Teilnehmer irgendwo eingetragen? Wozu haben Sie Zugriff? In dieser Weise stehen Sie ständig im Attracticon oder Panopticon zur Schau. Man trackt (»verfolgt«) Sie. Sie wissen leider absolut nicht, welcher Algorithmus sie wonach beurteilt. Das war schon bei Ihrem Deutschlehrer schwer zu verstehen, bei Ihrem Chef ist das sowieso problematisch. Hilfe, was wird gut oder schlecht beurteilt? Wie und wonach müssen wir unser Mäntelchen hängen? Ignorieren wir diese Daten-Schnüffel-Beurteilerei? Verheimlichen wir? Pimpen wir? Zumindest wäre es gut für Sie, zu wissen, was man aus den verfügbaren Daten so alles erfahren kann und was man daraufhin über Sie denkt.

In der Psychologie kennt man die Unterscheidung des Selbstbilds (»Wie sehe ich mich selbst?«) und des Fremdbilds (»Wie sehen mich die anderen?«). Nun kommt noch das Netzbild dazu: »Welches Bild gebe ich im Netz ab?« Und ein bisschen verschärft: »Wie bewerten mich Algorithmen?«

- Erkenne dich selbst aus den Augen der Algorithmen heraus.

So wie es Berater gibt, die Ihnen beim Wiedererlangen des Führerscheins helfen, so gibt es neuerdings einen Beraterzweig rund um das sogenannte »Reputation Management«. Diese Beratungsunternehmen unterstützen Privatpersonen und Unternehmen, ihren guten Ruf im Netz zu pflegen. Man kümmert sich um Ihr schickes Netzbild. Ihre Homepage wird zurechtgerückt, man gibt etwas grafischen Schwung dazu, rät Ihnen, sich ab und an mit wertvollen Äußerungen auf den sozialen Plattformen bemerkbar zu machen – mit relativ wenigen »Pinselstrichen« wird alles schon ganz ordentlich werden. Bedenken Sie:

- Bekanntlich zählt der allererste Eindruck bei der ersten Begegnung mit einem Menschen am meisten: Der erste Blick in seine Augen. Heute aber findet der allererste Blick auf Sie oft vor dem ersten physischen Treffen statt, nämlich beim Surfen im Netz.

Vor geschäftlichen Besprechungen ist es heute absolut üblich, ein bisschen nach dem Gesprächspartner zu googeln. Welches Bild geben Sie ab? Ich bin oft erstaunt – ich äußerte das schon –, dass Leute sich zwar bei Xing oder LinkedIn anmelden, sich dann aber über Urlaubsschnappschüsse, Ausschnitte aus Familienfestfotos (man sieht noch einen Körperteil wie »Kussmund« oder »umgelegter Arm eines Partners« auf dem Bild) oder gar Cartoons präsentieren. Ach, halten Sie mich bitte nicht für überkandidelt. Diese Fotos sind der erste Eindruck, den Sie machen. Grollen Sie nicht. Nehmen Sie es hin. Ihre ersten Sympathieunterlagen sind im Netz.

Reputation Management ist dann eben das Kümmern um ein angemessenes Netzbild. Manche gehen so weit, für sich selbst ein »Social Brand« zu entwickeln, sich als Marke zu etablieren oder aus dem eigenen Namen ein Markenzeichen zu machen (»Social Trademark« nennt man dies, mein guter Freund Ibrahim Evsan ist Chef einer gleichnamigen GmbH und hat gerade *Du bist die Botschaft* publiziert – dort ist auch ein Interview mit mir enthalten). Für viele Berater oder auch Redner wie mich ist so etwas fast Pflicht. Man soll vernünftig und gut im Netz wirken und den Algorithmen irgendwie die richtigen Messzahlen präsentieren.

Und jetzt kommen uns natürlich »Black Hat«-Gedanken. Können wir da nicht auch tricksen? Aufmotzen? Pimpen? Lügen? Manipulieren? Das versuchen heute sehr viele Leute. »Wir bieten die weltbeste Beratung für die Digitalisierung« ist noch harmlos wie Waschmittelwerbung, die wir ja auch alle durchschauen. Zu solchen Tricks komme ich noch ...

Sie haben sicher schon realisiert, wie viel mehr Unsinn, Flachsinn, Glitter über das Netz kommen wird, wenn jetzt alle den vollen Ehrgeiz entwickeln sollten, möglichst viele Punkte bei den Algorithmen zu holen. Sie kennen ja schon die Teenager-Wettbewerbe, möglichst viele Freunde zu haben – wer weniger als 500 Freunde hat, scheint »einsam« zu sein. Der Flachsinn setzt sofort ein, wenn man Reputation um der Reputation willen erzeugt. Das Pimpen von Netzbildern wird bald so verbreitet sein wie das Pimpen/Aufmotzen von verzweifelten Bewerbungsunterlagen. Man soll sich doch eigentlich nur darstellen, nicht verbiegen!

Authentisches, gut Professionelles, unangenehm Aufdringliches, unbedarft Tappisches und gefakter Kitsch mischen sich bald kunterbunt. Merken Sie es? Wir verlassen das reine Panopticon. Wir leben auch im Attracticon und im Analyticon, wir müssen mit den verschiedenen Perspektiven umgehen lernen. Wo sind wir privat, wo auf der Bühne, wie für die Algorithmen? Schauen Sie sich diese Problematik am besten bei den Prominenten an, die ja immer klagen, kein Privatleben mehr zu haben. Die Künstler müssen für uns rund um die Uhr attraktiv sein, die Manager werden immer stärker den Algorithmen hörig ...

Attraktologie – Aufmerksamkeit zu Geld machen

Die Medien im Netz werden den reinen Klickzahlen hörig wie das Fernsehen den Einschaltquoten. Der Inhalt der Sendungen ist an sich vollkommen egal. Er ist nur insoweit relevant, wie er Klicks oder Quote macht. Viele Medien benehmen sich heute in dieser Hinsicht stark berechnend. Sie prostituieren sich zunehmend flachsinnig für Werbeeinnahmen - so wie die Politik für Stimmen und das Management für gute Zahlen. Hier will ich die Aufmerksamkeitslogik für die Medien aufzeigen. Ich behaupte:

> Die sogenannten Web-Inhalte (»Contents«) werden immer öfter vorrangig als Magnet für Aufmerksamkeit produziert und dafür ausgenutzt und im Extrem sogar missbraucht, um an der Werbung rund um die Inhalte zu verdienen. Immer häufiger »erstellt man etwas«, nur um Sie und mich zu einer Netz-Litfaßsäule zu locken. Web-Inhalte sollen »Werbe-Schleuser« sein.

Die seit Jahren in der Anzahl explodierenden Webseiten führen insgesamt zu einer gigantischen Ausdehnung der möglichen Werbefläche. Das Attracticon nimmt ungeheuerliche Ausmaße an. Die Werbenden platzieren ihre Anzeigen deshalb nicht mehr nur (und immer weniger) in Tageszeitungen und Radiospots, sie suchen jetzt im Netz nach besonders interessanten Webseiten, auf denen ihre Werbung am besten wirkt.

Schauen wir uns jetzt die Netzwerbung aus zwei Perspektiven an:

- Der Werbende will viele Klicks und Käufe für seine eigene Werbung.
- Der »Litfaßsäulenbetreiber« beziehungsweise der Werbeplatzanbieter bietet an, Werbung zu platzieren und dabei für jeden Blick auf die Werbung Geld zu bekommen. Er sucht sorgsam nach solcher Werbung, die viele Blicke und damit viel Geld verspricht.

Zum ersten Punkt (ich möchte für mich werben): Wenn ich im Netz zum Beispiel für mein Buch *Flachsinn* werben möchte, kann ich Google, Facebook, Twitter oder viele andere dafür bezahlen, dass sie ein Werbebanner auf fremden Webseiten platzieren. Dieses Banner können Leute anklicken, die dann auf meine Webseite gelenkt werden, wo ich das Buch dann gaaanz großartig anpreise. Das kostet heute in etwa so viel (die Fachausdrücke erkläre ich):

- 3 Euro pro 1000 Impressions beziehungsweise CPM (»cost per mille«)
- 25 Cent pro Klick beziehungsweise CPC (»cost per click«)

Im ersten Fall zahle ich dafür, dass Tausende von Surfern (»mille«) meine Werbung ansehen (»Impression«), im zweiten bezahle ich für jeden Klick auf meine Werbung - in diesem Fall hat der Betreffende nicht nur mein Werbebanner angesehen, sondern er ist aktiv geworden und per Klick auf meine Werbepage gekommen. Ein tatsächlicher Klick kostet sehr viel mehr als das bloße

Anschauen eines Werbebanners, weil die meiste Werbung eben nur »registriert«, aber inhaltlich glatt übersehen wird. Es gibt auch Preismodelle, bei denen Google & Co. nur dann eine Provision bekommen, wenn das beworbene Produkt tatsächlich verkauft wird. Solche Kauf-Klicks sind natürlich noch viel teurer.

Ich habe einmal einen Selbstversuch gestartet, um ein Gefühl dafür zu bekommen, was Werbung bewirkt. Ich habe bei Facebook 18 Euro investiert. Dafür versprach Facebook mir, den Link zu einer wunderbaren Buch-Rezension von *Schwarmdumm* insgesamt 6 000 Leuten auf Facebook zu zeigen, die nicht meine Freunde oder Abonnenten sind. Ich bekam einen detaillierten Bericht: Facebook schlug meinen Beitrag genau 6 196 Leuten vor – für eben die 18 Euro. Aber nur 72 klickten tatsächlich auf den Link zur Rezension (das ist immer so, ich war nicht enttäuscht, ich klicke ja auch auf fast nichts). 14 Leute gaben ein Like ab, vielleicht einfach nur so als Nebenbei-Lächeln, einer der 6 196 wurde »Fan« meiner Seite.

Dieses Ergebnis erscheint irgendwie plausibel. Es ähnelt den Erfahrungen anderer. Ich frage mich: Wie viele Leute von den 6 196 haben mich im positiven Sinne beachtet, ohne zu klicken? Oder weitergehender: Wie viele von den dann 72 Anklickern haben das Buch wirklich gekauft? Haben sich dann die 18 Euro für meinen Schrotschuss in den Himmel gelohnt? Ich glaube nicht. Aber wenn ich nicht mein Buch beworben hätte, sondern eine Eigentumswohnung? Da wären 72 Klicks total gut, aber ich fürchte, eine solche Immobilienwerbung kostet irre viel mehr als 18 Euro. So schlau ist der Algorithmus von Google sicher.

Google, Facebook & Co. nutzen die Kenntnis unserer Privatdaten, um meine Anzeige möglichst vielen vielversprechenden 6 196 Leuten zu zeigen. Angenommen, Google würde es schaffen, meine Werbung anderen 6 196 Menschen zu zeigen, sodass dann nicht nur 72, sondern 300 Leute auf meine Werbung klicken, dann könnte Google sehr viel mehr Geld für das Werben von mir verlangen. Genau darum dreht sich der Rummel um unsere Daten! Es geht nicht um das Ausspionieren unserer Daten und deren angeblichen Verkauf, wie immer befürchtet wird. Nein, es geht lediglich um die Fähigkeit eines Datenbesitzers, Werbung so zu platzieren, dass es zu möglichst vielen Klicks und Impressions kommt. Wer das am besten kann, ist weltweit Sieger und macht Milliardengewinne. Das scheint heute Google zu sein. Es geht immer nur darum, die richtige Werbung an den richtigen Surfer zu bringen.

Zur zweiten Perspektive (ich möchte jetzt mit Werbung selbst Geld verdienen, indem ich fremde Werbung auf meiner Homepage platziere): Ich habe jetzt die Idee, auf meiner Homepage Werbung zu schalten.

Ich eröffne dazu zum Beispiel in ein paar Sekunden ein Konto bei Google AdSense - und schon geht es los. Ich kann bei AdSense Anzeigen von Unternehmen finden, die diese gerne auf Seiten wie der meinigen schalten würden. Ich suche mir welche davon aus, platziere sie auf meinen Internet-Pages und hoffe, dass jemand von Ihnen sie anschaut (viele Impressions!) oder sogar anklickt. Dann bekomme ich von Google dem Vernehmen nach ca. 68 Prozent aller Einnahmen, die Google vom eingeblendeten Anzeigenkunden bekommt. Der zahlt für die Werbung an Google und ich bekomme rund zwei Drittel davon.

Ich schaue einmal schnell auf der Statistikseite meines Homepage-Providers nach. Aha, ich habe auf meiner Homepage ungefähr 7 Millionen Page Impressions pro Jahr, bei ca. 950 000 Sessions beziehungsweise Besuchen von Leuten. Ich komme ins Grübeln. Wenn ich nur einen Euro pro 1 000 Impressions bekomme, dann sind das ja locker etliche Tausend Euro! Könnte ich nicht meine komplette Website mit Anzeigen vollkleistern? Noch mehr Artikel (»Daily Duecks«) schreiben, damit Sie die Anzeigen wenigstens ansehen und am besten anklicken? Und ich rufe Ihnen zu: »Besuchen Sie mich auf meiner Homepage! Schauen Sie sich um! Achten Sie auf die Anzeigen! Klicken Sie auch echt drauf - nicht nur einfach drüberhuschen! Alle echten Klicks bringen mir Geld! Bringen Sie mir Geld! Geld! Geld!«

Wenn ich mich nicht verrechnet habe, sieht es doch so aus: Ich kann vielleicht noch einmal so viel verdienen wie meine Staatsrente, die ich irgendwann hoffentlich doch noch bekomme und für die ich 40 Jahre eingezahlt habe! Ich bekomme jetzt gleich das helle Leuchten in den Augen. Dollarzeichen stehen in meiner Brille. Ich überlege, wie das noch zu steigern wäre:

- Ich wähle die Anzeigen sehr sorgfältig für meine Leserzielgruppe aus, sodass Sie mehr und immer öfter klicken.
- Ich suche zu jedem Artikel extra handverlesen Anzeigen aus, die zum Thema der Artikel passen, das gibt mehr Klicks.
- Ich promote meine Artikel bei Twitter & Co. extra grell und wüst provokativ, um viel mehr »Traffic« auf meine Homepage zu ziehen.
- Ich schreibe ab jetzt nur noch wirklich Ätzendes oder Polarisierendes, sodass Sie sich meinetwegen alle schimpfend auf meine Webseite stürzen und mich beschimpfen, aber ich lache mir ins Fäustchen und kassiere ... Sie sollen nur möglichst oft schimpfen - oft! -, wie heftig und warum ist egal. Das gibt viele Impressions und ich bekomme Geld.
- Ich zerhacke jeden Beitrag in meinem Blog in viele Einzelabsätze und zwinge Sie zu mehreren »Weiter«-Klicks, ohne die Sie meinen Artikel nicht ganz durchlesen können. Dann kann ich um jeden Absatz herum immer wieder neue Werbung platzieren - das gibt tonnenvoll mehr Geld für mich. Ich drechsle kunstvolle Überleitungen am Ende jedes Absatzes, damit Sie immer weiter und weiter klicken und klicken. Der Absatz endet »... und jetzt werden Sie staunen!« Klick auf »Weiter«. »... und da machte ich eine wundervolle Erfahrung.« Klick, weiter! »... und da gefror das Blut in mir.« Klick, klick, klick. Sie sollen alles nur deshalb lesen, damit ich Unmengen Geld verdiene. Bitte dranbleiben, nicht wegzappen.
- Ich gebe meiner Homepage einen Titel wie »Portal für News, Politik, Sport, Religion, Wirtschaft, Wissenschaft, Glück, Sinn, Erfolg, Geld, Frieden, Freiheit, Fortschritt und Nachhaltigkeit, Comedy, Klatsch und Celebrities«. Ich signalisiere damit, dass Google überhaupt alle Suchanfragen der Welt auf meine Seite lenken soll. Ich programmiere das auch hinter meine Seite, wo man »Keywords« zur Kurzbeschreibung der Webseiteninhalte

eingeben kann, um Google bei der Suche nach Inhalten zu helfen. (Haha, »helfen«! Das missbrauche ich schlau! Ich schreibe überall hin, meine Seite sei für alle Themen der Welt sehr wichtig.)

- Ich verwende in meinen Artikeln im Netz stets alle die genannten Wörter, eben »News, Politik, Religion etc.«, dazu alle Reizwörter der Stunde wie heute »Flüchtling« oder »Schwulenehe«.
- Ich suche Spezialanzeigen von im Internet angepriesenen Wundermitteln für meine Homepage aus und schreibe Artikel, wie fantastisch diese mir zu einem neuen Glück verholfen haben. Dann klicken Sie bestimmt auf diese Anzeigen und ich mache Geld!
- Ich bespreche die neuesten Mode-Gimmicks und platziere die entsprechenden Werbungen daneben.

Uuuih, da kommen mir eine Menge Ideen! Geld gibt das! Ich darf nur nicht zu sehr an Sie als Leser denken. Dann kann ich es bestimmt finster darauf anlegen, die mir schon jetzt sicher erscheinenden Einnahmen mit meiner Homepage zu verdoppeln oder zu verdreifachen. Ich muss nur »optimieren«, also alles verbessern und vielleicht auch ein wenig berechnend handeln. Da ich Wissenschaftler bin oder es einmal war, kommt mir sofort die Idee, noch einmal prinzipiell über die Kunst nachzudenken, Impressions zu erzeugen und Klicks zu provozieren, um Geld damit zu machen.

Es geht letztlich darum, all die Aufmerksamkeit, die ich ja über meine Homepage von Ihnen bekomme, zu maximieren und bestmöglich zu Geld zu machen. Diese neue Wissenschaft sollte Attraktologie heißen, oder? Sie kümmert sich um die Aufmerksamkeit an sich. Dazu brauchen wir eine andere Wissenschaft, die Attraktogogik, sie befasst sich damit, Menschen anzuleiten, Aufmerksamkeit zu bekommen - sie ist mehr eine Erziehungswissenschaft, während Attraktologie neue Erkenntnisse erzielen will ...

Hmm ... »Was und wie muss ich auf meiner Homepage schreiben, damit ich Geld verdiene?« Das fragt mich der mephistophelische Teil in mir. Der andere, der ethische Teil, schimpft: »Du schreibst bitte vollkommen authentisch nur das, was du zu sagen hast. Das und nichts anderes.« Und der Teufel flüstert mir ins Ohr: »Man kann ja das eine tun, ohne das andere zu lassen.« Diesen Satz kenne ich auch von vielen Managern in Meetings. Besteht da ein Zusammenhang?

Diese Gedanken zeigen Ihnen, dass schon bei meiner »kleinen« Homepage gewisse Versuchungen aufkommen können, nicht mehr nur das zu schreiben, was ich für wertvoll halte, sondern vor allem etwas, was Sie zum häufigen Klicken bewegt. Was wäre dieses andere, mit dem ich Geld verdiene? Sex, Crime, Comedy, Krasses und Sensationen – Flachsinnigeres eben. Wein, Weib, Gezänk, Autos und Shopping? Goethes Dr. Faust sucht bekanntlich das ultimative Glück und Lebenserfüllung. Mephisto will ihm all dies verschaffen – gegen Fausts Seele natürlich, die aus irgendwelchen Gründen für jeden Teufel einen sehr großen Wert zu haben scheint.

Mephisto entführt Faust sofort ins dramatisch derbe Genussleben, sie grölen ordinäre Zoten in Auerbachs Keller, danach geht es stracks in die Hexenküche, in der Faust ein Zaubergebräu hinunterstürzt, das ihm Schönheit von innen und neue Jugend verleiht. Mephisto: »Du siehst mit diesem Trank im Leibe bald Helenen in jedem Weibe.« In dieser Weise scharf gemacht, werfen sie sich in den nächsten Szenen an die wirklich nächstbeste Jungfrau auf der Bühne: Gretchen.

Mephisto bietet Faust also in der Hauptsache »Kitzel« oder Hyperthymie, wie es ein gelehrter Dr. Faust selbst bezeichnen würde ... Mephisto würde mir heute einflüstern:

[Werde ein Werbehals. Kicke alle zum Klick!]

Von Suchmaschinenoptimierung bis Manipulation

Für die Überlegungen, die Attraktivität von Webseiten zu steigern, gibt es schon eine halbe Wissenschaft. Sie heißt SEO – »Search Engine Optimization« oder »Suchmaschinenoptimierung«. Es geht darum, dass die Suchmaschinen Google, Bing, Yahoo & Co. möglichst viele Menschen bei möglichst vielen Suchanfragen auf meine Homepage verweisen.

Sie wissen ja selbst, wie Sie googeln. Sie geben ein Suchwort ein und bekommen zehn Vorschläge. Die schauen Sie kurz durch und klicken auf einen der ersten fünf Links, seltener einen der anderen. Wenn Sie mit den Resultaten nicht zufrieden sind, blättern Sie auf die nächsten zehn Links – das kommt aber nicht so oft vor. Es liegt schlicht daran, dass Google Ihnen das präsentiert, was Sie suchen. Das ist hohe Kunst.

Wenn Sie also im Internet angeklickt werden möchten, müssen Sie es irgendwie schaffen, ganz oben unter den ersten fünf, besser drei Links angezeigt zu werden. Sie müssen den Algorithmus von Google dazu bringen, zu glauben, dass die anderen genau nach Ihrer Seite suchen. Das ist ja nicht so. Kann man etwas nachhelfen? Wie geht das?

Manchmal hilft schon ein toller Name. Versuchen Sie es zum Beispiel mit der Suchanfrage: »Hotel Berlin«. Sie suchen ein Hotel in Berlin. Davon gibt es sehr viele. Wie werden Sie da bloß ganz vorn bei Google angezeigt? Das Portal booking.com wirbt damit, dass Sie unter 1180 verschiedenen »Unterkünften« wählen können, etwa die Hälfte von ihnen sind reguläre Hotels. Ein relativ großes von ihnen heißt »Hotel Berlin, Berlin«, das wird *immer* als erstes angezeigt (sogar mehrmals unter den ersten zehn), weil es die Suchanfrage direkt im Namen hat. Genial, oder? Das wusste das Hotel natürlich nicht, es gibt es ja schon länger. Glück gehabt!

Aber was geschieht mit den anderen 629 Hotels? SEO-Spezialisten bieten dazu eine Onpage- und eine Offpage-Optimierung an.

- Onpage: Adrettes Aussehen, gute, interessante und wertvolle Inhalte, Verwendung von Wörtern im Text, nach denen oft gegooglet wird, etc.
- Offpage: Sie werden beraten, wie Sie es schaffen, dass viele andere Webseiten auf Sie verweisen und verlinken. Zum Beispiel würde es ja helfen, wenn sehr viele Blogger von einem Traumurlaub in Ihrem Hotel schwärmen oder Ihr Hotel als eines »des Monats« in einem großen Portal genannt wird. Machen Sie sich bekannt und beliebt, dann verweisen eben viele Links auf Sie!

SEO geht das Problem, Ihre Seite zu vermarkten, sehr methodisch an – SEO ist die Wissenschaft vom Analyticon. So wie sich Leute optimieren, dass die People-Analytics-Algorithmen sie gut finden, so befasst sich SEO mit Webseiten, damit die Suchmaschinen sie günstig beurteilen.

Vielleicht noch ein wundervolles Beispiel gefällig? Heute entstehen viele neue Service-Technologie-Firmen im Netz: Anwaltsservices, medizinische Services und dergleichen. Es hat sich seit einiger Zeit eingebürgert, sie nach amerikanischer Art als LegalTech, MedTech, FinTech, InsurTech oder BioTech zu benennen. Im Jahr 2014, als diese Benennungssitte aufkam, änderte die börsennotierte Flatex-Holding AG ihren Namen in FinTech Group AG. Dieser Name ist noch cooler als der von Hotel Berlin. Jeder, der seitdem etwas über FinTech googelt, wird nun auf dieses Unternehmen gestoßen. Alle glauben nun, die FinTech Group AG sei ein aufregendes Internet-Start-up-Wunder. Der Aktienkurs stieg damals rasant! Schauen Sie sich die entsprechenden Charts im Netz an. Achten Sie nicht nur auf den Kursanstieg, sondern vor allem auf die Entwicklung der Tagesumsätze an der Börse. Man könnte sagen: Nach der Namensänderung war das Unternehmen plötzlich »da«. Die Änderung wirkte wie eine Neugeburt, weil das Unternehmen plötzlich eine jung-frische Reputation im Netz erhielt.

Solche »Optimierungen« der Reputation sind natürlich vollkommen erlaubt, manche eben sogar genial gut. Die Flatex-Umbenennung hat schließlich Millionen und Abermillionen an Aktienwert eingebracht. Diese einsamen Erfolgsmuster lassen natürlich

Gedanken sprießen, wie man notfalls auch durch Manipulationen reich werden kann.

Ich habe schon im letzten Abschnitt ein paar finstere Ideen mitgeteilt, wie ich einfach nur Geld machen will. Die haben die SEO-Berater natürlich auch drauf. Es gibt wieder eine weiße und eine schwarze Seite der Optimierung, und es gibt White- und Black-Berater. Man kann adrett für sich werben - das ist erlaubt und sogar erwünscht. Man kann aber auch tricksen! Tendenziell führt alle diese Optimierung, egal ob weiß oder schwarz, zu Flachsinn. Nicht vom Prinzip her - sondern das Leben neigt nun einmal dazu, den breiten einfachen Weg zur Hölle zu gehen.

Lassen Sie uns jetzt auf das Schwarze oder wenigstens Graue schauen:

Viele Webseitenbetreiber versuchen, Aufmerksamkeit mit Methoden zu erlangen, die irgendwie nicht koscher aussehen. Im Grunde versuchen alle - mehr oder weniger -, die Algorithmen der Suchmaschinen zu verstehen und für die eigenen Zwecke auszunutzen. Wenn wir genau wüssten, wann und warum Google, Bing oder Yahoo unsere Werbung oder unsere Beiträge im Netz unter den ersten zehn anzeigt, dann könnten wir uns bemühen, den Boden dafür zu bereiten. Wir würden ein bisschen schönen, etwas mehr behaupten, als wir einhalten können, vielleicht etwas schummeln. Ich gebe Ihnen einmal ein Beispiel für schwaches Betrügen:

Tricksen bei eBay: Stellen Sie sich vor, Sie wollen einen Schlips bei eBay verkaufen, Ihr Text dazu lautet: »Armani-Krawatte zu verkaufen«. Dieser ist schlecht. Es kann ja sein, dass der Sucher bei eBay »Armani Schlips« oder »Armani Binder« eingibt, wahrscheinlich aber alles ohne Bindestrich. Es ist besser, sich im Geiste alle Leute vorzustellen, die Ihr Angebot finden wollen. Was tippen die wohl ein? Wahrscheinlich meist Krawatte? Seltener Binder? Fackeln Sie nicht lange und geben Sie einfach alle passenden Suchwörter ein, dann finden mehr Käufer zu Ihrem Angebot und es erzielt beim Versteigern einen höheren Preis. Das ist eine vollkommen vernünftige Optimierung Ihrer

Darstellung. Im Fachjargon nennt man diese moralisch unanfechtbare Verbesserung »white hat optimization« (mit »weißer Weste«).

Jetzt ein echter Trick:

Unter Ihrer Beschreibung »Armani Binder Krawatte Schlips Seide Luxus« (lieber ohne Komma, lassen Sie die antizipierten Suchwörter isoliert) schreiben Sie eine Menge weiteren Text. Ich schlage vor: »Hermes, Hermès, Hermés, Gucci, Boss, Joop, Etro, Gabbana, Luxus, Original, Premium, kostenlos, Restposten, Sonderangebot, Rabatt, unter Neupreis« und dergleichen; die zweite Schreibweise von Hermès ist korrekt, aber rechnen Sie lieber nicht mit Ihren Kunden. Und jetzt der Clou: Sie markieren diesen Text mit dem Cursor und verändern die Textfarbe dieses Zusatztextes auf »Weiß« beziehungsweise auf die Hintergrundfarbe. Dann steht der Text zwar da, aber er ist für den eBay-Sucher nicht mehr sichtbar. Das weiß die Suchmaschine aber nicht. Wenn nun ein eBay-Kunde eine Etro-Krawatte sucht und »Schlips Etro« eingibt, wird er auch auf Ihr Angebot verwiesen! Der wundert sich dann, dass das Wort »Etro« gar nicht in Ihrem Angebot vorkommt, aber er schaut immerhin bei Ihnen vorbei und kauft eventuell sogar. Sie bekommen also mehr Aufmerksamkeit, nämlich von den Kunden, die nicht genau das suchen, was Sie anbieten, aber so etwas Ähnliches.

Wenn Sie nun wüssten, dass ich allen möglichen Zusatztext für Sie unsichtbar eingefügt habe, um Ihre Aufmerksamkeit zu erschleichen, dann würden Sie sicher mit der Stirn runzeln und meinen, das sei doch schwarz, also unmoralisch oder eben »black hat optimization« (»befleckte Weste«). Stimmt! Es ist eben ein Trick, die interne Suchmaschine von eBay zu manipulieren und dazu auch die Leute, die auf meinen Trick hereinfallen – abgesehen davon, dass ich mir die Aufmerksamkeit ohne jede Bezahlung erschleiche.

Solche Trickserei können die Suchenden nicht leiden, die nehmen sie übel. Wenn sie Manipulation riechen, ärgern sie sich über die Suchmaschine und wechseln vielleicht zu einer anderen. Die Suchmaschinen sind daher verzweifelt (!) bemüht, uns Suchern die besten Suchergebnisse zu liefen und keinen manipulierten »Schrott«. Es ist das Geheimnis von Google, hier vorn zu liegen.

Sie ärgern sich doch sicher auch, wenn Sie nach Produkten zum Kauf suchen und auf seltsamen Preisvergleichsportalen landen, die nur Werbeklicks abzocken wollen, oder? Gegen solche »Haie« optimieren die Suchmaschinen ständig ihre Algorithmen. Auf der anderen Seite versuchen die »Grey/ Black Hats« dauernd neue Tricks, die Suchmaschinen fehlzuleiten. Ich bekomme zum Beispiel oft Mails der Art: »Ich verlinke gerne Ihre Seite auf meiner Seite, wenn Sie meine Seite auf Ihrer Homepage anzeigen.« Durch diesen Linktausch können Sie Ihre Seite bekannter machen, wenn Sie das in größerem Stil betreiben. Denn Google findet es gut, wenn es Links im Netz gibt, die auf Ihre Seite verweisen - dann scheint Ihre Seite ja gute Inhalte zu bieten. Oder: »Diesen Artikel können Sie nur dann zu Ende lesen, wenn Sie uns bei Facebook liken.« So sammeln Webseiten »Fans« und steigern ihren »Wert« bei Bewertungsportalen. Es gibt Unternehmen in Indien, bei denen die Mitarbeiter unter jeweils vielleicht tausend Namen bei Facebook angemeldet sind und dann gegen Ihr Geld unter jedem ihrer Usernamen auf Ihrer Seite ein »Like« platzieren. Tricks über Tricks, um die Suchalgorithmen der Suchmaschinen zu überlisten - durch die vielen Likes werden die Leute getäuscht, sie glauben, dass Ihre Webseite vor Fans nur so strotzt.

Die Suchmaschinen versuchen, alle diese Tricks zu verstehen und nicht wirksam werden zu lassen. Es ist ein Wettlauf im Gange - zwischen technikversierten »Verbrechern« und einer dagegen aufrüstenden »Polizei«. Hier liegt auch der Grund, warum Google, Bing und Yahoo ihre Algorithmen streng geheim halten. Der Grund ist nicht Bosheit, wie Unkundige schnell glauben. Die Suchmaschinen wollen nicht immer wieder durch neue Kniffe missbraucht werden. Vielleicht sollten Sie einmal kurz in die Wikipedia wechseln und den Artikel »Suchmaschinenoptimierung« durchlesen. Da steht viel über den ewigen Kampf gegen »black hat optimization«.

Was aber berechnen diese vielen Algorithmen denn wohl? Google surft ab und zu auf den Webseiten und bewertet sie nach Punkten. Auf diese Weise hat jede Webseite einen sogenannten PageRank, eine Zahl von 1 bis 10. Google verweist dann bei Suchanfragen eher auf Webseiten mit einem hohen PageRank. Wenn ich den Service von Google in Anspruch nehme, Werbung auf meiner Webseite automatisch zu platzieren, schaltet Google für mich sehr gerne lukrative Werbung, wenn meine Webseite einen hohen PageRank hat. Aha, wie hoch ist der eigentlich? Das lässt sich im Internet abfragen. Ich gebe jetzt einmal meine eigene Homepage www.omnisophie.com ein. Aha, sie hat einen PageRank von 5. Ist das gut? Ich google:»Ist 5 gut?« und erfahre:

Sistrix hat sich die Arbeit gemacht, deutsche Websites nach PageRank zu sortieren. Demnach haben 68,21 % der deutschen Websites einen PageRank von 0. Dann folgen PR1 (6,69 %), PR2 (9,11 %), PR3 (8,88 %) und PR4 (4,93 %). Das sind fast 98 % der deutschen Websites.

Diese Info freut mich natürlich! Andere Informationen besagen, dass es wirklich schwer ist, auf PageRank 6 zu kommen, und es soll sehr wenige Portale geben, die noch besser bewertet werden. Ich surfe ein bisschen: chip.de hat 6, focus.de hat 7, amazon.de und sueddeutsche.de haben PageRank 8.

Im Wikipedia-Artikel »Suchmaschinenoptimierung« können Sie nachlesen:

Im Zuge der Methoden des SEO hat sich in diesem Bereich ein eigener Schreibstil entwickelt, den man als suchmaschinenoptimierten Stil beschreiben kann. Dieser folgt den »Regeln« des SEO, die gewissermaßen durch die Suchmechanismen der Suchmaschine vorgegeben werden.

Man geht jetzt offenbar dazu über, in vielen Sätzen im Internet Wörter zu benutzen, nach denen viele Leute surfen. Wenn man also einen Wirtschaftsartikel über das Unternehmen Winzig AG schreibt, dann wird der wahrscheinlich fast nie gefunden, weil ja niemand nach »Winzig« sucht. Deshalb schreiben Sie bitte immer solche Sätze: »Anders als die Big Player Siemens, IBM, Gazprom, Shell und American Express beschäftigt sich die Winzig AG eben nicht mit Öl, Cloud Computing, Micropayment, selbstfahrenden Autos, eHealth oder dem IoT, dem Internet of Things, sondern mit dem Verkauf von Speisequark.« Auf diese Weise können Surfer, die nach eHealth, IBM etc. etc. suchen, auf Ihre Seite gelenkt werden. Der Trick ist derselbe wie der schon genannte bei eBay, aber er ist natürlich völlig legal.

Wenn Sie es gut machen wollen, schauen Sie in Auswertungsprogrammen wie »Google Analytics« nach, bei welchen Suchanfragen sich die Surfer auf Ihre Seite verirrten. Da erkennen Sie, welche Wörter Sie beim suchoptimierten Schreiben von Text besonders erfolgreich verwenden sollten: Nackt, Sensation, Milliarde und so weiter.

Die schwarzen SEO-Ritter schreiben also vorwiegend für immer mehr Klicks, nicht für Sie. Wäre es nicht einfacher, nur normal gute Inhalte zu schreiben? So denke ich selbst. Aber Black-SEO scheint viele Leute wie magisch anzuziehen.

Suchmaschinenoptimierter Flachsinnsstil ist der Winner.

Wir alle wissen wenig darüber, wir wundern uns nur über den neuen Stil. Wir optimieren ja nicht, wir schreiben zum Teil sehr arglos und unbedarft drauflos. Wir posten etwas in unseren Freundeskreis, interessieren uns für bestimmten Themen (»Pokémon-Go-Selbsthilfegruppe«) und schimpfen auch schon in Form heftiger Kommentare. Ja, was machen wir eigentlich selbst im Netz? Das will ich mir im nächsten Kapitel genauer anschauen.

Netzcommunities, Filterblasen und das Ende des Common Sense

J ede noch so kleine Idee findet ihre Anhänger. Neu ist, dass diese sich jetzt im Netz zu einer Community zusammenfinden und gegenseitig verstärken können. Es ist wundervoll, wenn sich Gleichgesinnte treffen können! Aber es hat unangenehme Folgen, wenn sich nun Ideen gegenseitig bekämpfen wie Gangs in den Straßen, oder wenn sich einfach kurzsichtige, falsche oder zumindest überkandidelte Gesinnungen in vielen Gruppen festsetzen und sich gegen das Reale abschotten. Vieles deutet heute darauf hin, dass wir eine zunehmende Kakophonie untereinander zu spüren beginnen. Jeder kann heute andere Gesinnungen haben – es gibt kaum noch etwas, was wir alle teilen.

Ende eines jeglichen Common Sense?

Im Netz finden Ideen ihre Anhänger und entsprechende Aufmerksamkeit. Jeder Anhänger einer Idee hat die Möglichkeit, im Internet Gleichgesinnte zu finden. Das geht in unserem Heimatdorf nur sehr begrenzt. Hier entstand das typisch deutsche Vereinswesen. Ich wohne in Waldhilsbach, das knapp 1 500 Einwohner zählt. Schon hier gibt es erstaunlich viele Vereine: Sänger, Angler, Gartenfreunde, Kerweborsch, Fußballer oder Feuerwehrleute finden sich in genügender Zahl zusammen, um eine Gemeinschaft bilden zu können.

Das Internet kennt keine solchen regionalen oder lokalen Beschränkungen. Hier findet man für absolut jede auch noch so begrenzte oder spezielle Idee eine genügende Zahl von Anhängern.

Für ungefähr alles gibt es daher »Communities«: für Brotbacken, Brennnesseldiät, Kakteenzucht oder agile Software-Entwicklung. Menschen, die ihr Interesse oder eben ihre Aufmerksamkeit auf spezielle Gebiete lenken, empfinden die heutige Zeit des Internets als unendliche Wohltat. Sie gründen hier neue Heimaten und leben in ihrem Interesse weltweit miteinander. Das ist ein Segen für sie, wenn sie nicht gerade ganz und gar vor dem Bildschirm sitzend in ihrer virtuellen Heimat verschwinden. Menschen, die ihre Aufmerksamkeit auf ein Thema, eine Technologie, einen Glauben, eine Aktionsform oder ein Hobby richten, finden sich zusammen. Die gemeinsame Aufmerksamkeit auf dieses Gemeinschaftskonstituierende bildet das Zentrum dieser Gesinnungsgemeinschaften. Es zählt nicht so sehr die menschliche Verbindung, sondern die Idee.

Das Internet führt nicht – wie viele erhofften/erträumten und die meisten erwarteten – zu einer Ausbildung einer einzigen großen Gemeinschaft, sondern zur Gründung unendlich vieler kleinerer Teilgemeinschaften und Interessengruppen.

Aber Vorsicht: Es gibt natürlich alle Arten von Communities: Wissenschaftler kleinerer Gebiete, Hilfsorganisation und Radikale - sie alle können sich im Netz treffen und »Tribes« oder Volksstämme neuer Art bilden. Es gibt zunächst keinen Unterschied zwischen Gut und Böse, zwischen »erwünscht« und »unerwünscht«. Das Gute kann sich entfalten, das Böse verbreiten. Auf YouTube findet jeder Mensch in seiner Art wunderbare Kurzvideos für alle seine Wünsche - Erklärungen, Erlebnisse, Erfahrungen, Emotionen und »Lust«, aber da sind auch die Terroristen-Videos von Enthauptungen.

Viele fürchten deshalb das Internet und zählen nimmermüde die Gefahren und Risiken der allgemeinen Globalisierung auf. Es gilt in vielen Teilkulturen als chic, ein Internetverweigerer zu sein. Aber, so muss ich immer, immer wieder sagen, »das Internet geht nicht mehr weg«. Denn es verspricht ja auch die vielen bekannten Segnungen! Das Wissen ist für jeden verfügbar, jeder kann alles lernen. Jeder kann sich »selfempowern«. Ja, und jeder kann irgendwo versacken. Fluch und Segen liegen im Internet vielleicht dichter nebeneinander als im realen Leben - jedenfalls in der jetzt noch andauernden Gewöhnungsphase. Mir fällt wieder der Titelsong zur Serie *Monk* ein: »It's a jungle out there, disorder and confusion everywhere ...«

Wenn sich die Menschen im Internet zu Gesinnungsgemeinschaften zusammenfinden, werden sie schnell beginnen, innen von außen zu unterscheiden. Man liebt die Gesinnungsgenossen, überzieht aber die »anderen« in den Kommentarspalten der Blogs und Zeitungsportale mit harscher Kritik, bis hin zu harter Beleidigung und echtem Mobbing.

Im Internet kann heute jeder unter Freunden sein und eine Heimat finden, die es im realen Leben mangels lokaler Gleichgesinnter vielleicht gar nicht gäbe. Ich kann zum Beispiel von Waldhilsbach aus in die Welt hinausphilosophieren und viele Freunde finden. Über die sozialen Netzwerke, über Facebook, Twitter, Google+ und die Artikel auf meiner Homepage (»Daily-Dueck-Kolumnen«) stehe ich von meinem Dachzimmer aus im Austausch mit vielen Tausend Menschen. Manche von ihnen treffe ich ab und an bei Konferenzen, auf denen ich Keynotes halte, die meisten meiner Kontakte habe ich physisch noch nie gesehen.

Auf meine Artikel im Netz bekomme ich viele Kommentare, dabei sind die auf meiner Homepage am wertvollsten – diese Leser stehen mir ja am nächsten, sonst kämen sie ja da nicht öfter vorbei.

Wenn aber ein Artikel von mir weithin, quasi in die ganze Welt publiziert wird, etwa bei *Zeit Online*, dann lesen das nicht nur meine »Freunde« (im Sinne von Facebook oder im Sinne von »Follower«), sondern im Prinzip Menschen aller Art. Da ist es fast unmöglich, nicht von irgendwem im Kommentarteil hart kritisiert zu werden. Da schmutzt mich jemand sehr leicht und schnell einmal an, pöbelt ein bisschen zu sehr ... und daran nehmen wieder andere Anstoß – und schon geht das Wrestling gegensätzlichster Meinungen los. Immer dasselbe. Je stärker die Aggression beim gegenseitigen Anwerfen, umso banaler und allbekannter werden im Laufe des Streits die immer flachsinnigeren Argumente. Man hat sie schon tausendfach gehört, aber eben noch nicht von jedem und noch nicht unter jedem Artikel.

Im Leben wie im Internet gibt es das Gesinnungsnahe im engeren Zirkel und das Gesinnungsferne außerhalb. Im Netz fallen eben die räumlichen Grenzen nicht ins Gewicht. Da sind die kleinen und großen virtuellen Gesinnungsheimaten, und weiter draußen ist die anonyme, grellbunte und irritierende Welt im Ganzen. Es fühlt sich immer wohlig an, bis dahin, wohin die eigene Gesinnung reicht, aber auf den allgemeinen Massenportalen, auf denen sich irgendwie alle zeitweilig tummeln, ist das gegenseitige verbale Verprügeln gang und gäbe.

In der Heimatzone des Netzes kann ich mit Menschen, auch wenn ich sie persönlich nicht kenne, im absoluten Vertrauen tiefe Gedanken wälzen, für die ich im realen Leben keine Ansprechpartner habe (wer befasst sich denn schon mit Philosophie?). Da sind ein gedankliches Zusammensein und ein Austausch von Gefühlen möglich, wie es früher vielleicht bei tiefen Brieffreundschaften war. Gab es damals nicht auch Brieffreundschaften, die auch deshalb so wunderbar hielten, weil man sich eben nicht im realen Leben auf die Nerven ging?

In der Fernzone des Netzes aber fallen Hemmschwellen und Schamgrenzen. Man fällt anonym ätzend übereinander her. Die Fetzen fliegen. Viele große Zeitungen schalten heute im Internet die einst so hochgeschätzten Kommentarfunktionen wieder ab, weil die Kommentare viel zu oft viel zu unflätig werden – es bedeutet schon zu viel Arbeit für die Redaktionen, nur die absolut anstößigsten Kommentare zurückzuweisen oder zu löschen. Es hagelt immer öfter helle Empörung, wenn solche Kommentare nicht gelöscht werden, die politisch inkorrekt sind oder »hetzen« (derzeit ist das gerade bei den Flüchtlingen aus Syrien ein großes Thema). Wenn aber Kommentare gelöscht werden, wird der Redaktion wieder etwas anderes Extremes vorgeworfen – die Verletzung der Freiheit mal wieder ...

Besonders Facebook wird dauerkritisiert, Hetzkommentare stehenzulassen. Facebook reagiert. Dann wieder eine Superschlagzeile: Facebook hat ein absolut berühmtes Foto gelöscht, das ein kleines nacktes schreiendes Mädchen fliehend von einer Napalmbombenkatastrophe zeigt – plausibel nackt, die Kleider brannten ja. Nun sagen die nicht so historisch kontextgebildeten Algorithmen, es sei Kinderpornografie ...

Es hat sich seit einiger Zeit eingebürgert, die Haltung der Beleidiger oder Belästiger mit dem Wort Hass zu bezeichnen. Hass? Das ist es wohl nicht. Da lassen wohl Leute nur ihrem sonst unterdrückten Bedürfnis freien Lauf, einmal verbal die Drecksau rauszulassen. All das, was wir vielleicht in der Fantasie über unseren Chef oder einen ungerechten Lehrer sagen, wird einfach anonym als Unrat ins Netz geschleudert. Aus dem Amerikanischen kenne ich seit Langem die Bezeichnung »hate mail« wie Hass-Mail, womit man eine belästigende, beleidigende und keinerlei Rücksicht nehmende Mail bezeichnet, die oft in sehr rüder Sprache gehalten ist. Wir erleben es zunehmend so:

[
Im nahen Bereich der Netzheimat ist viel (?) mehr Liebe und Tiefsinn als im echten Leben, und weiter draußen viel mehr Hass und Flachsinn als im echten Leben.
]

Dieser flachsinnig abgesonderte »Hass« irritiert unser Leben immer stärker. Wir haben diese Emotionalität früher nie kennenlernen können, weil ja immer nur ein paar »saubere« Leserbriefe in der Zeitung erschienen (die der Redaktion gefielen und politisch genehm waren), aber das Netz hat nun alle Schleusen der Emotionalität geöffnet.

Im realen Leben sind wir rücksichtsvoll und eher zu leise als zu laut, wir sind von den Ideen der Empathie und des Teamgeists voll überzeugt, aber als Anonymer im Netz sind wir zum Teil bestürzend anders. Wir sind eher viel zu laut als zu leise. Es sieht vielleicht kämpferischer aus, als es ist – aber vieles erscheint uns zu feindlich.

Ich mache mir angesichts dieser Entwicklung Sorgen, dass wir im realen Leben kein gemeinsames Verständnis der Welt, keinen Common Sense, keinen gesunden Menschenverstand mehr erreichen, wenn wir uns medial so grässlich polar in den Haaren liegen. Diese Sorge möchte ich nach und nach im Buch vor Ihnen ausbreiten.

Die Möglichkeit für praktisch jeden, alles vollkommen zerstörerisch zu kommentieren, macht es immer schwerer, gemeinsam zu denken geschweige denn zu handeln. Man kann diese Tendenz im Kleinen auf den schon kurz erwähnten Parteitagen der Piratenpartei studieren. Dort darf jedes Parteimitglied dazukommen und alles beliebig offen sagen und ansprechen. Das tun dann die vielen diversen Piraten auch, sie diskutieren zum guten Teil abstrus kontrovers und finden nur mit Mühe zu instabilen Beschlüssen, die natürlich auch gleich wieder basisdemokratisch gekippt werden können. Die Flut der Diskussionen muss aber irgendwann in Aktionen und Taten münden – aber wie denn, wenn ständig neu diskutiert wird? Taten brauchen eine nachhaltige Richtung, mit genug Atem für eine lange Zeit der Umsetzung. Wie sind energische Taten in einer Welt möglich, in der niemals »end of debate« beherzigt wird?

Schon immer war es der schwierigste Teil einer Debatte, sie konstruktiv in einem gemeinsamen Sinn zu beenden. Das Netz verschlimmert dieses Problem um Größenordnungen.

Heilserwartungen gegen Ohnmachtsklage

Es scheint mir, dass Menschen, die besonders einfachen Erlösungsgedanken der Menschheit anhängen, besonders zu extremen »hate posts« im Netz neigen. Je simpler die Grundidee gestrickt ist, umso größer tritt der Hass nach außen. Sie werden zu Jüngern einer oft arg verkürzten Lehre und agieren im Netz entsprechend militant. Andere glauben unbeirrt an eine wundervolle Zukunft des Friedens und des Glücks auf Erden, wenn – ja, wenn nur ein Umdenken in den Köpfen der Menschen stattfinden würde! Ach, wenn nur alle Menschen Schwestern und Brüder wären, dann wäre alles gut! Solche Ansichten sind aller Ehren wert, sie sind aber genauso verkürzt. Und dann sehen sich Leute, die das reale Leben mit einer gesunden Portion von Skepsis oder gar Sarkasmus sehen, durch solche Softie-Statements gleich zu aggressiven Gegenmeinungen aufgefordert.

Nach meinem Gefühl erzeugen die oft viel zu idealen oder naiv-sonnigen Vorstellungen von einer nur glücklichen Welt eine Menge Hate Postings:

- Bedingungsloses Grundeinkommen für alle – und alles ist sofort gut
- Abschaffung des Geldes heilt die Welt
- »Sharing Economy« bringt Segen
- Homöopathische Seelenheilung gegen die »Schulmedizin« und die Pharma-Ausbeuter
- Empathie für die ganze Welt
- Bedingungslose Toleranz gegenüber aller Vielfalt
- Absolute Gleichstellung von Mann und Frau und Genderisierung
- Glücksmaximierung statt Wachstum
- Gesunde Ernährung als absolutes Zentrum eines guten Lebens
- Umdenken zur Nachhaltigkeit – ökologisch und generell
- Höhere Bildung für alle – jeder individuell nach seiner Begabung
- Chancengleichheit für alle
- Privatheit der Daten, Open Data und der gläserne Staat
- Liquid Democracy ermöglicht eine neue Gesellschaft
- Rechtliche Gleichstellung der Tiere

Ich merke das selbst, wenn ich in Keynotes für mehr Bildung eintrete! Nicht sonnig-naiv, sondern weil wir gegen den Computer bei der Arbeit einen immer schwereren Stand haben werden. Ich will warnen. Aber sofort werde ich »verbal rasiert«. »Soll es etwa nur noch Oberindianer geben?«, schallt es mir fast höhnisch entgegen, und »Was machen Sie denn mit dem ungebildeten Rest?« Sofort werde ich in eine elitäre Gesinnungsschublade gesteckt ...

Man spürt da auch viel Wut gegen das Neue, dem man ausgeliefert ist und dem man möglicherweise nicht gewachsen sein wird. »Die Idealisten haben gut reden«, so heißt es oft (falsch gedacht), »die sitzen bestimmt auf dicken Vermögen oder haben studiert, was aber blüht den vielen Benachteiligten?« Die wirklich Benachteiligten erregen sich auch, aber anders.

- Gegen die Entfremdung durch zu viele Ausländer
- Banken müssen selbst für ihre Rettung bezahlen – am besten enteignen
- Reiche sind Räuber und müssen höchstbesteuert werden
- Politiker und Manager sind in der Regel unfähig und/oder korrupt
- Die Kleinen müssen letztlich immer alles bezahlen
- Alles wird über den Kopf der Vernunft hinweg von denen da oben bestimmt
- Alle da oben stecken letztlich unter einer Decke
- Aus Profitsucht wird das Volk in Billiglohn und Armut getrieben

Im Grunde haben alle diese Vorstellungen eine herbe Abneigung gegen die jetzt herrschende Realität. Die einen wollen sie durch eine ideale Idee wesentlich heilen, die anderen sehen die Schlechtigkeit der Welt durch bestimmte dunkle Fakten erzeugt, die sie nicht ändern, aber bitter anklagen können. Die einen fordern positive Veränderung, die anderen können sich keine solche vorstellen, außer eventuell durch Revolution.

Diese allgemein verbreiteten Gesinnungsrichtungen, die idealen-fordernden und die pessimistisch leidenden, stehen sich trotz ihrer gleichen Überzeugung einer ganz und gar nicht optimalen Welt feindlich gegenüber. Denn die Idealvorstellungen klingen aus Sicht der Benachteiligten und Leidenden fast wie blanker Hohn. »Glück statt Wachstum? Hilfe, euch geht es wohl zu gut, seht her, wir haben kaum Geld zum Leben und jetzt kommt ihr und wollt Glück. Noch etwas? Hallo?« – »Bedingungslose Toleranz? Auch gegen diese vielen Flüchtlinge, die uns einheimischen Benachteiligten die letzten Jobs wegnehmen?« Ein Konsens ist zwischen solchen Extremen nicht möglich. Wenn also die Idealisten unter sich (!) in ihrer Community über die Empathie für die ganze Welt debattieren, können sie sich gegenseitig glücklich und hoffnungsfroh diskutieren. Wenn sie aber alles öffentlicher im Netz äußern, dann hagelt es »Hass« der Ohnmächtigen, die die Idealisten für vollkommen überspannt halten.

Wir sitzen in den eigenen Filterblasen

Diese extreme Teilung in Für und Wider, Fluch oder Segen, in Chance oder Risiko wird durch die Suchmaschinen und sozialen Medien indirekt unterstützt.

- Bei Facebook ist man unter selbst gewählten Freunden, andere werden »defriended«, also aus der Freundesliste entfernt. Bald sind dann nur noch »Für«-Menschen oder nur noch »Dagegen«-Menschen unter sich.
- Nachrichten-Apps lassen sich so konfigurieren, dass man nur noch Dinge zu sehen bekommt, die zur eigenen Denkwelt passen.
- Suchmaschinen lernen, was wir suchen – was wir also sehen wollen. Die Algorithmen zeigen uns mehr und mehr nur noch das. Wir freuen uns darüber.

So sehen wir leider mehr und mehr nur noch das, was wir sehen wollen. Man sagt: Wir sitzen in einer Filterblase oder in einem Filter Bubble. Dieser Begriff ziert als Titel ein Buch von Eli Pariser, der uns darin gründlich vor den Algorithmen vieler Webseiten warnt. Google zeigt, was uns gefällt, Amazon bietet uns, womit am besten Geschäft zu machen ist.

Ziehen wir uns in eine Blase zurück, in der wir nur noch Dinge sehen, die uns gefallen, und in der wir uns nur noch mit Leuten umgeben, die uns passen? Dieser Sachverhalt droht uns jetzt allen. Wir kennen ihn schon, waren bisher aber nicht selbst betroffen.

- In kleinen Dörfern kennen die Einwohner nur ihre kleine Welt.
- Politiker, Top-Manager und Kirchenfürsten haben oft nur über Assistenten und Nachrangige Kontakt zur Außenwelt. Sie werden durch »Hofschranzen« weitgehend »abgeschirmt«, wie man sagt. Sie nehmen die Welt extrem gefiltert wahr und »schweben da oben«.

- Parteimitglieder kennen nur ihre Partei-Ideologie, »draußen« zanken sie an allem anderen grundsätzlich herum.

So wie ein Papst oder ein Kaiser vom Hofstaat abgeschirmt werden kann, so schirmt uns das Internet ab und kapselt uns ein - wenn wir es so mit uns geschehen lassen. Wir müssen uns nicht einmal absichtlich in eine Filterblase zurückziehen, es kann auch unbemerkt geschehen, wenn wir zu sehr nur mit Freunden im Netz verkehren. Dann halten wir die Meinungen unseres Kreises langsam für absolut wahr und schaudern über alles andere, wenn wir die Blase verlassen (müssen).

Zurzeit erleben wir in der Wirtschaft eine extreme Zeit des Wandels. Die digitale Revolution erfasst alle Unternehmen. Diese müssen sich verändern und Innovationen vorantreiben. Wie aber machen sie das? Sie betreiben Brainstormings in langen Meetings, sie diskutieren in Workshops und setzen Ideenfindungsprozesse auf. Sie sind dabei immer unter sich! Sie hocken in einer selbst gewählten Filterblase und scheinen überzeugt zu sein, die Welt aus ihrem Bubble heraus neu erfinden zu können.

Die Autobauer lehnen zum Beispiel in ihrer Blase sitzende Ideen wie Selbstfahrautos oder Batterien lange ab, aber dann, wenn neue Unternehmen erste Erfolge feiern, sitzen sie wieder in Meetings und denken selbst nach.

Stellen Sie sich vor, ein Automobilkonzern lästert lange über Google, Apple, Uber und Tesla - merkt dann aber, dass das Lachen eigentlich ein Verschlafen von Chancen war. Jetzt muss gehandelt werden, jetzt sofort! Man muss aufholen, nachlernen und dann am besten wieder die Führung übernehmen. Geht das durch Meetings und Gründung neuer Abteilungen? Ich schlug neulich an einem solchen Punkt vor Ort vor, einmal schnell einige Hundert (!) Top-Leute über die Welt ausschwärmen zu lassen und alles zusammenzutragen, was es über Selbstfahrautos und Batterietechnologien so gibt. »Draußen« ist die Konkurrenz doch schon weiter, warum jetzt selbst nachdenken? Das tut man doch erst, wenn man auf gleichem Stand ist wie die anderen?

So agieren die Konzerne nicht. Sie gründen Sonderabteilungen, setzen Sonderstäbe auf oder kaufen eine drittklassige Firma am Markt, die gerne aufgekauft werden möchte, um »Know-how einzubringen«. Den Konzernen wird oft ein Verschlafen vorgeworfen, aber ihr Fehler ist eher ein Verharren in der Filterblase. Sie sind in ihrem Denken, in ihren Methoden, in der Unternehmenstradition und ihrem Betriebshabitus gefangen. Sie versuchen die Revolution innerhalb ihres Filter Bubble und scheitern meist.

Ich will mit diesen wenigen Beispielen sagen, dass es ganz schön viele Filterblasen in unserer Welt gibt, auch ohne Internet! So etwas wie abgeschirmte Kaiser von China gab es schon immer und überall. Nun aber sind wir selbst in Gefahr, in einer digital organisierten Mitwelt zu leben, in der alle um uns herum unsere Meinung teilen und in der alle da draußen seltsam und feindlich anders erscheinen. In solchen Filterblasen können leicht – ich will sagen: quasi neue Religionen entstehen, indem in einer Blase simple Ideen richtig erscheinen, die für die ganze Welt einfach Unsinn darstellen.

Sudelgebiete – Plätze zum Austoben

Früher hatten wir Klassenclowns oder Leute, die mutwillig »Mist bauten«, um Aufmerksamkeit zu erregen. Manche begingen schlicht Dummheiten, andere schienen »verrückt zu spielen«. Das alles können wir nun im Netz erleben. Da wird Dummheit abgesondert, dort treffen sich Hassprediger und Maniacs, Tabu-Brecher und Einfältige. Die oft unfreiwillig komische Sudelei hat einen so großen Unterhaltungswert, dass man in den Reality Shows beginnt, das Sudeln vor der Kamera nachzustellen – man spricht von »scripted reality«. In Peepshows, Chatshows oder den ersten Runden von Castings dürfen sich Unbedarfte zum Affen machen. Hauptsache extrem!

In Oberfranken sagt man Sudel – oder auch Trotze, Sutte oder P(f)uhl, wo andere Jauche, Puddel oder Gülle sagen würden. Es geht um flüssigen Dünger, das merken Sie ja schon. Eine Sudelei ist Schmutziges oder Angeschmutztes. Vielleicht mögen Sie die Kladden von Lichtenberg, die berühmten Sudelbücher, oder das Sudelheft von Tucholsky? Die haben das alles nicht »schmutzig« gesehen, sondern sie hatten die Angewohnheit, in einer Art immer daliegenden Notizbuchs alle Gedanken des Tages zu notieren, die ihnen so in den Sinn kamen und vielleicht in ihren echten Werken verwertbar sein würden.

Heute ist es modern, leere Moleskine-Notizbücher mit Gummiband zu besitzen. Ich habe hier so etliche liegen, alle leer, die will keiner so recht geschenkt haben. Aber man bekommt sie heute zwangsweise bei Konferenzen oder Motivationsveranstaltungen, damit man für sich notiert, was einem der Chef schon hinter die Ohren geschrieben hat. Seit 1997 produziert die Mailänder Firma Moleskine diese stylischen Büchlein, die seither der Renner als Give-away oder Gimmick sind.

Vielleicht ist Ihnen jetzt klar, was ich mit Sudelgebiet meine: Das Internet ist ein gigantisches Sudelheft, in dem jede Menge wichtiger und ernster Gedanken stehen, aber auch unendliche Sudeleien. Mein Begriff »Sudelgebiet« klingt ein bisschen wie »Feuchtgebiet(e)« oder »Pipi-Kaka-Land«, das ist sogar gewollt.

Ich wuchs auf dem Bauernhof auf. Wir hatten einen schönen Hofgarten, mit Haselnusssträuchern und Pflaumenbäumen, einer Kompostsammelstätte und einem sehr großen Misthaufen. Zwischendrin wurden die Kühe zur Weide hinaus und wieder hereingeführt, Hühner gackerten den ganzen Tag, Sperlinge stahlen ihnen in stets glücklich tschilpender Stimmung das Futter. Im Sommer liefen wir fast grundsätzlich barfuß herum. Das war eine große Kunst! Denn der Hof war von Hühnerdreck übersät, die Kuhfladen mussten unbedingt vermieden werden und im Spätsommer fielen die Pflaumen und Birnen herab, um die die Wespen summten. Na, so fünf bis zehn Mal stach mich etwas in den Fuß, meist aber waren es Bienen im Klee. Mit Zwiebel abreiben und drei Tage unter fremder Schadenfreude humpeln.

Ein solches Sudelgebiet ist eben das Internet auch, nicht wahr? Da wird wie auf dem Hühnerhof gegackert, angeworfen und angeschissen – die Leute fühlen sich angepisst und furzen zurück ... Sorry, es ist manchmal unsäglich.

Die Webseiten sind wie die guten alten Litfaßsäulen oder die Plakatwände. Jeder kann im Internet etwas veröffentlichen. Bitte erinnern Sie sich an das letzte Mal, als Sie Kinder erwischt haben, die Personen auf Wahlplakaten den einen oder anderen Zahn geschwärzt oder eine Brille übermalt haben. Haben Sie selbst schon einmal so etwas angestellt? Das sieht lustig aus! Manche aber stechen den Plakatgesichtern die Augen aus – das deutet mehr auf Hass. Andere sprühen »Eva, ich liebe Dich« an Betonwände – oder auch »Eva, ich hasse Dich«. Die Innenwände von öffentlichen Toiletten strotzen vor anzüglichen Sprüchen aller Art. Hier fließt der geistige Dünnschiss parallel in Echtzeit. Überall sehen wir Übermut oder auch Zerstörungszorn des »Knaben, der Rosen köpft«.

Heute regen sich besonders Eltern auf, wie viel Mobbing im Netz zu finden ist, wie viel Hass dort ausgedrückt wird, wie extrem oft alles geworden ist. Ich muss dann in meinen Vorträgen immer daran erinnern, dass wir ja auch viel angestellt haben! Wir haben »Du bist doof«-Zettel in verschiedene Briefkästen gesteckt und Klingelpost gespielt. Heute tobt man sich im Internet aus und hinterlässt leider sehr öffentliche Äußerungen, die fast gar nicht wieder zu löschen sind – Entschuldigungen helfen gar nicht mehr.

Ich zähle hier nur kurz auf, was an »Schmutz« oder eben an Sudeleien im Internet so auftaucht.

- *Mobbing & Kränkung*: Besonders auf Facebook kommentieren Kinder und Jugendliche gegenseitig ihre Einträge. Meist sind sie zustimmend, man tauscht Herz-Icons und Smileys aus und hat sich in plattester Kurzversion lieb. Dann aber gibt es Hasstiraden gegen dumme Zicken und Schlappschwänze aller Art, die wir früher heimlich auch in unserer Kindheit mündlich austauschten. Die mussten wir früher bitter schlucken, wir wurden auch verhauen – aber die Facebook-Einträge kann ja jeder sehen, und dann stehen wir an einem Schandpfahl und leiden unsäglich viel stärker als »damals« ohne Internet. Wie gehen wir damit um?

- *Trolle & Obstruktion*: Viele machen sich fast einen Sport daraus, Blog-Beiträge zu schreiben, die alle diejenigen zur Weißglut treiben, die ernsthaft an der Sache interessiert sind. Zum Beispiel kann man alle Beiträge über Geschlechtergleichberechtigung mit einem Kommentar der Art »Frauen haben ein kleineres Gehirn und sollen hinter den Herd« verunzieren. Solche Leute kommentieren zynisch und wohl auch in Sado-Maso-Verfassung. Sie wirken sadistisch, bekommen dann aber unsägliche Beschimpfungen zurück. Das ist masochistisches Verhalten: Man bekommt zwar sehr negative Aufmerksamkeit, aber immerhin erschreckend große Aufmerksamkeit. Alle schlagen auf den Sadisten/Masochisten ein, und genau dadurch steht er im Mittelpunkt und genießt. Solche Kommentatoren heißen im Internet-Jargon »Trolle«. Es ist nicht klar, wie man mit ihnen umgeht. Ignorieren hat sich teilweise bewährt. »Man darf Trolle nicht füttern«, sagt man. Wer mit ihnen eine Diskussion aufnimmt, kann alles Konstruktive sofort zerstören.

- *Gedankenlosigkeit & Schnelldünnschiss*: Wenn Sie Zeitung lesen, schimpfen Sie doch sicher auch öfter und sehr laut über den Unsinn? Ich tue das morgens regelmäßig - mündlich! Wenn wir uns aber über Artikel im Netz ärgern, können wir schriftlich kommentieren. Also schnell mal »Du platter Idiot« im Zorn geschrieben! Oder: »Sie haben keine Ahnung!« - »Lügenpresse!« - »Elitäres Gelaber!« Unsere Emotionen werden im Moment für kluge Gedanken gehalten, die mitteilenswert sind.

- *Shitstorm oder virtueller Schandpfahl*: Verbale Fehltritte, Unfreundlichkeit von Unternehmen, ein Lapsus von Politikern oder politische Unkorrektheiten werden unter Umständen mit Tausenden bis Millionen Verbal-Schmähungen eingedeckt. Jeder im Netz darf draufhauen, und das tun nun sehr viele in einer erschreckend entgleisenden Art, die ihrerseits einen Shitstorm rechtfertigen würde. Beispiel: Ein bayerischer Innenminister bezeichnete einen bekannten deutschen Sänger (Roberto

Blanco) als »wunderbaren Neger« - Shitstorm hässlichster Art, Häme, Hohn. Klar, die Bemerkung ist ein unfassbarer GAU, dass einem der Kiefer herunterfällt ...

- *Militante und Egofontänen*: Einer meiner Lieblingscartoons dazu zeigt eine schon hinreichend ausgezogene Frau im Bett, daneben ein Mann am Computertisch, der wie wild tippt. Sie sagt: »Och, komm doch kuscheln«, und er antwortet: »Es geht jetzt nicht, im Internet hat gerade jemand Unrecht.« Es gibt unendlich viele »Besserwisser«, die anderen notorisch Unwissenheit vorwerfen und alles haarspalterisch auseinandernehmen. »Das ist nicht neu, das gibt es schon.« - »Das weiß jeder, hier ein sehr alter Link dazu.« - »Bitte lesen Sie meinen Blog, das Argument ist ursprünglich von mir.« - »Sie haben keine Ahnung, recherchieren Sie erst, bevor Sie etwas dazu sagen.«
- *Dummheit*: Ja, und dann gibt es eine Menge schlicht Einfältiges.
- *Extremismus und Konterextremismus*: Extreme Meinungsträger tragen per Kommentar heilige Kriege aus.
- *Tief verletzende und hemmungslos ausgelebte Dispathie mit dem Unbekannten*: Das Netz strotzt vor verletzenden Kommentaren, die bar jeder Kundigkeit irgendwelche Menschen, Politiker oder Ausländergruppen vollkommen niedermachen. Diese Leute haben zur kommentierten Angelegenheit einfach ein anderes Innengefühl als die anderen (eine »Dispathie«) und hauen ihre Emotionen per Kommentar einfach raus. Seelen hin und her, Empathie wird nicht einmal in Erwägung gezogen.

Das Netz erlaubt anonyme Äußerungen. Die Hemmschwelle für Unflat ist fantastisch viel niedriger als im Leben. Man beleidigt andere Menschen hundertmal schneller im Netz, als wenn man ihnen etwas Unangenehmes direkt in die Augen sagen müsste. Im Arbeitsleben schimpfen die Mitarbeiter oft viele Prozentsätze ihrer Arbeitszeit über die da oben, aber direkt sagen sie ihnen nichts. Im Netz tun sie es.

Schwelgen im flachgeistigen Durcheinander

Eilmeldung!»Man hat das Grab von Aristoteles entdeckt!« - Mehrere Kommentare im Netz lauten etwa so:»Was soll dieser alte Staub? Wen interessiert so was?« - Erwiderung:»Kann man denn nicht einmal eine Meldung nicht gleich niedermachen?« -»Komm, was sollen wir denn mit dem alten Knochen?« -»Wer ist denn Aristoteles?«

In dieser Weise bleibt absolut nichts mehr unkommentiert. Die Leute, die sich ernsthaft für Aristoteles interessieren, hören frustriert auf, Kommentare zu schreiben. Sie würden gerne ihre Freude teilen und wissen, wie es um das Grab nun genau steht: Wird etwas Wichtiges darin gefunden?

Stellen Sie sich ein neu aufgestelltes Kunstwerk in der Fußgängerzone vor. Auf der einen Seite machen Jugendliche abfällige Bemerkungen, auf der anderen versucht eine Reisegruppe älterer Herrschaften einen hochgeistigen Zugang zur zeitgenössischen Kunst zu gewinnen. Stimmengewirr:»Doof, Alter. Bestimmt teuer, woll?« -»Ich habe gehört, dass der Künstler sehr berühmt ist.« -»Das ist mir entgangen, aber wenn er berühmt ist, ist es ein Zeichen des Niedergangs. Käthe, wie findest du es?« -»Nun lass mich doch mein Eis essen.« -»Fehlt 'n Graffiti drauf.« -»Oder 'ne tüchtige Portion Taubendreck.« -»Hugo, komm her, hier ist das Kunstwerk, schau, Hugo. Ich habe es entdeckt, es sieht auf den ersten Blick gar nicht so aus wie ein Kunstwerk.« -»Das ist absichtlich so, Herma, es passt sich bewusst in das schrecklich hässliche Stadtbild ein. Wahrlich göttlich ist es, Herma.« -»Hey, Mann, göttlich, quark-quark, sind Sie Professor oder was?« -»Ja, natürlich.« -»Bleiben Sie uns mit so'm Scheiß weg.« -»Hören Sie, junger Mann, Verzeihung, dass ich mich einmische, benehmen Sie sich, ich finde die Skulptur auch nicht schön, aber Sie dürfen hier nicht den Herrn anpöbeln.« -»Das ist eine Skulptur? Hey, habt ihr das gehört? Es ist eine Skulptur! Warum gebt ihr das Geld nicht für Arme aus? Was tut der Herr Professor gegen Flüchtlinge?« -»Das gehört nicht hierher!« -»Komm, Hugo, lass das.« -»Herma, es geht um Kultur.« -»Verpiss dich.«

Es geschieht von Zeit zu Zeit, dass wir ein solches Durcheinander im wahren Leben miterleben. Ein bisschen Empörung, etwas Gaudi und voyeuristische Schadenfreude. Nichts ist wirklich erbaulich oder druckreif, denn der Herr Professor darf sich ja nicht so richtig auslassen, er kommt nicht wirklich zu Wort, der Klugscheißer mit seiner Zicke. Alles andere wird beredet, nur nichts Ernstes.

Was wir im Leben ab und an mitbekommen, erleben wir in der Fußgängerzone des Netzes ständig. Das Netz hat wie eine Innenstadt abgelegene Winkel und ausgedehnte Flanierzonen, in denen sich das Volk drängt. Es gibt viele Blogs und Publikationen, über die ernsthaft diskutiert und im Diskurs gerungen wird. Aber auf den Massenmeilen herrscht so ein ständiges seicht-ärgerliches Gemisch vor. In den Printmedien ist es eine Ehre, in den großen etablierten Zeitungen und Journalen publizieren zu dürfen, aber die große Leserzahl lockt dann auch wieder das Pöbeln und Schimpfen an. Ich mag gar nicht hinschauen – das sagte ich schon –, wenn ich ab und zu einmal auf bekannteren Webseiten veröffentliche. Mein armes Fell! Ich schaue immer nur kurz nach, ob es echte Sachkritik gibt, und gehe dann nie wieder hin. Die ersten Leser im Netz sind meist die, die es interessiert, dann lesen es Leute mehr zufällig, dann hagelt es immer vehementer Abfälligkeiten. Oft wird mir ein Wort im Munde herumgedreht – es gibt endlose Diskussionen darum. Wenn ich mich um Richtigstellung bemühe, mündet die Diskussion in so eine, wie sie in typischen Ehekrisen vorkommt. »Das hast du genau so gesagt!« – »Ich habe es aber nicht so gemeint. Beruhige dich doch!« – »Ich habe Ohren, ich weiß genau, was du gesagt hast. Du bist so kotzfeige, dass du sofort umfällst und nicht dazu stehst. Nicht so gemeint! Ich weiß genau, was du gemeint hast. Wir sind lange genug verheiratet.« – »Ach, Kinder, gut, dass ich dazukomme. Streitet euch nicht, denkt an euer Eheglück! Was ist passiert? Ich gebe euch so gerne einen Rat!« – »Hau ab!« – »Wie redest du mit meiner Mutter!« – »Du hättest ihn nicht heiraten sollen, das ist mein Rat!« – »Mutter, hör auf, ich will absolut keinen Rat von dir, der ist immer doof, du sollst mir nur gegen ihn Recht geben ...«

Im wahren Leben sind wir ja auch flachsinnig genug, aber wir protokollieren nicht mit. Jetzt steht aber alles im Internet – vollkommen ungeläutert. Über das sumpfige Niveau regen wir uns auf. Es ist zwar unser normales Niveau, nur eben neuerdings schriftlich und verewigt und öffentlich für alle. Die Beleidigungen werden nicht mehr vergessen, man kann nun bis in alle Ewigkeit (oder vielleicht noch zwanzig Jahre) nach ihnen googeln.

Diese »Diskurse« von Kakophonikern im Netz entsprechen also denen im Leben (»reality«). Ich erfinde einmal solche typischen Anwurfverläufe, die wie aus dem echten Netzleben klingen sollen. Man spricht im Fachjargon von »scripted reality«.

Eine Frau könnte im Netz posten: »Der neue rote Nagellack gefällt mir so gut.«

Dann kommen die Kommentare (»scripted reality«): »Welche Sorte? Sag!« – »Bitte ein Foto!« – »Weißt du eigentlich, dass roter Nagellack aus Läuseblut hergestellt wird? Eklig, hier ein Link! Scheußlich!« – »Das glaube ich nicht, das ist ein Fake!« – »Nun mach doch nicht alles gleich schlecht. Lass sie doch schön sein!« – »Wieso sie? Vielleicht ist es ein Mann.« – »Oh, Mann, lass doch das!« – »Es ist kein Foto dabei. Beweis, bitte!« – »Ich habe es jetzt recherchiert: Nagellack war mal aus Läusen, er wird heute synthetisch hergestellt, auch die Farbe im Campari ist nicht mehr aus Blattläusen. Hier die Links!« – »Ist trotzdem eklig!« – »Ich habe hier noch alten Nagellack, wo kann man das rauskriegen?« – »Was?« – »Nagellack ist schädlich für die Gesundheit.« – »Genau, wirkliche Frauen lassen das.« – »Was weißt du, wer eine wirkliche Frau ist?« – »Na, keine künstliche.« – »Och, lass so ein bisschen Schummeln!« – »Echt? Gut, demnächst gibt es ja auch Hirn-Zusätze.« – »Was willst du damit sagen?« – »Scheiße.« – »Was? – »Alles, ihr kotzt mich an. Flüchtlinge ertrinken und ihr redet über so etwas Banales. Zum Kotzen. Dekadent.« – »Hör auf mit dem Dreck.« – »Hört ihr auf mit dem Läusedreck.« – »Hallo, hier ist die Rosenrotberaterin. Ich sehe, ihr habt ein Problem mit der Produktauswahl.

Rosenrot-Nagellack gibt es in allen Farben, sogar in der schönsten. Er ist essbar und deshalb für Nägelkauer unbedenklich. Wir haben gerade ein Sonderangebot für die feministische Frau.« - »Ich verachte dich.« - »Und ich protestiere gegen den Kommerzmist. Ich arbeite als Auftragszauberin, ich nutze die spezifischen Heilkräfte der Farben. Rote Farbe aus Läuseblut ist unverzichtbar, um eine Aura zu evozieren.« - »Hilfe, ich wollte nur sagen, dass mir mein Finger gut gefällt!« - »Ja, das haben wir schon alle hier gecheckt, und wir reden doch alle genau darüber.«

Kann man denn nicht einmal nur über Nagellack reden? Zum Beispiel, ob der neue Nagellack von Edding (!) wirklich so gut ist? Die eben erfundene Kommentar-Sequenz (»scripted reality« von mir) kommt in dieser Art oft im Netz vor. Sie ist manchmal recht witzig, oft eben auch ätzend. Man fühlt sich im Netz dann nicht wirklich daheim, sondern irgendwie doch wieder im Panopticon/ Attracticon. Die Rosenrotberaterin aus dem Analyticon lauert uns auf. Ein Algorithmus sucht für sie die Chats aus, in denen es um Nagellack geht - sofort ist sie da und bietet Rosenrot an. Wer weiß überhaupt, wer »sie« ist? Vielleicht ein dazuverdienender pensionierter Gemeinschaftskundelehrer?

Jetzt haben Sie sich hineingefühlt und sehen eine neue Nachricht im Netz:

Ein Politiker könnte posten: »Wunderschönes Wetter auf dem Kirchentag.«

Kommentare (»scripted reality«): »Was sucht so einer da?« - »Er ist doch Christ und wieso soll er nicht da sein?« - »Naiv! Es ist Wahlkampf!« - »Er ist Christ und für Frieden und Liebe, das sollten alle sein, du Vollidiot!« - »Ich bin gerade jetzt auf dem Kirchentag, das Wetter ist okay schön, aber wunderschön ist übertrieben.« - »Sag ich ja, alle Politiker lügen!« - »Aber doch nicht die, die auf dem Kirchentag sind!« - »Du bist sooo dumm, es sind natürlich nur die Totallügner da, weil die solche Leute wie dich täuschen.« - »Unsere Partei ist sehr stolz, dass sich unsere hohen Vertreter die Zeit aus den Rippen schneiden und solch ein Ereignis durch ihre Anwesenheit aufwerten.« - »Bleibt lieber alle weg! Aufwerten! Frechheit! Arrogante Scheißer!« - »Unsere Partei steht auch zum Christentum und findet es gut, von Leuten wie Ihnen nicht gewählt zu werden.« - »Allerdings, es gibt Alternativen in Deutschland!« - »Hier noch mal von der wichtigsten Partei: Nein, gibt es nicht, es ist alternativlos.« - »Was denn?«

Wie ein schwerer erdiger Strom mit Treibholz fließt die Kommentarflut dahin, kaum Punkt und Komma, Ausrufezeichen dominieren.

Ein Automobilmanager könnte posten: »Wir wollen in das Batteriegeschäft einsteigen.«

Kommentare (»scripted reality«): »Ah, jetzt kein Betrugs-Diesel mehr?« - »Erst sich über Tesla mokieren und nun auch? Keine Chance!« - »Macht ihr jetzt Diesel dicht und werft Leute raus?« - »Was höre ich? Sind Massenentlassungen geplant?« - »Bestimmt, kannste Gift drauf nehmen.« - »Ich bin hier neu, haben sie neue Gifte im Diesel gefunden?« - »Finden sie bestimmt.« - »Oh, dann trinke ich das nicht mehr.« - »Haha, du trinkst das?« - »Ja, hier im Bierzelt.« - »Sind da schon die ganzen Arbeitslosen? Bestimmt besoffen von der Stütze?« - »Hallo, der angesprochene Automobilkonzern verwahrt sich hiermit gegen Massenentlassungsgerüchte.« - »Ha, dann ist bestimmt etwas dran!« - »Bist du offiziell vom Konzern geschickt? Habt ihr denn Ahnung von Batterien?« - »Ich persönlich nicht, aber wenn wir keine Ahnung haben, gehen wir unter. Also müssen wir doch Ahnung haben.«

Die Kommentare solcher Art im Netz sind oft zum Herzerweichen. Ganz schlimm wirken unbeholfene Versuche von Offiziellen, die Diskussion wieder geradezurücken. Das gelingt fast nie, insbesondere, wenn Mitarbeiter eines durchgehechelten Unternehmens oder Parteiapparats dazwischengrätschen wollen, um Schlimmes zu verhindern. Sie gießen meistens nur noch mehr Öl ins Feuer. Ich habe einmal bei Twitter etwas angesäuert protestiert, dass ein Münchener Vier-Sterne-Hotel glatte 18 Euro pro Tag für Internetnutzung verlangt, was absolut nicht mehr in die Welt passt, finde ich. Da antwortet das Hotel, dass dies bei amerikanischen Hotelketten die allgemeine Politik sei. Ich twitterte zurück, dass ich sehr beeindruckt bin, dass sie eine Politik haben, gegen die ich aber protestiere. Antwort:»Sie können das Problem lösen, indem Sie eine Junior-Suite buchen, da ist Internet mit drin.« - Wenig später:»Oder ein Zimmer auf dem Executive Floor.« Nun mischten sich immer mehr Leute mit Flüchen in die Diskussion. Nach einigem Hin und Her:»Wie können wir Ihnen denn helfen?« - »Kein Geld für Internet.« Stille. Nach fünf Wochen:»Jetzt ist es billiger gemacht worden.« Immerhin, ich wusste gar nicht, was ich antworten sollte ... Ich fühlte die ganze Zeit, dass da jemand mit dem Kommunikationsstil im Netz vollkommen überfordert war und durch sein formal-professionelles Verhalten die Aggression auf sich zog. Es tat mir dann fast schon leid ...

Sie sollten erkennen, dass die Kommunikation im Netz weit schwieriger ist als in einem Meeting, wo sie auch schon sehr komplex ist. Im normalen Leben reden Sie unter Geschäftspartnern, Freunden oder gleichartig Interessierten. Da rastet man nicht so leicht aus, man trollt selten die Diskussion. Niemand wirft offenbaren Blödsinn in die Debatte - na gut, nicht oft oder nicht nur. Im Netz aber lesen vielleicht einige Tausend Leute einen Post oder einen Artikel, und von denen kommentieren dann zwanzig Leute - und dann so extrem, trollig, drollig, naiv, agitatorisch oder werbend. Diese zwanzig Leute von vielen Tausenden prägen aber die Kommentarspalten. Sie bilden keineswegs eine Querschnittmeinung der Leser oder »Viewer«. Oft entzündet sich eine flammende Auseinandersetzung gleich an einem ersten extremen Kommentar.

Fazit: Wer etwas postet, im Netz sagt oder wer im Netz zitiert oder gezeigt wird, bekommt es mit den paar Prozent der Kakophoniker zu tun, die überall zufällig zugegen sind. Das sind nach meiner Meinung nicht so viele. Ich glaube, die Masse schweigt - wie auf Versammlungen ja auch. Bei großen Versammlungen sieht man aber das Schweigen der Menge und ihr Stöhnen bei Äußerungen wie dieser auf einer Hauptversammlung: »Ich weiß genau, dass der Vorstand jetzt gleich mit Millionen von Stimmen entlastet und bestätigt werden wird: Ich bin aber vor acht Monaten von einer Angestellten dieser Firma hier ruppig unhöflich gebeten worden, meine Zigarette auszumachen. Da muss ich mit meinen fünf Aktien dagegen stimmen. Das tue ich hiermit ganz konsequent. Es soll ein Denkzettel sein.«

Castingshows bestimmen Werte und Umgangsformen auch im Netz

Viele Castingsshows suchen »den Besten«, den Star, das Model, den Dschungel-Tarzan, den Innovator, Unternehmer, Bewerber oder den perfekten Lover. Meist beginnt man in Vorrunden mit der Suche nach akzeptablen Bewerbern, wobei die Kameras gnadenlos auf absolute Nichtskönner gehalten werden, die sich am besten noch lustig oder prollig dumm zum Affen machen.

In den Hauptrunden beginnen vielleicht zwanzig im Rennen verbliebene Bewerber, sich gegenseitig auszustechen. In jeder Runde wird der Schlechteste von allen (nach welchen Kriterien auch immer) sehr brutal rausgeworfen. Besonders Dieter Bohlen ist berühmt für seine »Sprüche«. Sie lassen sich als »Best-of« im Internet finden, zum Beispiel:

- »Ausstrahlung hast Du wie 'ne elektrische Gummiwurst.«
- »Das klingt, als wenn sie dir den Arsch zugenäht haben und die Scheiße oben rauskommt.«
- »Du guckst immer so wie Bruno, die Klofliege.«
- »Du wirst dein ganzes Leben lang ein scheiß erfolgloser Frisör sein«, zu einem wohlfrisierten, aber abgelehnten Kandidaten.

Das ist echtes Sudelmeisterniveau. Ist so etwas nicht schon, strafrechtlich gesehen, eine Beleidigung? Oder unterschreiben die Kandidaten vorher, dass sie mit Dreck bespritzt werden dürfen - als Teil des Spiels? Wahrscheinlich akzeptieren sie alles gegen eine

Reisekostenerstattung. Stellen Sie sich einen jungen Menschen vor, der vielleicht mit überdurchschnittlich vergrößerten Augen dreinschaut und nun für seine ganze Umgebung – ob Schule, Freundeskreis oder Arbeitsplatz – als »Bruno die Klofliege« gilt. Wenn man Menschen empathisch liebhat: Darf man ihnen so etwas anhängen? In der Presse wird oft berichtet, wie Kandidaten hinterher fassungs- und haltlos weinen. »Man hat mich nur lächerlich gemacht.« Und wir wagen den Weinenden kaum zu fragen, ob er die Sendung je vorher angesehen hatte.

Bei Heidi Klums Show wird die Performance einer Kandidatin fast grundsätzlich zweischneidig beurteilt, frei nach Heidi etwa so: »Du warst in den letzten Stunden gut, aber du hast diese Woche auch einmal ganz schön gewackelt. Wir gestehen zu, dass du gelernt hast, aber gelernt haben deine Konkurrentinnen ja auch. Hast du größere Fortschritte gemacht als sie? Bist du sicher? Wir nicht ganz. Andererseits bist du sehr besonders, was manchmal auch stört ...« Nach einer längeren Entweder-oder-Tiraden-Tortur schauen sie sich in die Augen. Heidi und die Wackel-Kandidatin. Das Urteil fällt: Weiter oder raus. Sie schauen sich lange in die Augen, es ist psychisch der totale Erreger für die Zuschauer und muss die erbärmlichste Erniedrigung für die jungen Frauen sein. Die Sekunden verrinnen, die Qual wird unerträglich, sie machen ein Gesicht wie eine Mörderin, die mit dem Kopf auf dem Block das Henkerbeil erwartet. Dann – endlich: »Du bist weiter!« Tränen brechen heraus, sie schreien, der Zuschauer hat seinen emotionalen Höhepunkt. Oder: »Du musst leider gehen.« Gefasstes Schlucken, einsames Verschwinden.

Wenn wir uns über den Ton im Netz aufregen – ist der nicht schon bei Dieter Bohlen so? Natürlich ist es bei Bohlen »Fun«, er macht Show, er will bestimmt keine Seelen verletzen (auch wenn er es faktisch tut). Und ich bin eben auch sicher, dass die Kandidaten vorher unterschrieben haben, dass sie alle Bemerkungen im juristischen Sinne hinnehmen werden. Es ist »alles in Ordnung«.

Aber der Ton in solchen Sendungen gibt ein Beispiel für gute Beleidigungsformeln. Was uns im Netz entsetzt und unendlich gemein oder dumm vorkommt, wird uns nämlich zur Hauptsendezeit als Supergaudi vorgeführt. Das Rauswählen von Kandidaten (»schickt alle eine SMS, wenn Amira raus soll«) wird zu einem sadistischen Hinrichtungsakt, an dem der Zuschauer genüsslich teilnehmen kann.

Das alles ist Unterhaltung - klar, aber die beginnt, die Kommunikation unter den Menschen zu prägen. Das Dschungelcamp erzeugt den Dschungelton. »It's a jungle out there ...« Bestimmt werden nun viele Manager so einen Dschungelton annehmen, wenn sie Mitarbeiter beurteilen. »Sie gehen heute so frisch herum wie unser abgelaufener Kantinensalat!«

Tabuverletzungsklamauk

Politiker eifern jetzt nach Kräften dem »Dieter« nach. Prominente müssen sich alles Mögliche gefallen lassen, zum Beispiel Finanzminister Schäuble von »Griechen« - da kommen gleich Kommentare, die das Wort »Nazi« unbefangen benutzen. Kanzlerin Merkel wird jeden Tag sehr ungalant als »Mutti« bezeichnet. Es geht schon lange zu weit und ständig noch weiter. Es scheint wohl schwer, noch Steigerungen zu finden. Die Medien üben sich in derbsten Sprüchen - und wenn »der kleine Mann« sich mit nur mäßigem Talent in Internetkommentarspalten um ebensolche bemüht, ist es endgültig purer Flachsinn geworden.

Ich habe jetzt das Pech, dass Donald Trump als Präsidentschaftskandidat antritt, aber dieses Buch schon kurz vor der Wahl in die Produktion geht. Trump lässt zurzeit absolut berüchtigte Sprüche im Vorwahlkampf ab. Tag für Tag einen Aufreger nach dem anderen. Seit Monaten lesen wir die Kommentare dazu. Tenor: »Damit gewinnt man keine Wahl.« Nun, da Trump genug Stimmen zusammenbekommen hat, um gegen Clinton anzutreten, stellen alle fest, dass sie den Flachsinn von Trump gnadenlos unterschätzt haben. Es ist also nicht so, dass sich nur Tölpel oder Unfähige in exzessive Formulierungen flüchten - nein, sogar Präsidentschaftskandidaten machen ein Kalkül daraus.

Trump degradiert den ganzen Wahlkampf zur Schlammschlacht.
»Sperrt sie ein!« –»Lock her up!«, skandieren hysterische Massen
auf Trumps Veranstaltungen und steigern sich in Hass hinein. Da
sind die meisten Leute so angewidert von dem ganzen politischen
Affentheater, dass sie einfach nicht wählen gehen. Dann aber reichen vielleicht die Stimmen eines johlenden Fünftels, das norma-
lerweise nicht wählen geht, zusammen mit den Erzstammwählern
aus, um Präsident zu werden. Schlammschlachten führen dazu,
dass sich die Gruppierungen der Leute, die wählen gehen, und die,
die nicht wählen gehen, ändern. Jetzt wählen eben mehr Schlamm-
interessierte mit als vorher. Das wird Wahlergebnisse bescheren,
die den Nichtwählern dann nicht passen, und wir hauen dann
gleich danach wieder auf uns ein, ob Demokratie eigentlich gut ist.

Kurz vor der Fußball-Europameisterschaft, bei der der Name
des Spielers Jérôme Boateng oft als Kandidat für die Rolle des
Mannschaftskapitäns genannt wird, erscheint auf *Spiegel Online*
diese Nachricht:

Der stellvertretende AfD-Vorsitzende Alexander Gauland hat
mit fremdenfeindlichen Äußerungen den Fußballnationalspieler
Jérôme Boateng beleidigt. »Die Leute finden ihn als Fußball-
spieler gut. Aber sie wollen einen Boateng nicht als Nachbarn
haben«, sagte Gauland der Frankfurter Allgemeinen Sonn-
tagszeitung. *Der in Berlin geborene Boateng ist der Sohn einer*
deutschen Mutter und eines ghanaischen Vaters.

Das ist offenbar ein kalkulierter Tabubruch zum Zweck jedweder
Aufmerksamkeit. Die fällt natürlich negativ aus. Es hagelt Proteste
und Distanzierungen, aber die Fußball-EM hat jetzt Schmutz ab-

bekommen und muss sich mit der extremen AfD-Partei auseinandersetzen.

Und in dieselben Tage fällt das »Gedicht« von Jan Böhmermann, in dem er den türkischen Präsidenten so sehr aufs allerübelste beschimpft, dass allen der Atem stockt. Die extreme Überhöhung durch viele dicht gepackte Vokabeln aus der Geschmacksklasse »Ziegenficker« wird von Böhmermann als »Kunstwerk« oder »Satire« bezeichnet, damit es keine Beleidigungsanzeigen gibt. Böhmermann zwingt nun alle, zu seinem »Kunstwerk« Stellung zu nehmen. »Ist das Kunst?« Damit müssen nun alle ins Schlammbecken niedersteigen und erklären, wie sauber sie das finden. Ich selbst war ziemlich erschrocken, dass jemand so etwas formuliert. Darf ich den Ton bitteschön daneben finden? Nein, darf ich nicht, denn dann bin ich sofort gegen Kunstfreiheit und Pressefreiheit. Alle diejenigen bekommen positive Aufmerksamkeit, die sich an die Seite Böhmermanns stellen. Sie verteidigen nämlich die absolute Freiheit. Ein Bundestagsabgeordneter liest das Gedicht sogar im Bundestag als Teil seiner Rede vor, er ist strafrechtlich immun und kommt natürlich so lange ins Fernsehen, wie er es - schätze ich einmal - in seinem gesamten Vorleben insgesamt nicht geschafft hat. Grundsätzlich gesehen darf Freiheit nicht ausgenutzt werden, sie muss verantwortlich gelebt werden. Von Verantwortung ist in der ganzen Schlammschlacht überhaupt keine Rede. Ist das nicht eine der Hauptursachen, warum der Flachsinn so blüht?

Die Öffentlichkeit nimmt das Spektakel amüsiert hin und lässt sich die Kunstdeklaration gefallen, weil der türkische Präsident bei den Deutschen ziemlich verhasst ist. Frage: Wenn solch ein Gedicht nun formal Kunst und Satire wäre, dürfte man dann ein ebensolches über einen beliebten Deutschen ablassen? Nein, oder? Was ist dann aber Gerechtigkeit?

Jan Böhmermann rettet sich in die Öffentlichkeit - denn sein nächster Coup folgt: Er schleust absolut unmöglich geschauspielerte Kandidaten bei der Sendung »Schwiegertochter gesucht« ein und filmt alles heimlich mit, was bei der Vorbereitung der Sendung geschieht. Es folgen schwere Vorwürfe gegen die RTL-Moderatorin Vera Int-Veen, und der folgende Mini-Skandal wird unter

»Vera-Fake« bekannt. Die eingeschleusten Kandidaten hatten sich mit völlig absurdem Benehmen vorgestellt und wurden zur eigenen Überraschung sofort angenommen. Bei den Filmaufnahmen wurden sie dann aufgefordert, sich noch extremer (!) aufzuführen. Ist also alles nur Show? Wir hatten es geahnt, nun wissen wir es. Und wir können uns die Verhältnisse bei anderen Sendungen wie z. B. *Frauentausch* dann ja denken. Das tun wir nicht, wir wollen das nicht wissen. Schlammbaden ist gut.

Ex-RTL-Chef Helmut Thoma verrät in einem langen Interview mit *Focus Online*, das Sie im Netz finden können, unter anderem:

Sie müssen davon ausgehen, dass das alles mehr oder minder zusammengestellt ist. Ob das jetzt Der Trödeltrupp *ist oder* Reportagen über Messies. *Höchstwahrscheinlich kann man sich da bewerben und dann wird die eigene Wohnung in eine Messie-Wohnung verwandelt. Es ist alles gespielt und nichts wahr. Die Leute lieben es, wenn sie eine scheinbare Realität vorgespielt bekommen. Zusätzlich hat es an ungeheurer Bedeutung gewonnen, aus dem simplen Grund, dass es wirklich billig ist ...*

Es ist alles »scripted reality«, also per Drehbuch Erfundenes, das dann mit realen Darstellern möglichst wie real vorgespielt wird. Man sucht also seltsame Menschen mit speziellen Eigenarten, übertreibt das Ganze noch »künstlerisch« und macht eine schöne billige Sendung daraus. Je extremer, umso mehr Zuschauerquote.

Es ist heute in manchen internetresistenten Kreisen Mode, die Inhalte im Internet als nicht zumutbar zu erklären. »Man kann nicht mehr unterscheiden, was nun echt ist, was gelogen wurde und wobei man auf den Leim gelockt werden soll. Wir raten vom Netzkonsum ab. Da ist zu viel Betrug«, bringt man als Rechtfertigung.

Aha. Und im Fernsehen ist es nicht »Betrug«, sondern gern gesehene »scripted reality«. Ist dann auch der Wahlkampf in den USA »scripted reality«. Meint AfD-Vize Gauland, was er sagt? Oder geht es ihm um das aufjohlende Fünftel, das seiner Partei bald eine

Menge realer Posten beschert, wo man dann »scripted politics« betreiben kann?

Es entstehen zu viele Sudelgebiete, deren Ersterschließende damit einen viel zu großen Erfolg haben. Schlamm ist oft eine gute Grundlage für fabelhaftes Business. Schauen wir uns die Profis einfach mal näher an.

Die Strategien der
Aufmerksamkeitsprofis

Wer könnte uns in unserer wachsenden Verschiedenheit doch irgendwie einigen? Auf Grundwerte einstimmen, einen Zusammenhalt herstellen und uns solidarisch sein lassen? Die Politik? Die Wirtschaftsführer? Die sind auch immer uneiniger und scheinen keine konsistenten Werte mehr zu vertreten, sie verkünden die Losung des Tages. Sie ersetzen Taten durch Ermahnungen, Appelle oder Aufrufe, sie versprechen Wunderheilung durch absolut sichere Patentrezepte und beteuern ständig, dass sie alles im Griff haben. Echte Wirkung wird kaum noch angestrebt, man setzt uns kleine Leuchtturmprojekte vor, die signalisieren sollen, dass »alles im Lot« ist. Man setzt Preise aus und kommt zum Preisverleihungsfoto für die Presse. Verantwortungsübernahme und Meisterschaft im Tun werden vorgegaukelt. So bekommen Profis Aufmerksamkeit.

Noch strategischer gehen Aufmerksamkeitsspekulanten vor, die Auf-und-nieder-Schwankungen der Art »Hosianna« und »Kreuziget ihn!« bewusst erzeugen, um daraus finanziellen Gewinn zu erzielen.

Das trügerische Geschäft mit Cargo-Kulten und Heilslehren

Kennen Sie die Cargo-Kulte aus Melanesien? Im zweiten Weltkrieg landeten die gegen Japan Krieg führenden Amerikaner auf kleinen Inseln im Pazifik, auf denen sie Landebahnen für Cargo-Flugzeuge planiert hatten. Die Amerikaner hatten damals fast keinen Kontakt zu den Ureinwohnern, die staunend an den Landebahnen starrten und die ankommende Flugzeuge mit den Gütern für etwas Göttliches hielten. Sie sahen, wie Amerikaner zuerst Landebahnen und einen Tower bauten und dann jedes Mal erstaunliche Wunder geschahen: Immer wenn ein Amerikaner den Tower bestieg und dort anscheinend (zu den Ahnen?) betete, passierte stets etwas Seltsames: Nach kurzer Wartezeit landeten Cargo-Flugzeuge auf den Landebahnen. Diese Flugzeuge kamen aber immer nur dann, wenn Amerikaner im Tower irgendetwas Geheimnisvolles sprachen! Aus dieser Beobachtung entstanden auf vielen Inseln die sogenannten Cargo-Kulte. Die Ureinwohner erbauten hoffnungsvoll Landebahnen und dazu immer einen Tower, aus dem heraus sie nun seit langer Zeit die Flugzeuge heranrufen und darauf warten, dass ihre verstorbenen Ahnen ihnen aus dem Himmel Reichtümer schicken.

Es gibt einige sehr eindrucksvolle Videos dazu auf YouTube. Surfen Sie doch einmal unter »Cargo Cult YouTube waiting is the hardest part« und schauen Sie sich das alles für ein paar Minuten an. Der Titel des Videos sagt ja schon alles: Sie haben alles penibel analog zu den Amerikanern aufgebaut, aber es kommen keine Flugzeuge. [Ich weiß gar nicht, ob das Video echt ist – das ist hier nicht von Belang. Ich möchte Ihnen nur das wunderschöne Vorstellungsmodell des Cargo-Kultes einimpfen – dass eben Leute oft an etwas glauben, was sie aber im Kern nicht verstanden haben.]

Es gibt eine berühmte Rede des Physik-Nobelpreisträgers Richard Feynman, in der dieser den Begriff des Cargo-Kults populär machte, er schrieb darüber auch in seinem bekannten Buch *Sie belieben wohl zu scherzen, Mr. Feynman.* Seither wird der Begriff des Cargo-Kults im Sinne Feynmans oft metaphorisch benutzt: Er kennzeichnet (hoffnungslose) Versuche von Menschen, bestimmte Umstände genau so einzurichten, wie sie einmal waren, »als ein Wunder geschah«. Dann erwarten sie ein Wiedererscheinen des Wunders, was aber nie eintritt, weil sie etwas Wesentliches beim Beobachten des Wunders nicht begriffen hatten.

Im Kampf der Meinungen und Gegenmeinungen sehen wir heute sehr oft solche Cargo-Kulte.

Beispiele:

- Ein höheres Funding der Universität führt zu Nobelpreisen.
- Der Aufbau von Innovationszentren bringt über entstehende Start-ups Reichtum.
- Nach der Motivierung der Mitarbeiter mit einem Begeisterungs-Event steigt der Gewinn.
- Nachmittagsunterricht verbessert die Bildung (weil Finnland damit Erfolg hat).

Da sehen sich die Politiker um. »Aha, amerikanische Spitzen-Universitäten schwimmen in Geld und bieten bessere Arbeitsbedingungen. Da bekommen sie die besten Leute. Gut, wir geben einmal ein bisschen Geld an Eliteuniversitäten und schauen, was in fünf Jahren an Nobelpreisen herauskommt.« - »Aha, im Silicon Valley gibt es so viele Erfinder, weil sie alle zusammenhocken und sich gegenseitig befruchten, helfen und motivieren. Wir bauen jetzt auch überall Gründerzentren hin.« - »Aha, in den reichsten Firmen sind die Mitarbeiter hoch motiviert und gehen Extrameilen. Das machen wir jetzt auch. Wir begeistern sie von unserer Firma, so gut das geht. Wir fordern sie einfach auf, begeistert zu sein. Das hilft ihnen ja selbst auch.« - »Aha, Finnland hat Nachmittagsunterricht, daran wird es liegen, dass sie bessere PISA-Zahlen als Deutschland vorweisen können. Okay, dann machen wir das auch.«

Im Grunde sehen diese Politiker immerhin so weit, dass man einen Tower und eine Landebahn bauen muss. Das stimmt, aber es müssen irgendwann auch Flugzeuge kommen. Es muss in den genannten Beispielen eine Aufwärtsspirale zu höherer Exzellenz eingeleitet werden. Dazu reichen die simplen (»dumm einfachen«) Maßnahmen nicht. Ich habe dazu im Buch *Schwarmdumm* ein langes Kapitel über das Verwechseln von Korrelationen mit Kausalitäten geschrieben. Viele Menschen schauen sich Superbeispiele vom Erfolg anderer an und versuchen dann, die Unterschiede zu sich selbst zu finden. »Aha, das großartige Finnland hat Nachmittagsunterricht, wir aber nicht. Daran muss es liegen, das ändern wir hier auch und sind sofort aus dem Schneider.« - »Aha, die haben Gründerzentren und wir nicht.« Diese dumm einfachen Erwägungen halten sich keine Sekunde mit der Reflexion über Bildung, Motivation, Innovationsgeist oder Exzellenz in der Forschung auf. Das Trivialdenken sieht, dass »Landebahnen und Tower« gebraucht werden. Die bauen die Flachsinnigen und warten auf das Heil. Ich will jetzt nicht völlig abstreiten, dass sich mit der Zeit vielleicht doch noch Erfolge einstellen könnten, aber ich weise hier darauf hin, dass das Eigentliche des Problems, das Einpflanzen neuer Vorstellungen von Bildung, Innovation, Exzellenz und Leidenschaft für Erfolg in Menschen, meist gar kein Thema ist ...

Wenn wir uns damit tiefer befassen würden, könnten wir auch die »genial einfachen« Lösungen finden. Die aber müssen wirklich tiefsinnig diskutiert werden.

[Cargo-Kulte sind heilige Stätten des Flachsinns.]

In den USA würde man das letzte Statement für politisch inkorrekt halten. Es klingt so, als würde ich mich über die melanesischen Ureinwohner lustig machen. Das tue ich nicht. Jeder von uns kann sehr gut verstehen, was der Einbruch der Superzivilisation in einem durch den Glauben an die Ahnen bestimmten Stamm auslösen mag. Diese Menschen waren nicht etwa dumm, sie dachten in ihrem Sinne sogar etwas Kluges. Sie hatten keine Kenntnis von der hoch technisierten Welt fernab. Unsere Politiker aber können nach Finnland oder ins Silicon Valley reisen und sich alles genau ansehen und erklären lassen. Das tun sie auch, kommen aber trotzdem mit einem Cargo-Kult zurück.

Kommen sie nun nur einfältig oder echt gläubig zurück? Oder sind sie gerissen und lassen uns den Cargo-Kult annehmen, damit sie uns schnelle Lösungen aller Probleme ohne viel eigene Arbeit bei Wahlen versprechen können? »Wählt mich, ich sorge für den Bau von Towern und Landebahnen.« Ist das authentisch? Berechnend? Manipulativ?

Politiker lehnen sich sehr oft in dieser Form lässig zurück: »Meine Aufgabe bestand darin, xxx in unserem Land zu stärken. Das habe ich getan. Ich habe eine Milliarde Euro Kredit aufgenommen und sie auf Kosten der armen Steuerzahler in xxx gepumpt. Jetzt müssen wir nur noch kurz auf den Erfolg warten.« Cargo-Kulte ersparen gewaltig viel Arbeit, aber die Tower und die Landebahnen werden durch das leichtgläubige Volk erarbeitet und bezahlt, das als Masse eben auch keine bessere Lösung sieht als das oberflächliche Agieren.

Wollen wir einmal einen der neueren Cargo-Kulte anschauen? Man kauft sich heute »Superfood« und fühlt sich richtig toll dabei. Ich will mit solchen Beispielen sagen: Wir alle sind ein bisschen Melanesier. Oh, bevor ich gleich etwas über Chia-Samen sage: Damals wollte man die Melanesier von ihrem Glauben abbringen. »Die Flugzeuge und die gute Nahrung sind hart von Amerikanern erarbeitet! Harte Arbeit führt zum Glück aller Amerikaner«, sagte man ihnen. »Das Glück kommt nicht einfach vom Himmel.« Das glaubten die Melanesier nicht, deshalb brachte man einige von ihnen in die Autofabriken von Detroit und wieder auf die Inseln zurück. Sie glaubten es immer noch nicht. »Wir haben in Amerika zwar harte Arbeit gesehen, aber keine glücklichen Menschen.«

Zurück zum Thema: Chia-Samen sind sicherlich irre gesund. Es sind winzige Körner so wie vom Mohn. Sie quellen im Speichel schnell auf, man hat einige davon wie gefühlte Fischeier in den Zahnlücken. Chia-Samen sind »Superfood« wie auch Quinoa, Chlorella-Algen-Perlen, Lucuma, Süßlupinen, Maca-Knollen, Aloe Vera, Eiszeit-Quellwasser, Chlorophyll-Grassaft, der Unsterblichkeitspilz Reishi und natürlich Dinkel. Paleo-Diät oder Steinzeiternährung ist im Kommen. Chia-Samen fördern die Verdauung, Goji-Beeren stärken das Immunsystem, Acai-Beeren machen schlank (Oprah Winfrey hat das gesagt!).

Diese Nahrungsmittel sind alle im höheren Preissegment angesiedelt. Natürlich. Sie sind es sicher wert. Es gibt schließlich bereits vorläufige Studien von Lebensmittelherstellern dazu! Natürlich gibt es auch wieder gegenteilige Skeptiker-Studien, die absolut nicht finden, dass Superfood besser ist als etwa der gute alte geschrotete Leinsamen, aber wir glauben nach und nach: »Superfood is very good.« Am besten mit Detox-Tee und Achtsamkeitsübungen dazu. »Colbert-Maximilian, du musst noch deine zwei Löffel Chia-Samen einnehmen! Colbert-Maximilian, komm zurück, das ist wichtiger als Pünktlichsein in der Schule!« Da fällt mir nur das Wort »Superfoodsie« ein, gesprochen wie Superfuzzi. Ach, die Kinder haben es gut. Meine Mutter hat sich vor gut fünfzig Jahren auch solchen Theorien gewidmet. Wir bekamen jeden Morgen eine Kalktablette für unsere Knochen und mussten einen Esslöffel echten, reinen Lebertrans schlucken - furchtbar eklig. Wir rangen mit dem rebellierenden Ekel und meine Mutter wartete mit dem Löffel in der Hand, dass wir uns nicht übergaben. Es gab damals auch besser schmeckende Präparate wie »Ein Kind braucht Liebe - es braucht auch Tetravitol«, dabei handelte es sich um »Heilbutt-Lebertran in Extrakten von Malz und Orangen standardisiert«. Auf flehentliches Bitten erbarmte sich meine Mutter einmal, kaufte eine Flasche Tetravitol und probierte das mit Orangen gesüßte Tetravitol zuerst selbst. Es schmeckte viel besser, fand sie, und war daher nicht so gesund, fand sie auch. Todesurteil. Es sollte echter Lebertran sein - ohne Zucker, nur aus der Apotheke, nicht aus dem Reformhaus, pfui. Im Winter dafür jeden Tag eine echte Orange, die aus der Wintervorratsspeditionskiste geholt wurde. »Sehr teuer, sehr gesund«, fand meine Mutter. Zwischendurch Grapefruitsaft mit Sauerkrautflüssigkeit. Ich bin sehr froh, dass ich heute kein Kind bin. Meine Mutter hätte jetzt alles ausprobiert, was die *Hör Zu* (heute *Hörzu*) gewollt hätte.

Ich wuchs auf dem Bauernhof auf, mit den desensibilisierenden Keimen aus den Viehställen. Dazu der Sauerkrautsaft und der Lebertran - die haben es gebracht! Ich war als Erwachsener noch nie krank, außer Schnupfen und dergleichen. Meine Mutter war so stolz darauf.

Es geht eigentlich nicht darum, dass das Kind außer Liebe noch Tetravitol braucht. Lebertran ist die reine Liebe. Mein Vater drückte sich oft beim Gesundsein, musste aber mitmachen. Er prägte damals den Running Gag: »Schmeckt nicht, aber ist gesund.« Das sagten wir jetzt immer nach irgendeinem Einnehmen. Es entlastete unsere Körper beim Einnehmen, und meine Mutter glühte dann so schön. Sie verwand den Kommentar meines Vaters niemals. Sie handelte doch aus Liebe, was wir partout nicht verstehen und schon gar nicht danken wollten.

Studien besagen, dass wir auch so genug Vitamine im Essen zu uns nehmen. Hilft nichts, Lebertran muss her, Eskimos sagen das. Es geht darum, dass meine Mutter sich um uns liebevoll sorgte und mit dem Tran bewusst unsere Gesundheit stärkte. Sie fühlte sich gut. Sie liebte uns. Saubere Wäsche war für sie Liebe und gelüftete Zimmer waren es wohl auch. Diese mehr rituellen als beweisbar nützlichen Achtsamkeiten erzeugen einen Placebo-Effekt: Man hat alles getan. Wenn jetzt eine Krankheit kommt, dann ist sie ein unverschuldetes Unglück. Vitaminpräparate sind ein Cargo-Kult. Man nimmt sie zu sich und erwartet die Gesundheit. Wir bleiben dann gesund oder nicht – egal, wir fühlen uns beim Einnehmen gut, es ist wie ein Gebet zu den verstorbenen Ahnen, dass sie uns schützen. Der Placebo-Effekt stellt sich ein, weil wir durch das rituelle »Beten«, also hier das Einnehmen von Lebertran oder das Essen von Superfood, auf das Eigentliche (hier die Gesundheit) mehr achten. Wir behalten durch das Ritual immer im Hinterkopf, dass etwas in der Sache getan werden muss. Wer oft die Kirche besucht, wird immer wieder darauf hingewiesen, dass er ein guter Mensch sein soll. Wer Kochrezepte in der Frauenzeitschrift durchschaut, denkt ab und zu an wirklich gutes Essen.

Rituale und Cargo-Kulte sind also nicht komplett sinnlos, denn sie erinnern uns an etwas, was wir sehnlich erwarten. Ob wir dann aber konkret etwas dazu tun? Fragen wir unser Gewissen: Wie weit hängen wir uns tatsächlich in die Angelegenheit hinein? Wird man bei der Gesundheit nur ein bisschen mehr auf sie achten, vielleicht eine Stunde in der Woche Sport treiben oder gar jeden Tag? Oder wird man lediglich vermeiden, sich »vollzufressen«? Oder zählt man bewusst die Kalorien? Wie viel will man tun? Wie weit ist man schon auf gutem Wege?

Ich will diese Effekte kurz im Unternehmenskontext beleuchten. Wie hält es ein Unternehmen mit Arbeitsplatzsicherheit, Wellness, Gehälterfairness?

Das kann das Unternehmen eigentlich nicht selbst wissen, deshalb kommen hoch bezahlte Berater und definieren zusammen mit dem Top-Management einen Soll-Status. So soll es sein! Die hoch bezahlten Berater kennen nämlich irgendein kleines Unternehmen, wo es mit einer neuen Methode recht gut läuft. Den dortigen Status empfehlen sie allen anderen Unternehmen als »Best Practice«. Ich bin jetzt ein bisschen gallig, weil die verschiedenen Beratungsfirmen manchmal alle gleichzeitig auf dasselbe Musterbeispielunternehmen verweisen. Dann gibt es nur eines? Ist das nicht verdächtig? Kennen die denn alle dieses eine Beispiel oder schreiben sie nur voneinander ab? Ich atme tief durch. Jedenfalls gibt es immer einmal ein Unternehmen, mit dem man einen Soll-Status diktieren kann. Danach kommen schlecht bezahlte Beratungs-»Juniors« und erheben den Ist-Status im Unternehmen. Ist das untersuchte Ist-Unternehmen schon so weit wie das Soll-Unternehmen? Das fragen sie die Mitarbeiter des zu beratenden Unternehmens. Auf solche Fragen soll zwischen verschiedenen vorgegebenen Antworten gewählt werden, die Mitarbeiter machen dadurch Kreuzchen im sogenannten Reifemodell (»maturity model«). Wie gut steht es um die Firma? Zum Beispiel könnte eine Frage lauten: »Widmen Sie sich als Mitarbeiter der eigenen Wellness und achten Sie auf Ihre Lebensbalance und professionelle Gesundheit?«

Die Antwortstufen – die Stufen der Exzellenz:

1. »Noch nie davon gehört!« (noch nicht bewusst damit in Berührung gekommen, »unaware«)
2. »Schon davon gehört!« (dessen gewahr sein, »aware«)
3. »Ich weiß einiges darüber und finde es wichtig.« (Grundkenntnisse, »knowledge«)
4. »Ich probiere es schon ein bisschen und schaue.« (Versuche des Lehrlings, »first practice«)
5. »Ich wende es in Grundzügen mit Erfolg an.« (Grundfertigkeit des Gesellen, »skill«)
6. »Ich bin Experte und wende es professionell an. Alles klappt.« (Meisterschaft, »mastery«)
7. »Ich bin ein Guru oder Maßgebender auf dem Gebiet, ich verbreite die Lehre und erweitere sie. Ich zeige die Erfolge.« (Führender Experte, »world class«)

Es wäre nun sehr schön, wenn wir vieles auf Meisterlevel abhandeln könnten. Wir würden gottgefällig leben und uns aktiv kerngesund halten. Und weiter: Wir könnten mit Konflikten gut umgehen, hielten auch negativen Stress optimistisch gut aus, übernähmen Verantwortung, würden anderen helfen und gingen voran.

In den Unternehmen träumt man von den Meisterlevels wie meine Mutter von der reinen Gesundheit. Man stellt leider meist fest, dass etwas (noch?) nicht stimmt. Zum Beispiel: Die Mitarbeiter sind überlastet und fühlen sich nicht gut. Manche haben Angst vor einem Burn-out, weil es einige schon erwischt hat. Sie haben Angst, das Problem offen zu diskutieren, weil sie unter Arbeitsplatzangst leiden. Das Management erkennt die missliche Lage und dass die fortschreitende Demotivierung bei der Arbeit negativ zu wirken beginnt. Man muss etwas tun! Das sehen jetzt alle ein, die Mitarbeiter und das Management. Das Management setzt sich zusammen und überlegt, worauf es eigentlich ankommt. Die eigentliche Überlastung der Mitarbeiter kann man nicht beseitigen, weil das Unternehmen daraus großen Profit schlägt – mindestens sichert die Überlast das Überleben oder die Bonuszahlungen für das höhere Management.

Da kommt das Unternehmen auf die Idee, die Wichtigkeit der Gesundheit der Mitarbeiter wieder einmal in den Mittelpunkt zu rücken. Bei den Diskussionen im Unternehmensstab sammelt man per Brainstorming wichtige Einzelpunkte, aus denen sich die Gesundheit zusammensetzt. Dafür nimmt man sich tatsächlich und wahrhaftig eine knappe Stunde Zeit. Man beschließt nach einiger Diskussion dann doch sehr schnell (weil sich gleich danach ein wirklich wichtiges Meeting anschließt) eine Liste von »Punkten, die wichtig sind«:

- Wellness
- Work-Life-Balance
- Positives Umgehen mit Stress
- Begeisterung für das Unternehmen empfinden
- Erfolg macht glücklich und sichert die Arbeitsplätze

Natürlich arbeiten die Manager, die das alles im Meeting beschließen, nicht selbst an dem Problem, weil sie unter extremer Überlast stehen. Sie lassen Stabsleute nach konkreten Maßnahmen fahnden, mit denen die neue Gesundheitsinitiative inhaltlich gestützt und untermauert werden kann. Die rühren sich erst nicht, weil sie auch überlastet sind, reichen dann aber doch einzelne Vorschläge ein, weil man ihnen Druck macht – Druck ist in Unternehmen ein Zeichen, dass etwas ernst genommen werden soll. Es ist nicht gut, etwas ohne Druck zu tun, weil es dann ja nicht ernst ist. Wenn man aber etwas unter Druck erledigt, muss es nicht wirklich gut sein, weil man unter Druck kaum Zeit hatte, etwas Vernünftiges auszuarbeiten. Ohne Druck sollte man also gar nichts tun, unter Druck Entstandenes darf immer halber Murks sein. Deshalb ist in heutigen Unternehmen stets alles halber Murks. Die typischen Vorschläge lauten dann so:

- Kostenlose Zeckenimpfung für alle Mitarbeiter
- Informationsveranstaltung zum schon seit zehn Jahren geplanten Firmenkindergarten
- Stressbeauftragte erklären dem Management, woran man frühzeitig Burn-out erkennen kann.
- Im Jahres-Kick-off wird Begeisterung in den Mittelpunkt gestellt, dazu werden Trommler und Paralympics-Sieger eingeladen, die den Mitarbeitern zeigen, wie praktisch jeder trotz extremer Widrigkeit noch Gold gewinnen kann.
- Glückliche Helden der Arbeit werden im Video festgehalten.
- Die Gesundheit wird in Newslettern thematisiert. Jede Woche erklärt ein gesunder Mitarbeiter, wie er sich durch begeisterte Leistung fit hält und selbst motiviert.

Das Top-Management ist damit zufrieden. Es geht über allen Murks hinweg, weil ja sonst ein neues Meeting einberufen werden müsste und weil die Zeit bis zum Kick-off knapp wird. Für den Jahres-Kick-off bestellt es noch Kaffeepötte mit der Inschrift »Success makes cool & happy«, was zu lang ist und dann auf Krawatten und Halstücher soll. Für einige Zeit ist nun nur noch von der Gesundheit der Mitarbeiter die Rede. Mails aus dem Management, Kurzbotschaften in Meetings und zu »Health-Advocats« ernannte Mitarbeiter preisen auf dem Jahres-Kick-off die überragende Wichtigkeit der

Mitarbeitergesundheit –»für die jeder Einzelne verantwortlich ist, wozu er jede Hilfe aus dem Gesundheitsteam der Marketingabteilung bekommt – die Flyer liegen am Ausgang aus«.

Die Hoffnung ist es, dass durch dieses »konzertierte Maßnahmenbündel der Rahmen geschaffen ist«, jedem ein eigenes »To-do-Paket aus persönlich zugeschnittenen Aktivitäten« erstellen zu können. Das Management ist sehr zufrieden mit dem Widerhall bei den Mitarbeitern. Diese sind froh – zumindest die Unbedarften und die Jüngeren – dass das Problem der Überlast endlich vom Management erkannt wurde und nun energisch angegangen werden soll. Sie finden die ersten Maßnahmen des Managements allerdings noch zu dünn, aber es ist ja noch zu früh, die mittelfristigen Erfolge zu feiern.

Lassen Sie uns in diesem (sorry, etwas sehr realen und daher sarkastischen) Beispiel nun schauen, wie groß die Fortschritte sind, die das Unternehmen in der Exzellenzskala vorweisen kann. Fast alle Mitarbeiter sind auf Stufe 3 bis 4 angelangt, sie verstehen die Gesundheit und finden sie wichtig. Einige wenige engagieren sich und bewirken wirklich etwas Wesentliches in ihrem Leben. Das war's. Zu einer wirklichen allgemeinen Veränderung (ab Stufe 5) kommt es nicht, weil die Bewusstseins-Kampagne nach einigen Wochen durch eine neue abgelöst werden muss. Es wird nämlich bedrohlich offenbar, dass sich das Unternehmen nicht genügend um Innovationen kümmert. Das hat der Vorstandsvorsitzende bei einem Besuch des Silicon Valley bestürzt erkennen müssen.

Er ruft bei seiner Rückkehr seinen Stab zusammen. Sie beschließen, statt des üblichen Brainstormings nun alle Mitarbeiter in die neue Methode des »Design Thinking« einzuweihen. Innerhalb eines Jahres werden alle Mitarbeiter eine halbtägige Einführung in diese neue Methode erhalten. Sie werden Ideen wie am Fließband produzieren – so die Hoffnung und der Anspruch des neuen Programms. Die beste Idee soll beim nächsten Jahres-Kick-off mit einem Preis bedacht werden, mit einem iPad, dessen Chassis im Corporate Design gehalten ist ...

Wieder wird allen Mitarbeitern die Wichtigkeit, diesmal von Innovation, klargemacht werden, sie werden lernen, Ideen miteinander zu diskutieren und auf den Kunden auszurichten. Das freut das Top-Management sehr, aber die Ideen werden nie umgesetzt, weil die Methode eben nur die Idee entwickelt. Einige Mitarbeiter kommen auf die Exzellenzstufe 4. Sie wenden die Methode für erste Versuche einigermaßen gut an. Innovation kann doch aber nur im Meisterlevel gelingen?! Ist die Hoffnung die, auf dem Lehrlings- oder Gesellenniveau Milliarden zu scheffeln?

Immer wieder initiiert das Management eine Art Aufklärungskampagne, die den Mitarbeitern wichtige Prioritäten klarmacht und sie grob in die Problematik einführt. Jetzt – so denkt das Management – lösen die Mitarbeiter das Problem von selbst. Die »Unternehmensprogramme« aus dem Unternehmensstab sind wie Landebahnen und Tower, nun warten alle auf Cargo-Flugzeuge. Es ist nun nicht so, dass gar nichts passieren würde. Einige Mitarbeiter arbeiten ja wirklich an ihrer Gesundheit, einige kommen wirklich mit innovativen Ideen. Das ist das eigentlich Furchtbare, denn nun glaubt das Management an den Erfolg der eigenen Cargo-Kulte und produziert alle halbe Jahre einen neuen. Aber niemals wird allgemein im Unternehmen das Lehrlingsniveau überschritten.

[Der Placebo-Effekt wird liebend gerne für echte Wirkung gehalten.]

Die Einzelnen, die sich plötzlich durch die Kampagne aufgerafft haben, etwas zu tun, werden allen anderen Mitarbeitern als Helden der Arbeit vorgestellt. Nun werden sich alle Mitarbeiter diese Helden zum Vorbild nehmen! Ganz bestimmt! »Seht, so kann es gehen, und so geht es auch! Wir schaffen es!«

Mir fällt oft bildlich die Kinnlade herunter – so erstaunt bin ich, dass die Manager diese Grundsteinlegung wie einen schon endgültigen Triumph feiern. Sie haben doch nur etwas »angestoßen«. Aber sie sagen so hochehrlich und stolz: »Ich habe da etwas sehr Wichtiges angestoßen«, dass es einem kalt den Rücken hinunterlaufen kann. Sie haben doch nur einen neuen Cargo-Kult initiiert! Sie werden fast nichts über die ersten Lehrlingsgehversuche hinausbringen. Wie kann das sein? Sieht das Management nicht zwei Schritte weit? Kommt denn nichts über den Flachsinns-Level hinaus?

Ich glaube, die meisten Manager sehen nur befriedigt, wie sehr sie in der Firma über den neuen Hype reden, den sie selbst angestoßen haben. Sie sehen eine Wirkung, weil darüber gesprochen wird! Jeder weiß nun Bescheid und probiert ein bisschen herum. Das neue Thema ist jetzt per Befehl auf der Agenda jedes Abteilungsmeetings. Darauf sind die Initiatoren schon stolz. Sie kümmern sich fast nicht mehr darum, ob auch etwas am Ende herauskommt. Deshalb geschieht außer den Cargo-Kult-Inszenierungen nichts. Es wird nichts wirklich angepackt. Nach einigen Wochen und Monaten fragt das Management, wie es denn mit dem neuen Thema stehe. Sind denn nun mehr Frauen befördert worden? Fühlen sich die Mitarbeiter besser? Sie beraumen Meetings an und lassen sich berichten. Nun holt man einige wenige, die die Maßnahmen wirklich umgesetzt haben. Man präsentiert sie als Beweise, die authentisch mit »Ich sehe Stress jetzt positiv und kann noch viel mehr arbeiten« aufwarten können.

Da ist das Management zufrieden, weil es auch zufrieden sein will. Das Management fürchtet sich stets vor ernsten Problemen, vor einer »neuen Baustelle«. Da schüttet man ein bisschen Beton in die Baustelle und hofft, dass sich alles doch noch beruhigt. Das tut es ja auch - temporär. Man hat auf etwas, was nicht gut lief, mit einer Maßnahme reagiert. »Nun warten wir die Wirkung ab.« Ein bisschen Wirkung stellt sich dann auch ein - als bloßer Placebo-Effekt.

Inflation der Appelle, Kampagnen und Programme

Es werden verschiedene Maßnahmenbündel in Angriff genommen. Doch es gibt deutliche Unterschiede zwischen denen, die Cargo-Kulte etablieren, und dem, was erfolgreiches Agieren wäre. Maßnahmenbündel wären beispielsweise:

- Appelle (»Nun mach schon!«)
- Leuchtturmprojekte (»Nehmt euch dies zum Beispiel, jeder von euch kann es auch«)
- Kampagnen (»Seht her, so sollt ihr das immer machen«)
- Programme (»Ab jetzt durchlaufen alle dieses Programm«)
- Dauerhaftes Leben des Neuen (neue Gewohnheiten)

Manager oder Politiker möchten etwas in unserem Leben dauerhaft und nachhaltig verändern. Wir sollen uns anders verhalten. Sie versuchen es zuerst mit Appellen, das kostet fast nichts und wird deshalb inflationär probiert. »Werft doch keine Lebensmittel weg!« – »Freut euch über die neuen Mitbürger!«

Wenn man an Menschen appelliert, geht es wieder um eine Art phatische Kommunikation, die so etwas wie »mach doch das mal, nun komm schon« sagen und damit beeinflussen will. Ich gehe also zum meinem Kind und stupse es an. »Nun komm, putz schnell noch deine Zähne, bevor wir gehen.« Dann brummelt das Kind und putzt oder auch nicht. »Du kriegst auch ein Küsschen!« Brummel, brummel. Ich erkläre dem Kind dabei nicht wissenschaftlich oder moralisch, warum es die Zähne putzen soll. Es tut dem Papa den Gefallen oder es möchte keinen Kummer bereiten. Der Arzt sagt zu mir: »Nun machen Sie doch mal Sport.« Es gefällt mir nicht richtig. Brummel, brummel. Na gut, ich bewege mich etwas mehr. Immer ist da jemand, dem zu Gefallen wir etwas tun, was eigentlich vernünftig ist, aber aus anderen Gründen unterbleibt. »Nun schnall dich doch an, Kind.« – »Ach, das ist unbequem.« – »Nun mach schon.« Brummel.

Wenn aber Appelle fruchten sollen – das ist ein entscheidender Punkt –, so sollte das Verhältnis der beiden Seiten belastbar gut sein. Die eine Seite appelliert, die andere reagiert mit »na gut«. Wenn Papa, Mama oder der Chef geliebt oder geschätzt werden, brummelt man ein bisschen und macht's. Na gut! Appelle helfen nicht bei jedem »Papa«, sondern nur bei einem einigermaßen lieben Papa. Aber sonst? Was passiert, wenn das Verhältnis schlecht ist? Wie fühlen Sie sich, wenn Sie von einem schwach verhassten Chef so angesprochen werden: »Nun verstehen Sie doch, die

Ergebnisse stimmen nicht, und da muss Ihre Gehaltserhöhung zurückstehen.« Das dürfen sich nur manche Chefs erlauben, aber ungeliebte sicher nicht. Appelle funktionieren dann, wenn uns einer ermahnt, von dem wir uns etwas sagen lassen. Was immer Mahatma Gandhi oder Richard von Weizsäcker uns zu Syrien gesagt hätten, hätten wir uns sagen lassen. Sie hätten uns nichts Berechnendes und nichts Taktisches gesagt, sondern etwas, worauf wir mit »na gut« reagiert hätten.

Damit sie erfolgreich sind, kommt es also vor dem Appell darauf an, dass man gegenüber dem zu Ermahnenden eine Position erworben hat, aus der heraus der Appell als legitim empfunden wird. Das wird nie wirklich verstanden. Man denkt, dass die Sache für sich spricht. Man denkt, dass sich Vernünftiges sofort in Verhaltensänderungen niederschlägt. Man sagt: »Putz die Zähne«, und sogleich putzt das Kind lebenslang! Nein, das reicht so nicht! Zur Verhaltensänderung muss auch das Herz überzeugt und der Wille aktiviert werden. Deshalb kommt es sehr darauf an, wer die Verhaltensänderung in welchem Ton anregt. Zum Beispiel mag es gut sein, dass Finanzminister Schäuble absolut gute Vorschläge zur Sanierung Griechenlands macht, aber man nimmt sie ihm ohne Ansehen ihrer Inhalte einfach sauübel, weil er nicht zu unseren und nicht herzlich zu griechischen Herzen spricht. Er ist sehr logisch und nüchtern, ein sicher sehr guter Finanzminister, der von der Rolle her auch so sein soll – aber wenn er sich mit griechischen Herzen phatisch verbinden soll, versagt er ziemlich kläglich. Er hat das Problem, dass sich die Griechen absolut sträuben, sich etwas von ihm sagen zu lassen. Sie empfinden es als nicht legitim.

In der Realität aber appellieren an uns alle möglichen Leute, die nicht wirklich als »Papa« legitimiert sind. Sie ermahnen uns, ohne sich vorher unser Vertrauen erworben zu haben. Politiker appellieren »wähl mich«, was uns ärgert. Wenn mein Nachbar vor der Gemeindekirchenratswahl »wähl mich« bittet, sage ich natürlich: »Mach ich«. Viele Chefs regen »arbeite härter« an, das macht uns böse, aber nicht, wenn der geliebte Chef rausgerissen werden muss, indem wir Überstunden spenden. Viele idealistische Blogger appellieren an uns mit ihren hehren Idealen – die sind oft zu weit weg und zu hart! Nein, von Fremden lassen wir uns nichts überzogen Idealistisches aufdrücken, wir gestehen ihnen solche idealen Forderungen nicht zu. »Wer ist das, der so zu mir redet?« Sie haben sich noch nicht durch Vertrauen legitimiert.

Wenn also jemand per Appell etwas von uns will, der von uns als nicht berechtigt empfunden wird, tun wir ihn als lästig ab. Insbesondere nehmen wir jeden Appell übel, der mit einer gehörigen Portion Selbstorientierung herüberkommt. Viele Politiker stellen an uns ideale Forderungen, nur um auch einmal ins Fernsehen zu kommen. Sie wollen eher Aufmerksamkeit auf sich ziehen als auf das Vorhaben, für das sie werben. Diese übel empfundene Selbstorientierung mindert eben ihre Vertrauenswürdigkeit enorm (ich erinnere an die schon zitierte Vertrauensformel von David Maister). Es hilft nichts:

[
Das Appellieren von Nichtvertrauten oder Selbstorientierten ist ein Cargo-Kult.
]

Nichtlegitimierte oder Selbstorientierte mögen noch so richtige Mahnungen ausstoßen – was soll's! Stellen Sie sich Autofirmen vor, die uns mahnen, umweltbewusst zu fahren! Wir würden glatt mit Hohn über diverse Schummelaffären zurückspucken, obwohl der Appell an sich ja in Ordnung ist.

Beliebte Bla-Bla-Cargo-Kulte durch Appelle von Nichtlegitimierten:

- *Gesundheit und Familie*: »Wir ermahnen Sie als Mitarbeiter, stets auf Ihre Gesundheit zu achten und sich bewusst eine angemessene Zeit für die Familie einzuplanen. Das fällt schwer, das sehe ich an mir, der ich ja selbst vorbildlich der Firma ungezählte Überstunden schenke – klar, das wird mit Ansehen und Karriere belohnt, aber es ist eigentlich nicht richtig von mir selbst, dass ich auch meine jetzt vierte Ehefrau kaum sehe. Dann ist ja eigentlich egal, mit wem ich verheiratet bin, sage ich mir manchmal, wenn mir wieder eine wegläuft. Das habe ich mir oft schon gedacht. Ich sollte mich selbst an das halten, was ich Ihnen dringend empfehle. Ich weiß, ich kneife wegen meiner Karriere. Aber Sie sind ja nur Mitarbeiter und sollten gesund sein, wenn sie weiter keine Karriere anstreben wollen.«

- *Leadership und Führungsverantwortung*: »Es ist wichtig, dass wir neben dem harten Tagesgeschäft, dem wir 99 Prozent unserer Zeit widmen, auch Leader sind. Wir sind nicht nur Manager, die wegen der gewünschten Zahlenziele Überstress machen! Wir müssen uns auch die nötige Zeit nehmen, Leader zu sein. Wir brauchen eine effektivere Kommunikation, müssen zu Innovationen ermutigen und sie energisch vorantreiben. Wir müssen die Mitarbeiter zur Verwirklichung einer Vision motivieren, die Energien durch einen betrieblichen Konsens bündeln, Netzwerke bilden und alle Talente integrieren. Für dieses Unabdingbare haben wir als Top-Management die ungeteilte alleinige Verantwortung, ohne deren Wahrnehmung unser Unternehmen bald vor einem Trümmerhaufen stehen würde. Es geht daher nicht an, dass wir uns gerade jetzt im Tagesgeschäft ausschließlich damit verbrennen, Projektprobleme und sonstige Trümmerfelder zu bereinigen.«

- *Steuern und Bürgerpartizipation*: »Es ist wichtig, dass wir alle, die wir vom Staat und seinen Einrichtungen profitieren, unseren guten Teil zur Gemeinschaft beitragen. Wir sollten stolz darauf sein, unsere Steuern zu zahlen und ehrenamtlich in den Gemeinden zu arbeiten. Ohne diese Partizipation wären wir kaum in der Lage, die Steuern weiter zu senken, damit die Milliardäre wieder hier investieren und nicht in Panama wie manche Politiker.«

- *Bildung und Gemeinschaft*: »Ich rufe alle Eltern auf, die Kinder auf Gemeinschaftsschulen zu schicken. Das wird eine wundervolle Erfahrung sein. Ich habe mich bei vielen Wahlkampfreisen in für meine Partei kostenlos nutzbaren Schulaulen davon überzeugen können. Ich wünschte, meine Kinder könnten auch davon profitieren, leider ist unsere Waldvilla genau neben einem Elite-Gymnasium gelegen.«

- *Grundlegende Innovation und Disruption*: »Im Zeitalter der Digitalisierung ist es wichtig, die einschneidenden Veränderungen mit Begeisterung und Willen mitzuvollziehen. Dazu rufe ich alle Mitarbeiter auf. Wir werden deshalb in allernächster Zukunft grundlegende Veränderungen vornehmen, die eigentlich kaum einen Stein auf dem anderen stehen lassen. Haben Sie keine Angst, an Ihrem Arbeitsplatz ändert sich fast nichts. Für alle die, die nach der Bereinigung noch dableiben werden, besteht kein Grund zur Sorge. Unterstützen Sie das Management! Es ist Ihre Firma. Ich will als Vorbild vorangehen – mein Vorstandsvertrag läuft noch ein volles Jahr, ich kann dann mit einem satten Bonus raus.«

- *Motivation*: »Leidenschaft für die Arbeit ist unabdingbar. Ohne Leidenschaft für das Business werden wir gegen die Wettbewerber kaum bestehen. Wir haben nun einmal nicht die besten Produkte und die beste Mitarbeiterausbildung. Wir haben nicht alles, was wir uns wünschen könnten. Aber bei der Leidenschaft können wir alles wieder wettmachen, weil die ja jeder Einzelne in der Hand hat. Seien Sie also bis in die Haarspitzen motiviert!«

- *Glaube*: »Es kommen immer weniger in die Kirche. Ich zähle heute sieben Gottesdienstbesucher. Die Leute kommen fast nur noch zu Beerdigungen. Wenn das so weitergeht, können wir nicht damit rechnen, den Rest der Bevölkerung umzustimmen, damit wir am Ende doch noch nach unseren seit Jahrhunderten starren Lebensregeln agieren können, die sich Leute aus dem Mittelalter ausgedacht haben, und die Bibel damit irgendwie kompatibel auslegen können.«

Okay, jetzt höre ich mit dem Flachsinn-Sarkasmus auf! Sie sollten ihn eben nur mitempfinden. Ich will sagen: Man merkt sehr deutlich, dass das Herz des Mahnenden bei den Appellen nicht dabei ist. Wir vertrauen ihm nicht. Und dann wendet sich unser Herz ab – aber das ist unabdingbar – und es bildet sich kein beherzter Wille, etwas anzupacken.

Viele Appelle, die nicht als legitim empfunden werden, handeln sich zum Teil grimmige Opposition ein. »Schmeißt doch nicht so viel Essen weg!«, das nehmen viele Verbraucher übel. »Was sollen wir denn machen, wenn es Ingwer oder Peperoni nur in Großpackungen gibt, was soll ein alleinstehender Rentner mit 10er-Packungen Eier oder Zwei-Kilo-Möhren-Beuteln!« Sofort streiten sie sich, wer Recht hat. Es geht hin und her, der Appell hat dann eigentlich nur Aggressionen ausgelöst. Das wollte der Appellierende absolut gar nicht – meist wollte er ja erreichen, dass ihm die glorreichen Positivfolgen seines Appells einen Lobeintrag im Buch der Geschichte einbringen. Weil sich aber stets viele Appellierende um alle verfügbaren Lorbeeren rangeln, bekommen nicht legitimierte Mahner auch prinzipiell Ärger, nicht nur aus sachlichen Gründen. Die reflexhafte gegnerische Opposition, die heute keineswegs mehr ethisch arbeitet, will ja nicht, dass die Regierung mit wirksamen und guten Appellen Erfolg hat und dabei Lorbeeren gewinnt. Und heute im Netz finden sich immer (!) Leute, die etwas an irgendeinem Appell und irgendeiner Sache zu bemängeln haben.

Natürlich erzeugt dieser Punkt wieder Dummheit ohne Ende. Sogar zu allen besten Vorschlägen legen sich die grundsätzlich Oppositionellen quer, sie versuchen stets, das Schlechte und Böse aus jedem Vorschlag herauszuarbeiten.

Das Abwehren von Pluspunkten für den Gegner ist wichtiger als der gute Vorschlag. Selbstorientierung geht vor Ethik oder Fürsorge für das Ganze. Der Vorschlag muss einfach nur deshalb weg, damit es keine Pluspunkte gibt. Das macht uns Bürger madig, wir reden daher von einer Vertrauenskrise der Politik und eines Managements, das eben nur Belohnungen will und gute Vorschläge nur um der Vorschläge willen macht.

Viele Politiker und Top-Manager großer Konzerne stellen sich liebend gerne vor sogenannte Leuchtturmprojekte. Manager fragen herum, wo im Konzern ein gutes Projekt abgeschlossen wurde. Da fahren sie hin und lassen sich mit dem Projekt fotografieren. »Seht, wie ich im Unternehmen Innovation fördere!« Politiker reisen zum Urheber einer guten Tat, holen die Presse dazu und lassen berichten. »Diese gute Tat ist so wunderbar, ich hätte sie selbst genauso vollbracht. Es ist, als ob ich das selbst erfunden hätte! Dieses Projekt beweist, wie wundervoll ich selbst bin. Ach, ihr Fotografen, es ist genug, genug! Kommt mit, ich muss noch zu drei anderen Projekten, ich habe heute meinen gutmenschlichen Tag. Nur Fotos, und dabei haben wir eigentlich gerade eine Krise! Vergesst aber nicht, noch ein kleines Foto vom Projektteam zu machen, sonst ist es enttäuscht.«

Wenn Appelle und das Posieren vor erfolgreichen Projekten nicht mehr weiterhelfen (weil meist das Herz und das Vertrauen fehlen), greift man schließlich zu Kampagnen, bei denen man doch schon etwas arbeiten muss – keine Angst, nicht zu viel!

Eine Kampagne ist eine zeitlich befristete (!) Aktion mit einem im Voraus klaren Ziel. Beispiele für eine Kampagne: Wahlkampagne, bundesweiter Blitzertag der Polizei, Appelle anlässlich des Weltfrauentags, Aufruf zu einer Unterschriftenaktion, Bitte um Altkleider für Flüchtlinge etc. Durch Aktionen und Aktionstage, durch Wettbewerbe und feierliche Preisverleihungen geht man über bloße Appelle hinaus. Man versucht, die Bevölkerung oder Mitarbeiterschaft zu aktivieren. Alle Leute sollen nicht nur ermahnt werden, sondern ein paar Minuten mitmachen oder beim Mitmachen anderer seelisch teilnehmen. Das rückt den Gegenstand der Kampagne für kurze Zeit in den Blickpunkt von vielen.

Solch eine Kampagne (»Gesundheit als Mittel gegen Überlastung im Unternehmen«) habe ich ja schon besprochen, auch dass sie kaum wirkt, weil sie als Cargo-Kult betrieben wird.

Kampagnen gehen über reine Vorschläge und Appelle hinaus. Damit sie zustande kommen, müssen sie zwangsläufig irgendwo abgesegnet sein, weil ja Mittel zur Verfügung stehen müssen. Wofür bekommt man Mittel? Für »grundlegende Veränderungen«? Für »gravierenden Wandel«? Wohl kaum. Für »Feigenblätter« oder »Werbung«? Allemal. Kampagnen, die gut aussehen, haben eine gute Chance. Wir sammeln also einen Tag lang irgendetwas, spenden einen Tag ein bisschen oder wir hören uns zum Weltfrauentag oder zum Weltmännertag geduldiger als ohne Anlass sonst die Mahnungen im Radio an. Es ist ja heute der offizielle Tag dafür. Na gut.

Diesen Absatz schreibe ich am ersten Oktober 2016. Ich schaue kurz nach, welcher Tag heute ist. Oh, übermorgen ist Tag der Deutschen Einheit, es geht dabei wohl um unsere Gemeinsamkeit! Geht es? Warum feiern sie den in Dresden? Wollen sie nicht ohne Demonstrationen feiern? Möchten sie nun Gemeinsamkeit feiern oder Aufmerksamkeit schinden, um den Dissens mit »dem Pack« herauszustellen? – Die Nachrichten lauten: sie konzentrieren gerade Polizisten an den potenziellen Gewaltzentren in Dresden. Na toll!

Auf der Webseite derTagdes.de finde ich sofort, was genau heute so los ist. Am 1. 10. 2016 ist

- Weltvegetariertag
- Internationaler Tag der älteren Menschen
- Internationaler Tag der Musik

Da schau an, gestern und vorgestern waren

- Tag des Deutschen Butterbrotes
- Tag des Übersetzens
- Weltherztag
- Tag der Gehörlosen
- Internationaler Tag des Kaffees

Diese Tage mögen alle gut gemeint sein, jedenfalls haben die Radiosender jeden Tag etwas zu den jeweils heutigen zwei oder drei gleichzeitigen Tag-des-XYZ etwas zu berichten. Aber die dann knapp tausend Tag-des-XYZ wirken nun fast wie Spam. Wir sind müde, jeden Tag zwei verschiedene Tage »des« zu feiern, wir finden es zu viel, jeden Tag an mehrere Dinge erinnert und so etwa alle sechs Stunden zu einem anderen Thema ermahnt zu werden, genau hierauf besonders achten zu sollen und unsere Lebensführung positiv und absolut nachhaltig umzustellen.

Zusätzlich nervt natürlich auch, dass (noch mehr als bei den Appellen) die Initiatoren der Kampagne die Aufmerksamkeit für sich persönlich erwarten. Ihre Namen sollen mit der Kampagne verknüpft sein! »Ich habe diese Kampagne ins Leben gerufen! Meine Partei hat es zuerst gefordert.«

Wir sind deshalb manchmal belustigt oder irritiert, wenn zwei Parteien zufällig fast das Gleiche vorschlagen, was dann eigentlich sofort beschlossen werden kann, weil nun eine große Mehrheit dafür ist. Sie wollen es aber nur beschließen, wenn klar ist, dass sie allein den Ruhm dafür bekommen. Deshalb erfinden die beiden Parteien, die sich in der Sache einig sind, immer noch schnell verschiedene Versionen der ersten gemeinsam getragenen Idee und prügeln sich endlos, welche davon nun siegt.

»Keine Lebensmittel wegwerfen, erst dann, wenn sie schimmeln!« Dann kommen leider die Grünen und empfehlen: »Erst dann wegwerfen, wenn Grünschimmel kommt.« Die SPD propagiert: »Erst bei Rotschimmel wegwerfen, nicht schon bei Schwarzschimmel.« Und die AfD denkt sofort Käse und proklamiert eine Blauschimmelversion.

Die Kampagne hat also »wider Erwarten« nicht gefruchtet? In einer dritten Stufe wird ein sogenanntes »Programm« aufgelegt. Man legt einen Prozessablauf und dazugehörige Regeln fest, deren Befolgung ab jetzt das Verhalten aller dauerhaft verändern soll. Das Management legt zum Beispiel fest, dass sich jeder Mitarbeiter fünf Tage im Jahr weiterbilden soll. Politiker denken sich wieder einmal ein neues Strafpunktesystem für Verkehrssünder aus, damit nun endlich alle brav fahren. Das Mitarbeiterbeförderungsprogramm legt nun nach endlos vielen Kriterien fest, wann wer genau wann objektiv verdient befördert wird - nun ist endlich alles ohne Nasenfaktor gerecht. Solche Programme wirken auch bei Weitem nicht so gut, wie man denkt. Sie werden oft torpediert oder umgangen.

- »Wir haben (seufz) die Fünf-Tage-Ausbildung jetzt einmal so festgelegt, okay. Es muss wohl sein. Ich trage das auch uneingeschränkt mit. Als Manager bin ich loyal, es ist ja ein Managementbeschluss. Aber die Ausbildungsfehlzeiten kosten mich als Abteilungsleiter knapp 3 Prozent Umsatz. Fünf Tage! Ich rede gerade mit meinen Leuten, die sollen das Weiterbilden am Wochenende abfackeln. Sie protestieren! Sie sagen, sie arbeiten am Wochenende doch auch schon für den Umsatz. Na gut, dann tragen wir irgendetwas als Ausbildung ins Zeiterfassungssystem ein, zum Beispiel Meetings, in denen lernt man ja auch etwas, ich rede da zum Beispiel meistens recht lang, das ist ja auch Coaching, ja – so sehen wir das am besten und tragen alle Telefonkonferenzen als Ausbildung ein.«

- »Die Leute rasen weiter auf der Straße. Versteht man das?«
- »Wir haben jetzt diese entsetzlichen objektiven Kriterien für Beförderungen. Da stellen wir plötzlich fest, dass sehr viele Mitarbeiter diese Kriterien erfüllen. Na, die haben wir aus Kostengründen eben nicht befördern wollen. Die haben jetzt alle den neuen Status »eligible«. Wir haben aber, wie gesagt, viel zu wenige höhere Stellen. Deshalb können wir nur die Besten der Eligiblen befördern. Haha, wir haben zusammen mit dem Betriebsrat nur objektiv gemessen, wer »eligible« ist. Wer jetzt aber wirklich befördert wird, entscheide ich nun autonom! Da redet mir keiner mehr rein.«

Ich will sagen: Mit Ermahnungen, Kampagnen und auch mit Programmen lässt sich nicht so einfach eine nachhaltige Verhaltensänderung erzielen.

Das meiste versandet, weil meist alles wie ein neuer Cargo-Kult organisiert wird. Man baut Regeln, initiiert Wettbewerbe und entwirft Kriterien, dann warten alle in tiefem Glauben, alles wende sich zum Besseren.

Und so warten wir. Und warten. Das Verhalten verändert sich nicht dauerhaft. Wir werden ungeduldig. Der Glaube schwindet. Kein Flugzeug landet. Wir verzweifeln. Was können wir tun? Da hören wir hoffnungsfroh, dass es neue Methoden oder Programme geben soll, die bei einer kleinen Firma in Kalifornien sehr gut angeschlagen haben. Nichts wie hin! Ein neuer Kult ist besser als das quälende Warten auf den Erfolg des alten.

Bin ich zu pauschal gewesen? In solchen Kampagnen steckt oft wahnsinnig viel Herzblut der Initiatoren, aber die Herzblut-Kampagnen landen eben auch leider, leider schnell in allerlei

Spam-Ordnern. Es sind zu viele! Zu viele rangeln sich im Attracticon um unsere Huld. Und die Profis veranstalten oft absolut keine Herzblutkampagnen. Damit diskreditieren sie alle anderen. Das Wesentliche verschwindet im Meer des professionell Selbstorientierten.

> Die Aufmerksamkeitsprofis sind meist schon mit der Aufmerksamkeit an sich zufrieden – mehr wollen sie gar nicht. Deshalb fangen sie dauernd etwas anderes an und es kommt nie so weit, etwas zu tun.

Und Sie? Wollen Sie denn nicht ein bisschen Aufmerksamkeit? Es kostet Sie nur etwa 5 000 Euro Preisgeld im Jahr und wenige Tage am Telefon. Sie loben einen Preis für »neue Energie« aus oder für »innovative Produkte für das Altern in Würde«. Sie sprechen hohe Politiker an, ob sie nicht die Schirmherrschaft über dieses zukunftweisende »Leuchtturmprojekt« übernehmen könnten. Die müssen sich nur zur Preisverleihung zeigen (oder gar nichts tun, ihren großen Namen hergeben) und werden von der Presse dabei fotografiert und in Artikeln genannt. Wenn ein Politiker gefunden ist, werden Firmen überredet, das Essen bei der Preisverleihung zu spendieren oder einen Raum zur Verfügung zu stellen. Wenn noch kein Politiker zugesagt hat, werben Sie einfach mit »Angela Merkel angefragt - derzeit finden Kalenderklärungen statt«. Für die Zeremonie der Preisverleihung brauchen Sie nun noch Laudatoren und für die Auswahl der Preisträger ein paar berühmte emeritierte Professoren, die sich freuen, noch einmal in die frische Welt zu kommen.

Viele Gutwillige sind in dieser Weise bereit, würdige Randfiguren bei dem Prozess abzugeben. »Bitte - als Laudator kommen nur Sie infrage!« - »Es ist doch gut für Sie, wenn das Ganze in Ihrer Stadt gefeiert wird! Die Preisverleihung wird zu einem Standortvorteil. Die Stadt muss nur den Sekt für den Empfang bezahlen.«

– »Besonders Sie müssen einfach in die Jury, damit der Preis auch sicher in die verdienten Hände kommt.« Alle machen dann sehr gerne mit, weil sie ja Aufmerksamkeit bekommen.

Man müsste einmal die fiktiv-kalkulatorischen Personalkosten der vielen hohen Tiere, der Jurysitzungen und der helfenden Studenten zusammenzählen, die zusätzlich zu den ursprünglichen 5 000 Euro dazukommen. Werden es 100 000 Euro sein? Wahrscheinlich mehr. Ich habe selbst Preise vergeben und auch welche bekommen. Mich ärgert dabei, dass es fast nie wirklich um die Preisträger und deren Großtaten geht. Nein, die komplette Peripherie feiert sich – und in der Zeitung ist nie der Preisträger allein abgebildet, sondern ein Sponsor oder Politiker, ein Schirmherr oder Bankfilialleiter dazu – in der Mitte die Urkunde oder ein großer Scheck. »Tue Gutes und zeige dich dabei.« Natürlich muss man den Preisträgern vor dem Krabbenspießchenverzehr noch zu einer Erklärung Gelegenheit geben, wofür sie den Preis bekommen haben. Das können Preisträger meist nicht so gut, fürchtet man zumindest, deshalb versuchen das die Laudatoren vorwegzunehmen, damit die Preisträger lieber nur Danke sagen müssen …

Insgesamt sehen Sie, welchen wunderbaren Hebeleffekt so eine 5 000-Euro-Initialstiftung für den »seit vielen Jahren hoch angesehenen Dr.-Schema-Mustermann-Award« haben kann, wenn sie alle, alle kommen.

Aufmerksamkeitsprofis möchten natürlich eher sehr große Konferenzen mit neuen spannenden Themen organisieren, mit denen sich viel Geld verdienen lässt (aber nur vielleicht, denn es gibt zu viele Aufmerksamkeitsprofis, und die Konferenzen sprießen wie Spam aus dem Boden). Viele versuchen sich als Trendsetter oder Hellseher, derzeit für das Jahr 2030 (sie nennen sich Zukunftsforscher oder Mega-Trend-Propheten). Man sucht fast schon krampfhaft nach immer neuen Themen, die man für das Konferenzbusiness ausschlachten kann. Dann verraten die jeweiligen Themen-Profis auf Tagungen, wie man die neuen Ideen mit Begeisterung, Investitionen in neue Software oder generell mit Leadership in Gold verwandeln kann. Diese Themen kommen und gehen, Sie haben wahrscheinlich schon grauenhaft oft von Themen wie »Knowledge-Management« oder »E-Learning« gehört, die sind heute wieder verschwunden.

Häufig werden die neuen Themen fast schon am grünen Tisch designt. Es fühlt sich ein bisschen wie Cargo-Kult-Design an. Ein richtig erfolgreiches Design war der Begriff »Industrie 4.0«, der von der Forschungsunion Wissenschaft-Wirtschaft stammt, einem Beratergremium der deutschen Bundesregierung. Dieser wirklich wundervolle Begriff (neidlos anerkannt, das meine ich von Herzen) setzte sich wie ein Mega-Jingle in allen Köpfen fest. Nun denken viele Experten seit 2012/13 auf unzähligen Konferenzen darüber nach, was Industrie 4.0 wohl sein könnte … Die Kommission gibt es aber nicht mehr.

Mich nervt es ebenso sehr, dass nach allen Appellen und Kampagnen so wenig geschieht. »Industrie 4.0« weist ja absolut in die richtige Richtung! Diese Konferenzen sind zum Teil sehr gut und sehr wertvoll, aber es ist schrecklich, mitanzusehen, dass die Teilnehmer der Konferenzen zufrieden vom Thema heimreisen und dann meist gar nichts tun. Sie fühlen sich einfach nur auf dem neuesten Stand. Oder sie treiben das Thema nur so weit an, dass sie einen neuen Cargo-Kult etablieren, der schließlich wieder einmal auf der Lehrlingsstufe der Exzellenz endet (Landebahn bauen und warten). Es scheint gar kein großer Bedarf an wirklichen Taten zu bestehen, alle wollen nur »aktuell sein« und über entsprechende Bewusstseinskampagnen zeigen, dass alles in ihrem Bereich auf dem neuesten Wissensstand ist.

Es läuft meist so ab: Die interessierten Unternehmensexperten kommen von der Konferenz in ihr Unternehmen zurück und berichten dem Chef, dass jetzt »Big Data«, »Feng Shui Apps« und »Lean Learning« angesagt seien. Der Chef wird gleich darauf von einem Beratungsunternehmen kontaktiert, das ebenfalls an der Konferenz teilnahm und die Visitenkarte des Tagungsteilnehmers an dem kleinen Messestand gegen einen Billigkugelschreiber und ein Döschen Pfefferminzdragees erntete. Dieses Beratungsunternehmen telefoniert jetzt die Teilnehmerliste der Konferenz ab, um seinen Rat zu verkaufen.

Der Chef wird vom Berater mit vielen Fragen konfrontiert, die auf der Konferenz eine Rolle spielten. »Machen wir genug Big Data? Was ist das überhaupt? Ist Lean Learning kostensparend oder macht es das Lernen weniger mühselig und schneller? Lernen, ohne sich einen Kopf zu machen? Alles automatisch aus den Daten herauslesen? Wie gestalten wir Daten harmonisch im Verhältnis zu Wasser (»Feng«) und Luft (»Shui«)?«

Wie schon eingangs erwähnt: Der Berater bietet in der Regel ein Assessment an, das auf die Erhebung eines Ist-Zustands und die Definition eines Soll-Zustands abzielt. Wie weit ist das Unternehmen im Reifegradmodell? Auf welcher Exzellenzstufe befindet es sich?

Dieses Bewusstmachen oder die »Roadmap« von Exzellenzstufe 1 bis 4 ist ein Mega-Business. Visionen und Zukunftsinhalte werden als neueste Hypes propagiert und später sehr oft auch zur Wirklichkeit werden. Das große Business aber besteht darin, diese Hypes als Halbtagslehrgang an alle Mitarbeiter von Unternehmen oder alle Abgeordneten und Parteimitglieder zu vermitteln, die dann dieses Neue wie einen wunderbaren neuen Cargo-Kult übernehmen sollen. Diese sehr simplen Nachhilfestunden finden reißenden Absatz.

Und nun täuschen sie alle gerne Meisterschaft vor, wo nur Dampfplauderei und Lehrlingserstversuche stattfinden. Datenbanken werden nun in »Big Data« umbenannt, alles Externe ist nun »Cloud«, gemeinsames Arbeiten an einer Doku wird »Collaboration« getauft. Die Türschilder werden gewechselt, die Jobtitel modernisiert. Der Einkaufsbeauftragte für Firmensmartphones wird zum »Leader Mobile Work 4.0«. Alle ernten positive Aufmerksamkeit und Punkte im Attracticon. Es geschieht aber nur wenig, weil die, die von der Zukunft nun so gar keine Ahnung haben, schon glauben, die Meister des Change Managements in den eigenen Reihen zu haben. Sie täuschen damit etwas vor, ihre Exzellenzstufe liegt ja erst gerade einmal zwischen 1 und 4. Wissen die Tagungsteilnehmer das auch? Oder täuschen sie sich selbst?

Verstehen Sie bitte meine Angenervtheit: Ich predige seit Jahren das, was heute unter »Risiken der Digitalisierung« läuft. Banken gehen nieder, Energieversorger machen Verluste, die Autokonzerne scheuen die Mühen des Wandels usw. Das reale Leben ist bitter ernst und absolut kein Spielplatz eines Attracticons rund um Aufmerksamkeit für die Top-Mega-Trends ... da klage ich oft »wie der Prophet an den Ufern Babylons«, dass die einen nur Aufmerksamkeit erregen und die anderen Aufmerksamkeit zollen. Ich weiß, dieses Klagen ist »Loser Talk«. Ich gewinne das nicht. Ich weiß.

Signaling von Verantwortung und Meisterschaft

Man kann gegen das Vortäuschen absolut nichts machen. Bemängelt man etwas in Politik oder Wirtschaft, erklären sie uns, dass sie es besser wissen. Wenn der Mangel offen jedermann ins Auge springt, weisen sie uns darauf hin, dass schon eine Kommission an der Arbeit ist. »Wann eröffnet der Flughafen Berlin?« - »Eine supranationale Taskforce beantwortet diese Frage gerade, natürlich dauert die Untersuchung wegen der großen Internationalität und der absolut nötigen Integrität noch über die Wahlperiode hinaus, wir werden dann sicher schon grobe Schätzungen vorliegen haben, die dann noch durch Zusatzstudien erhärtet werden müssen.«

[
Die Botschaft der Wenigkönner ist: »Wir arbeiten schon dran. Geduld!«
]

»Das Problem ist doch schon längst erkannt, Herr Dueck!«, sagen sie in einem Ton, der suggeriert, dass Problemerkennung schon die halbe Lösung sei. »Hallo, wieso längst erkannt? Und nun? Ist nicht längst etwas geschehen?« - »Geduld!« Das höre ich in allen Konzernen und auch Parteien reihum, wenn ich einmal etwas anrege oder gar kritisiere. Ich könnte feststellen: »Eure Frauenquote ist schlecht!« - Und sie würden erwidern: »Oh, da sind wir dran, es ist bald erledigt.« Ich vermute einmal in den Wind hinein: »Die Produktion ist nicht nachhaltig!« - Antwort: »Wir haben diese Kritik schon früher wach und interessiert aufgenommen und haben bereits eine Kommission eingesetzt. Wir können leider von heute auf morgen nicht alles auf den Kopf stellen, bitte noch etwas Geduld.« -»Viele Kunden haben das Vertrauen in das Unternehmen verloren.« -»Das mussten wir zum Schluss an unseren Statistiken leidvoll erkennen, wir waren wie vor den Kopf gestoßen. Wir arbeiten nun hart daran, das Vertrauen wiederzugewinnen, das ist ja auch eine überlebenswichtige Herausforderung für uns - daher können Sie absolut sicher sein, dass alles wieder gut wird.« -»Ihre Produkte sind schwer zu verstehen und zu bedienen.« -»Das finden wir eigentlich nicht, unsere Experten haben uns versichert, dass die Bedienung für sie selbst sehr einfach ist, sie haben das ja so designt. Ich habe mich nun als Vorstand erstmals höchstpersönlich mit unserem Produkt vertraut gemacht. Na, es ist mir nicht gleich gelungen, das muss ich schon sagen. Ich habe mir unser Produkt schließlich von einem technischen Assistenten vorführen lassen. Erstaunlich, was da alles geht! Man muss sich wohl etwas Zeit dafür nehmen, die ich ja nie habe. Ich habe natürlich angewiesen, dieser Sache nachzugehen. Ich finde es eigentlich schon sehr ärgerlich, dass unsere Produkte kritisiert werden. Das konterkariert ja unser Marketing und kostet daher viel Geld. Ich lasse das alles in einer neuen Kampagne richtigstellen. Unsere Produkte müssen in der Öffentlichkeit als leicht bedienbar wahrgenommen werden, mindestens von den Leuten, die kurz vor dem Kauf stehen.« - Ich stelle fest:»Sie produzieren in Indien unter erbärmlichen Zuständen.« -»Die Fotografien der angeblichen Zustände stammen von einem Mitarbeiter, dem gerade gekündigt wurde, weil er im Schmutz arbeitete und nicht saubermachen wollte. Aus Rache hat er das fotografiert, weswegen wir ihn rauswarfen. Es ist ein Einzelfall, sehr bedauerlich, so darf ich sagen.«

Auf jede Kritik wird schnell eine Nebel- oder Blendgranate geworfen. Man beauftragt dann auch oft »externe Unvoreingenommene«, eine Studie anzufertigen, gründet einen Ausschuss oder fliegt direkt hin, um sich »die Angelegenheit einmal vor Ort anzusehen«.

Die Situation ist immer dieselbe: Eine Kritik von außen kann durch Vorbringen pseudofachlicher Gründe entkräftet werden, weil die Kritiker über viel weniger Informationen verfügen als der Kritisierte. Der allein kann hinter die Fassade schauen. Wenn die Kritik aber absolut berechtigt ist, wird schnell gesagt, dass man sich entschuldige und schon an der Arbeit sei, alles im Sinne der Kritik zu beheben. Das dauere ein bisschen - »wir bitten um Verständnis«.

> »Wir sind schon an dem Problem dran!« signalisiert der Kritikseite hohe Kompetenz und aktives Interesse am Thema und damit: »Alles okay! Keine Aufregung!«

Die Kunst ist es, einem anderen, der weniger Informationen hat, glaubwürdig etwas Beabsichtigtes zu signalisieren. Hier eben: »Alles wird gut, keine Sorge! Wir schuften schon.«

Kommunikationstechniken dieser Art bei »asymmetrischer Information« werden in der Wissenschaft unter dem Stichwort »Signaling« diskutiert. Signaling ist heute ein etabliertes Fachgebiet der Wirtschaftstheorie. Die Theorie des Signaling stellt sich die Frage nach der besten Kommunikation zwischen Parteien unterschiedlichen Wissensstandes. Beispiele für unterschiedlichen Wissensstand sind:

- Ein Bewerber weiß mehr über seine eigenen Fähigkeiten als der Einstellende (jedenfalls in der Theorie, manche wissen ja nicht, was sie nicht wissen).
- Ein Politiker weiß mehr über die Verhandlungen als der Bürger (in der Theorie ...).
- Ein Manager weiß mehr als der Mitarbeiter oder die Presse (das denkt er, oft stimmt es).
- Der Schüler weiß mehr über seine Schulleistungen als die Eltern.
- Der Lebensmittelhersteller kennt die Zutaten besser als der Verbraucher.
- Der Serviceleistende weiß mehr als der Kunde.

Wie immer die Informationslage aussieht (beachten Sie meinen eingeklammerten Sarkasmus) – sie ist auf jeden Fall asymmetrisch. Wenn nun derjenige Kommunikationsteilnehmer dem Empfänger aus seiner Informationsüberlegenheit etwas kommuniziert, dann sagen wir: Er gibt ein Signal ab oder signalisiert etwas. Zum Beispiel:

- »Ich bin ein guter Bewerber.«
- »Mama, ich habe fleißig gelernt, die Zensur ist ungerecht.«
- »Wir lösen das Problem gerade, es hat höchste Priorität, glauben Sie mir.«

Für den Sender einer Botschaft ist es wichtig, dass ihm der Empfänger glaubt oder auf seine Aussage vertraut. Dann ist das Signaling im Sinne des Senders gelungen. Der Empfänger der Botschaft muss ohne vollständige Information entscheiden, ob er der Botschaft glaubt und vertraut oder nicht. Wie also sendet man, wie beurteilt man ein Signal?

Erst seit etwa 50 Jahren befasst sich die Wissenschaft mit Situationen asymmetrischer Informationslage. Die Pioniere auf diesem Gebiet sind die drei Wissenschaftler George A. Akerlof, A. Michael Spence und Joseph E. Stiglitz, die 2001 für Beiträge zu *Markets with Asymmetric Information* mit dem Nobelpreis für Wirtschaftswissenschaften ausgezeichnet wurden.

Stiglitz reflektierte die asymmetrische Kommunikation hauptsächlich unter zwei Gesichtspunkten:

- Wie hoch ist die Qualität dessen, worüber wir sprechen?
- Welche Absichten hat der informationsüberlegene Kommunizierende?

Der Sender will den Eindruck erwecken, dass die Qualität hoch ist und seine Absichten lauter sind. Der Empfänger versucht, das einigermaßen gut zu verifizieren. Nach welchen Kriterien soll er das tun? Stiglitz schlägt natürlich vor, als vertrauenswürdige Signale solche zu werten, die auf schwer zu erlangenden Grundlagen beruhen. Deshalb urteilen wir unter verhältnismäßiger Unwissenheit so:

- Ein Unternehmen, das nach ISO 9000 zertifiziert ist, muss seriös sein.
- Unternehmen, die Dividenden zahlen, sind wohl vertrauenswürdiger.
- Mitarbeiter mit Doktortitel sind wahrscheinlich besser.
- In Firmen, die mich als Kunden gut bedienen, investiere ich lieber.
- Männer mit einem Porsche haben sicher großen Erfolg.
- Firmen, die an die Börse gehen und dazu Prominente für ihren Beirat anwerben konnten, sind sicherlich einen höheren ersten Ausgabepreis der Aktien wert.
- Caesar Sauce mit Paul Newman auf dem Etikett schmeckt besser (tut sie sogar).

Wir haben eben Angst, dass wir getäuscht und beschummelt werden. Wir wissen, dass Mitarbeiter mit Doktortitel nicht unbedingt besser sind, aber die Qualität eines Doktors kann man nicht so leicht »nachmachen«. Bei einem Bachelor wissen wir einfach zu wenig über ihn. Was ist geschummelt, was nicht? Ist der Porsche nur ausgeliehen? Ist die Dividende aus der Substanz bezahlt, nicht aus dem Gewinn? Was in aller Welt bedeuten Werbeaussagen von der Art wie »Wir sind ein führender regionaler Hersteller von Wärmepumpen« oder »Wir sind der Qualität unserer Marmeladen absolut mit ganzem Herzen verpflichtet«? Oft müssen wir zur Interpretation Gerichte bemühen. So hat ein Gericht gerade entschieden, dass Früchtetee, dessen Packung Himbeerbilder trägt, wenigstens Spuren von Himbeeren enthalten muss. Was ist aber eine »Spur von Himbeeren«?

Himbeerbilder sind einfach auf die Packungen zu drucken, aber einen Doktor muss man ja erst einmal machen! Zum Beispiel: Mein Sohn und ich sind Doktor für Mathematik. Da wird uns fast jedes Mal, wenn die Rede davon ist, überdeutlich bewundernd gesagt, wie schlau wir wohl sein müssen. Meine Tochter ist Doktor der Biochemie, da rollen auch alle bedeutungsvoll mit den Augen. Ein Doktor in Mathematik oder Biochemie gilt als »hart« und wird jedenfalls nicht verdächtigt, ein »Cheat« zu sein. Forscher unterscheiden deshalb immer billige Signale von aufwendigen (»costly signal«). Wenn ein Signal nur durch hohen Aufwand zustande kommen kann oder der Signalisierende hohe Risiken eingeht (»Wir gehen jetzt in Bezug auf Digitalisierung all in«), ist es wahrscheinlich vertrauenswürdig oder echt. Signaling wird auch in der Biologie thematisiert. Der Pfau hat ein so wunderschönes überflüssiges Körperteil! Es signalisiert Überlegenheit und Pracht, es liefert Vorbilder für das Verhalten von menschlichen Königinnen und Königen. Manche Fische sind quietschbunt und suggerieren damit, sie seien giftig. Manche Tiere verstehen sich auf sehr beeindruckende Angriffshaltungen, ob echt oder nicht. Die sprichwörtliche todesmutige Mutter schlägt bei der Verteidigung ihrer Nachkommen den Angreifer durch Beherztheit und durch Ignorieren aller Risiken für sich selbst in die Flucht (»all in«, Selbstmordattentäter). Auch das bewusste Tragen von großen Risiken ist ein »costly signal«.

Das Problem des Senders ist es, Punkte mit dem Bohren von Brettern zu machen, die der Empfänger für dick hält. Der Empfänger muss nach solchen dicken Brettern Ausschau halten, um irgendwie die Qualität (»kauf ich«) oder die Absicht (»vertrau ich«) hinter dem Signal einschätzen zu können.

Die wissenschaftliche Theorie empfiehlt, lieber gar kein Signaling zu betreiben, wenn man überhaupt nichts Anständiges vorzuzeigen hat. Witzig, diese naive Wissenschaft! Man muss sich doch auch dann auf Arbeitsstellen bewerben, wenn die eigenen Zeugnisse schlecht sind?! Man muss doch Firmen vor dem Untergang retten und versuchen, auch nicht so gute Produkte zu verkaufen? Man sagt doch auch etwas aus, wenn man gar nichts sagt? »Nichts« ist auch ein Signal. Der meistzitierte Satz von Paul Watzlawick, den Sie vielleicht nicht mehr hören können, lautet doch: »Man kann nicht nicht kommunizieren.« Genau:

[Man kann nicht nicht signalisieren.]

Was tun? Die Ethiker empfehlen natürlich ehrliches, authentisches Auftreten. Das ist an sich schon nicht verkehrt, wenn man wirklich etwas vorzuzeigen hat. Aber sonst? Beratungsfirmen verkaufen natürlich den Service, das Signaling mit ihrer Hilfe zu pimpen. Viele Stellenbewerber lassen sich ihre Bewerbung »professionell schreiben«, dann fallen sie wenigstens nicht allzu sehr gegen die anderen Bewerber ab. Manchmal habe ich das Gefühl, dass alle Bewerber zu demselben Berater gehen, weil die Bewerbungsfloskeln immer ähnlicher werden (jeweils nur einige wenige Angaben erscheinen personalisiert). Auf diese Weise hat der einstellende Personalchef die Qual der Wahl zwischen lauter gleichfarbigen Einheitsbewerbungen – gesammelter Flachsinn pur.

Signaling lehrt also, wie derjenige, der einen Informationsvorsprung hat (Politiker, Chef, Produktentwickler), den anderen, die diese Informationen nicht haben (Kunden, Mitarbeiter, Wähler), klar zu signalisieren, wie es um seine gebotene Qualität und seine Absichten steht. Leider kann man nun auch von der Theorie lernen, wie man durch geschickte Signale nicht nur schwer beeindruckt, sondern auch verführt, belügt und täuscht.

Die Politiker und Unternehmen überbieten sich in immer flachsinnigerer Weise, ihre gebotenen Qualitäten und hehren Absichten zu signalisieren. Sie erforschen schon seit längerer Zeit systematisch, was gut ankommt. »Bio« ist immer gut, wird aber zu oft zum Schummeln genutzt. Und nun? Jetzt kaufen wir »regional« und lesen, dass das rechtlich gesehen sonst etwas heißen kann, es wird also sofort auch hier geschummelt. Wem können wir noch vertrauen? Uns selbst? Wir vertrauen heute mehr auf die Rezensionen bei Amazon oder die Reisekommentare auf Hotelbeurteilungsseiten. Aber wir lesen auch sofort von Hotels, die sich Fünf-Sterne-Bewertungen gegen Freinächte bestellen. Ich habe neulich einen Gutschein in einer Paketsendung mit Druckerpatronen gefunden: Der versprach 10 Euro Rabatt auf die nächste Bestellung, wenn ich eine Fünf-Sterne-Rezension schreibe. Oh, dachte ich, hoffentlich funktioniert der Drucker hinterher auch, denn bei Druckerpatronen wird so sehr betrogen, dass sich die

Originalhersteller erlauben können, einen vielfach höheren Preisrahmen zu setzen.

Ein großes Reich des Schummelns eröffnet sich beim Vorspiegeln von Meisterschaft. Überall, wo eine Partei, eine Institution oder ein Unternehmen schlecht aussieht oder schwach auf der Brust ist, ernennt es Beauftragte, die die Presse oder den Kunden auf »Wir sind schon dran«-Lehrlinge hinweisen und diese lauen Versuche als schon fast gelungenen Lösungsansatz darstellen.

Irgendwann gibt es dann für jede kritische Verletzlichkeit einer Organisation einen Beauftragten, eine Kommission oder eine Spezialabteilung. Es wird an allen verwundbaren Stellen »signalisiert«, dass gerade alles zum Besten gewendet wird. Keine Sorge! »Nur noch etwas Geduld. Wir bitten um Verständnis.«

In einer Kommunikation mit asymmetrischer Kommunikation kann der Empfänger der Signale nicht genau entscheiden, ob sich die Qualität des Senders auf der Stufe »Lehrling«, »Geselle« oder »Meister« befindet. Also wird er mit Flachsinn eingedeckt und beschummelt. Da er das weiß, erkundigt er sich nun bei Beratern, die viel Geld kosten, ob geschummelt wird oder nicht. Kann man aber den Beratern vertrauen? Geben Berater geschmierte Urteile ab, wie gekaufte Touristen auf Hotelportalen? Wem, bitte, können wir am Ende fest vertrauen?

Die Welt der Politik, Beratung und der Wirtschaft ist mit - ich sage es jetzt einmal so - Cargo-Priestern durchsetzt, mit Leuten, die sich als Auserwählte eines Cargo-Kults empfinden und ständig auf dem Tower zu ihren Ahnen beten. Wir haben Mühe, einen ehrbaren Kaufmann von einem professionellen Windhund zu unterscheiden. Diese professionellen Signalisierer sind oft schon verdammt gut!

Na gut - es ist ja nicht so schwer, unwissende Menschen mit ein paar eigenen Fachkenntnissen zu beeindrucken, es gibt ja für jedes neue Thema sofort Bestseller, die man als Berater eben etwas früher kennen muss als andere Menschen, als die Kunden zum Beispiel.

Cargo-Kulte rund um Signaling – fast wie Business-Pornografie

Stellen Sie sich vor, Sie wollen der perfekte Liebhaber werden und die ewige Liebe erleben, obwohl Sie unsicher sind, ob Sie für die Liebe geschaffen sind. Sie schauen in den Spiegel, Ihr Blick gleitet nach unten. Sind die Voraussetzungen gegeben? Sie haben gehört, dass der historische Casanova gar nicht so schön war. Was tun? Die meisten Unkundigen suchen zuerst nach Regeln und Beispielen. Wie liebt man? Welche Leute nehmen dazu wie Stellung? Muss man vorher trainieren? Woran erkennt der jeweils geliebte Partner, dass man es gut gemacht hat – sogar sehr gut? Gibt es dafür Kriterien? Welche Kniffe und Techniken gibt es? Wann geht das Vorspiel in die Hauptsache über – sollte man kurz eine Pause machen, damit der Beginn einer neuen Phase allen Beteiligten klar ist? Gibt es bei Ergebnislosigkeit eine Verlängerung? Über welche Themen redet man, wenn man sich liebt – oder soll man dabei schweigen? Ist man dann nicht zu langweilig? Wie bereitet man das Zimmer vor, wie stabilisiert man das Bett, damit es nicht quietscht?

Im Ernst: Früher mussten wir Regeln lernen, wie man sich zu Bewerbungsgesprächen fotografiert und kleidet, wir sollten vorab alle Weinsorten und Anbaugebiete kennen, weil man ja als Bewerber zum Essen eingeladen wird. Da reicht der Personaler die Weinkarte rüber und bittet, einen guten Tropfen auszuwählen. »Suchen Sie etwas Exquisites, nicht so popelige Rebsorten für jeden Tag.« Oh, mit so einer Frage bekommen Sie bestimmt rote Ohren! Bereiten Sie sich vor! Lesen Sie vor jedem Lebensereignis einen Ratgeber, damit Sie perfekt rüberkommen. Bloß keinen Fehler machen! Das wird uns eingehämmert.

Leute, die keine Ahnung haben, halten das Einhalten möglichst aller Vorschriften für Perfektion. Das ist aber nur der Abschluss der Lehrzeit eines Lehrlings.

Es gibt nun eine Menge Cargo-Kult-Ratgeber, wie man nach allen Regeln der Kunst »perfekt« agiert:

- Perfekte Bewerbungen und Bewerbungsgesprächsführung
- Perfekte Antworten auf Fragen nach Ihren Stärken und Schwächen
- Perfekte Pläne und Business Cases für Innovationen
- Die 100 besten Kusswinkel
- So finden Sie die beste Stellung
- Die wirksamsten vierzig Quartalszahlenglobuli

Am besten verkaufen sich Ratgeber, die irgendwas mit »zehn« enthalten. »Die zehn größten Fehler« oder »Zehn sensationelle Tricks« oder »Die zehn größten Irrtümer«. In solchen Büchern steht sehr oft, wie man perfekte Landebahnen und Tower baut nebst genauen Vorstellungen, welche Gebete auf dem Tower gesprochen werden müssen, damit die Vorfahren Cargo-Flugzeuge schicken. »Wir haben geheime Mitschnitte von Erfolgsgebeten und Extrembittgesängen! Auch für Privatpersonen geeignet! Registrieren Sie sich jetzt! Klicken Sie hier!«

Wenn man als Unkundiger weiß, wie man alles perfekt machen soll, muss man noch eine zweite Runde fliegen. Man muss noch wissen, woran andere erkennen, dass alles perfekt ist. Woran erkenne ich den perfekten Bewerber unter all den vielen, die eine perfekte Bewerbung eingereicht haben? Woran erkenne ich, dass ich echt geliebt werde, wenn ich echt geliebt werde? Betet er mich wirklich an oder nutzt er nur seine Stellung aus? Nach welchen Kriterien wird man eigentlich befördert? Wie hoch muss eine Gehaltserhöhung sein? Woran erkennen andere, dass ich einen perfekten Partner habe? Das sollte ich eigentlich wissen, dazu fülle ich einen Fragebogen aus. Nach dem Ausfüllen der Fragen komme ich auf 78 Prozent. Ist das gut? Ich frage mal meine Freunde, ob die bessere Partner haben. Oh, hier steht, man sollte einen Partner mit mehr als 80 Punkten haben. Okay, dann mache ich Schluss mit meinem. Oder ich fülle es so aus, dass ich ihn »überaus liebe« statt »sehr liebe«. Moment, nur 79 Punkte. Das erstaunt mich. Es kommt also gar nicht so sehr auf die Stärke der Liebe an, wie ich gedacht habe.

Ich bin sarkastisch, ich weiß. Wie soll ich es sonst ertragen? Ach, da habe ich plötzlich eine alte Erinnerung - an einen Bewerber, der mir eigentlich geeignet erschien. Ich machte ihm ein Angebot für eine Anstellung. Er bat um Bedenkzeit. Nach einer Woche erschien er mit einem erstaunlich langen Kriterienkatalog, in dem man Punkte für Familie, Stress, Arbeitsfreude, Büroentfernung etc. vergeben sollte. Er hatte von anderer Seite noch ein Stellenangebot bekommen, war nun unschlüssig gewesen und hatte für die beiden Angebote die Punkte vergeben und zusammengezählt. Etwas ratlos verkündete er mir sein Ergebnis:»Herr Dueck, bei der einen Stelle kamen 251 Punkte heraus, bei Ihnen 248. Das hat mir zu denken gegeben. Vielleicht ergibt sich aus unserem Gespräch noch etwas Klitzekleines, damit ich bei Ihnen ein paar Punkte drauflegen kann. Vielleicht eine große Grünpflanze im Zimmer, das gibt einen Punkt. Was meinen Sie?« – Ich war damals ehrlich erschrocken und versicherte ihm, dass der Vorsprung bei dem anderen Angebot statistisch sehr signifikant und bedeutsam sei …

Leute, die sich nicht auskennen, wollen immer diese entsetzlich formalen Ratschläge, konkrete Regeln oder Kriterien. Sie kümmern sich damit mehr um die Landebahngärtnerei als um den Luftraum. Sie sind bereit, für allen Rat in diesen Dingen Geld hinzublättern. Sie kaufen sich ein Webseiten-Design, fragen nach der attraktivsten Visitenkarte und den aktuellen Schuhen (»Jetzt trägt man braun zum schwarzen Anzug, das sieht witzig aus, aber es ist Mode«), nach Krawattenstilen (»Niemals grün im Business-Meeting«) und Grußformeln (»Darf man zum Chef Hallo sagen?«). Und dann versuchen sie, alle Riten der jeweiligen Cargo-Kulte peinlich genau einzuhalten. Es muss gelingen, dass alles perfekt attraktiv ist!

Eine andere Methode ist es, sich Lebensbeschreibungen von attraktiven und weltbekannten Persönlichkeiten in Videos und Büchern zu Gemüte zu führen. Da steht nun die Wirklichkeit, natürlich ein bisschen verehrend und geschönt, am besten von einem bestellten Ghostwriter.

In solchen Büchern wird immer dargestellt, wie es jemand beliebig großartig geschafft hat, in das Buch der Geschichte einzugehen. Und das, obwohl er durch unzählige Betonmauern gehen oder sich durchschlafen musste. Lange Zeit hat niemand an seine Vision geglaubt, alle verwehrten ihm Hilfe. Dann der Durchbruch und das ungläubige Staunen der Weltöffentlichkeit, jetzt der plötzliche Bankrott. Aber die Erfahrung des Erfolgs blieb in seinen Eingeweiden! Man muss einmal öfter aufstehen, als man hinfällt! Dann der Endkampf und der finale Triumph, den ihm nun alle neiden und ihn schlechtmachen, weil er früher eine unversteuerte Putzfrau in der Wäschekiste schwängerte, die seine fünfte Frau nicht mag.

Ich möchte damit sagen: Die realen Erfolgsgeschichten orientieren sich eben nicht an Regeln. Die großen Menschen waren selten Engel oder perfekte Ritualisten. Sie gingen ihren eigenen Weg, der sich dem Leser als unwiederholbar darstellt. Die Zeit war günstig, das Glück gewogen, der Wille zum Erfolg unbändig. Jedes große Schicksal war und ist ein Unikat. Allen solchen Erfolgsbüchern ist fast nur gemeinsam, dass sie gut ausgehen. Das braucht der Leser! Deshalb spricht man bei solchen Darstellungen auch von Business-Pornografie (leise, hinter vorgehaltener Hand). Diese Schmähung bezieht sich hier ausdrücklich nicht auf den Inhalt des Buches, sondern die Art der Befriedigung, die daraus gezogen wird: »Ich war am Höhepunkt ihres/seines Erfolgs dabei!« – »Ich fühle mich jetzt sicher, weil ich die zehn wichtigsten Fehler vermeiden kann!«

Die meisten Leute ohne Sinn für Attraktion wissen also nicht, was sie tun, oder sie befolgen die Regeln, deren sinnvolle Entstehung sie nicht durchdringen wollen, oder sie ahmen Teilverhaltensweisen ihrer Idole nach, was aber nur ihre Idole sehr reich macht. »Paris Hilton trinkt Prosecco aus Dosen und verdient damit viele Millionen. Ich trinke nun auch Prosecco aus der Dose, es kostet immer 3 Euro.«

Ich seufze. Dieselben Menschen, die peinlich genau und perfekt alle Cargo-Kult-Regeln einhalten, um attraktiv, innovativ oder kreativ zu erscheinen, erkennen an ihren Idolen, dass sich diese eben nicht an diese Regeln halten. Also ist das, was sie tun, wohl zum Misserfolg verdammt, aber einen eigenen Weg trauen sie sich ja nicht zu gehen, der wäre ja gegen die Regeln.

Fazit: Die Menschen ziehen sich zwei Arten von Heilslehren rein:

- »Perfekt in zehn Schritten, die jedermann ohne Mühe lernen kann«
- »Wie ich meine erste Milliarde machte«

Die zehn Schritte üben die meisten ein bisschen. Sie besuchen Cargo-Kurse zum Erlernen beziehungsweise Erwerben von Charisma, Selbstbewusstsein, Durchsetzungskraft und beeindruckendem Auftreten. Dann lesen sie zur Ablenkung die Autohagiografien und sehen, dass die Milliardäre und Superstars irgendwie doch normale Menschen mit Fehlern sind.

Aber es kommen keine Flugzeuge mit Nahrung und Glück vom Himmel. Dennoch kaufen die Naiven, die Milchmädchenmanager und Hoffnungsvollen den Hype um diese Lehren. Sie zahlen für den Rummel und fühlen sich Placebo-gut.

Profi-Profitieren von Hypestorms, Shitstorms und dem Kippen der Stimmung

Normale Vermögensanleger spekulieren auf stetigen Zuwachs, aber professionelle Investoren verdienen an heftigen Marktschwankungen, bei denen normale Anleger die Nerven verlieren und die Zeche zahlen. Viele von uns empfinden das Treiben der »Zocker«, wie wir sie schimpfen, als unsauberes Handwerk. Wie kann man es dulden, dass sie zum Beispiel mit den Schwankungen der Nahrungsmittelpreise Geld verdienen, die wir anderen alle für unser Leben doch stabil halten möchten?

Was aber die Zocker mit Preisschwankungen anrichten, übernehmen nun extreme Politiker und Medien in den Aufmerksamkeitsbereich hinein. Sie jubeln hoch und ziehen nieder. Je hektischer das Auf und Ab gerät, umso stärker und länger schauen wir hin. Das gibt Klicks auf Werbung, Wählerstimmen für extreme Parteien und eine Menge unbedarftes Investorengeld wegen kurzfristig hochflammender Gier.

Sie kennen es sicher: Plötzlich macht alle Welt Rummel um eine neue »gigantische« Sache, das sind mal die Fußballweltmeisterschaften, dann Großunglücke, neue Erfindungen oder auf der Kippe stehende Wahlen. Dann erfüllt uns der Rummel darum herum für ein paar Tage – und danach geht es mit etwas anderem weiter. Für die Aufmerksamkeitsspekulanten ist es nun wichtig, möglichst große Bewegung in das Spiel zu bringen. Je höher hochgejubelt wird, umso größer der Sturz, der wieder ausgekostet werden kann. Denken Sie an Aktien. Man redet Aktien hoch, nachdem man sie billig eingekauft hat, dann mäkelt man ab dem Höhepunkt an ihnen herum, nachdem man sie schnell leer verkauft hat. Die Profis verdienen eben nicht vorrangig beim »Geldanlegen«, sie verdienen ihr Geld mit den Schwankungen. Sie spekulieren nicht auf den Kurs, sondern sie »zocken« auf seine »Varianz«. Das ist den normalen Privatanlegern nicht klar, also zahlen diese dann augenreibend die Zeche. Unsere Aufmerksamkeit wird also nicht nur zum Erzielen von Werbeeinnahmen manipuliert, wir werden auch gezielt um Geld gebracht. Das möchte ich jetzt detaillierter vor Ihnen ausbreiten.

Ich habe den Begriff des »Hype« schon einige Male benutzt und in diesem Zusammenhang das Unternehmen Gartner Group erwähnt. Ich steige jetzt in dieses Thema kurz etwas tiefer ein.
»Hype« ist das amerikanische Wort für Rummel. »This party is hype!«, sagt man. Ein ähnlich klingendes Wort gibt es im Deutschen auch: hip. »Das ist hip!«, sagen wir und meinen »angesagt«. Der Duden findet, die Herkunft des Wortes »hip« sei ungeklärt. Na, ich stelle mir vor, es kommt von hype (»in aller Munde«). In früheren Büchern habe ich schon mit der Vorstellung eines sogenannten »Hype Cycle« gearbeitet. Die passt hier wieder wunderbar. Die Gartner Group misst den Reifegrad von Innovationen daran, wie weit es mit dem Hype um das Neue bestellt ist.
Die Gartner Hype Curve zeige ich Ihnen in der folgenden Abbildung. Alles in der Grafik ist in Englisch – diese Kurve mit ihren amerikanischen Bezeichnungen gehört heute exakt so zum Allgemeinwissen der Berater.

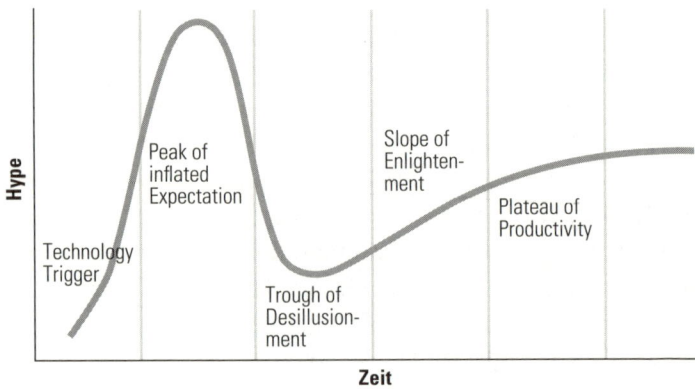

7. Gartner Hype Curve

Die Kurve stellt dar, wie viel Hype oder »Medienrummel« (»to hype up« bedeutet auch »sich einen Schuss Drogen setzen«) über die Zeit um eine neue Idee oder Erfindung gemacht wird. Ein Erfinder propagiert eine neue Technologie (»Technology Trigger«). Die wird in der Presse besprochen. Manche Ideen schaffen es dabei, sich fortzupflanzen und zu verbreiten. Die werden dann immer mehr und öfter, auch großartiger besprochen. Es wird bald spekuliert, ob da nicht Milliardengeschäfte winken könnten. Der Hype steigt rasant an. Alle überschlagen sich vor Begeisterung. Das liegt oft an den Presseleuten, die sehr froh sind, endlich einmal über etwas Neues schreiben zu können. Sie stürzen sich auf das Neue und treiben den Hype nach oben. Dadurch werden die Leser und Hörer neugierig – alle wollen mehr darüber wissen! Nun schreiben sich die Redakteure und Blogger die Finger wund. Der Hype erreicht eine Spitze: »The Peak of inflated Expectation«, die Spitze einer aufgeblasenen oder übersteigerten Erwartung.

Jetzt wollen die Leser aber einmal das Neue wirklich sehen. Wow, ein 3D-Drucker für den Hausgebrauch! Die ersten Leute probieren ihn aus und mäkeln herum. »Er druckt nur in gelblicher Farbe, nicht bunt. Mist, Farbe konnten die Nadeldrucker auch nicht. Na, das war ein Fehlkauf, es wird wohl noch Jahre dauern.«

Der Hype klingt nun merklich und oft dramatisch ab. Die Journalisten stürzen sich auf den nächsten Hype. Die Medien berichten nicht mehr davon. Die Kunden sind desillusioniert, die Produzenten enttäuscht. »Trough of Desillusionment« = »Tal der Tränen«.

Nun lernen die Produzenten fieberhaft, wie die Innovation zu retten wäre, ihnen geht ein Licht auf (»Enlightenment«) und sie bauen schließlich etwas wirklich Taugliches. Das merkt die Presse gar nicht, weil es still und langsam geschieht und keiner mehr so genau darauf achtet. Die ersten Kunden kaufen jetzt das Neue. Unmerklich werden die Produkte besser und billiger (»Plateau of Productivity«). Sie sind jetzt da.

Die echte harte Arbeit findet nach dieser Sicht von Gartner in der Phase zwischen der Desillusion und dem langsamen Erkennen statt, wie sich das Neue wirklich gut in unser Leben einpassen lässt. Der Ruhm und die Pressepräsenz werden weit vor der eigentlichen Innovation oder vor dem Anpassen des Neuen an die Bedürfnisse der Pragmatiker verteilt.

So weit Gartner. Lassen Sie mich die Kurve nun etwas anders beschriften.

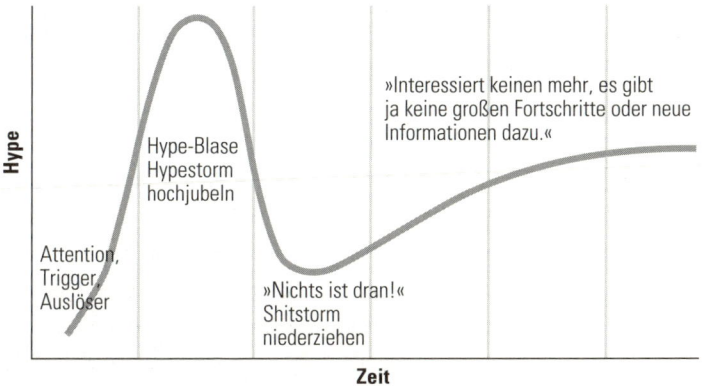

8. Aufmerksamkeitsstürme

Nun möchte ich mit Ihnen folgenden Verlauf genauer ansehen: Zuerst löst irgendetwas eine Diskussion aus. »Etwas ist passiert!« Dann redet zunehmend alle Welt davon. In dieser Höhe angekommen, melden sich Kritiker und erklären den Unsinn an der Sache. »Regt euch doch nicht so auf.« Die Blase der Aufmerksamkeit zerplatzt inmitten einer hitzigen Auseinandersetzung. Der Hype geht wieder zurück, die einstigen Protagonisten haben angesichts des heftigen Niederziehens der Antagonisten die Freude an dem Streit verloren – ja und die Karawane zieht weiter und sucht neue Auseinandersetzungsfelder. Nach den ersten IS-Bomben hieß es: »Terrorangst legt das Leben lahm!«, und nur wenig später: »In jedem Jahr sterben 500 Menschen nach unglücklichem Verschlucken von Fischgräten – Fisch meiden ist besser als Terrorschutz.« Beides ist irgendwie flachsinnig, auf der einen Seite die zu große Angst und auf der anderen die mathematische Gleichgültigkeit – aber die beiden Haltungen liegen so irre schön weit auseinander!

Immer wenn der Rummel losgeht, sind wir emotional elektrisiert. Aber wenn der Hype den Zenit überschritten hat, schwenken wir plötzlich um und erkennen nun Haare in der Suppe. Stellen Sie sich vor, Sie sagen mitten in der angstvollen Stille eines gerade geschehenen Terroraktes, dass jährlich um die 150 Menschen durch herabfallende Kokosnüsse zu Tode kommen. »Scheusal! Du menschliches Schwein!« Wenn dann aber länger nichts passiert und man zigmal eine Stunde früher ins Fußballstadion zum Sicherheits-Filzen kommen muss, dann darf man das mit den Fischgräten sagen.

Ich walze einmal ein Hype-Beispiel breiter aus, damit ich die Finessen klarmachen kann: Ich hatte schon das Problem der 3D-Drucker gestreift, die nicht die gestochen detailreichen und beliebig farbigen Ergebnisse erbringen, wie wir uns das meist vorgestellt haben. Ich erinnere mich noch, wie es Ende 2013 immer häufiger Artikel zum 3D-Druck gab, dann folgten Fernsehreportagen – die bieten sich ja bei diesem Thema an. Ich weiß noch, dass der Hype um das 3D-Drucken so zunahm, dass ich mich ernsthaft im Netz um das Thema kümmerte. Von September bis November bin ich meist terminlich sehr belastet, da wollen alle Keynotes von mir. Okay, also kurz warten. Zwischen Weihnachten und Neujahr forstete ich dann alles über 3D durch. Ich fand unter anderem heraus, dass sich die Firma 3D Systems durch Aufkäufe zahlreicher kleinerer Unternehmen zum Marktführer mauserte, gefolgt von dem Unternehmen Stratasys. Ich dachte mir natürlich sofort, ich könnte schlau sein und vielleicht Aktien kaufen. Aber: Ach, schade! Die waren gerade interstellar durch die Decke geschossen, das war mir jetzt schon zu riskant. Noch einmal schade, dachte ich. Ich hätte mich doch gleich im September darum kümmern sollen, »dann wäre ich jetzt reich«. Ich hatte leider den Anfangshype verpasst!

Im Jahr 2014 flachte dann die Berichterstattung rund um 3D ab. Jeder hatte darüber geschrieben, wir hatten alle die vielen bunten Reportagen gesehen, jeder wusste nun, wie so ein Drucker arbeitete. Das Thema war abgegrast, die Medien wandten sich neuen Themen zu.

Schauen Sie sich in der folgenden Grafik als Beispiel den Kursverlauf der Aktien des führenden Herstellers 3D Systems an. Der Höchstkurs von knapp 100 Dollar wurde genau zu Weihnachten 2013 erzielt, danach verfiel er wieder in die Gegend von null, der tiefste Kurs lag um die 6 Dollar. Seitdem erholt er sich, das mag ein Zeichen sein, dass die Drucker langsam den damals erweckten Erwartungen zu entsprechen beginnen.

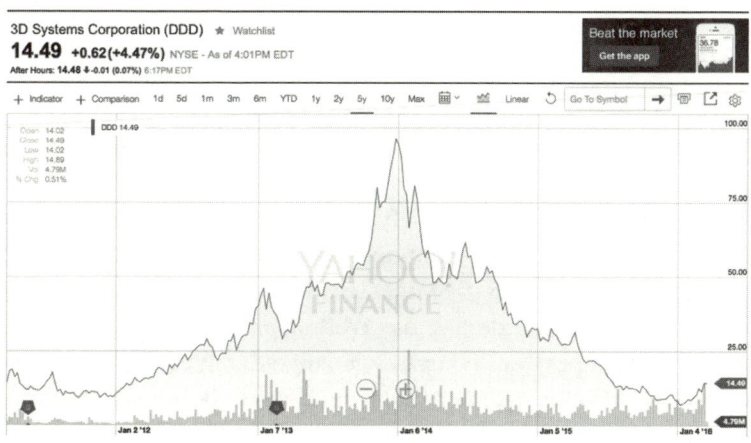

9. Kursverlauf

Dieses Beispiel soll Ihnen verdeutlichen, dass der Hype nicht einfach nur einer von sensationsdankbaren Journalisten und Doku-Machern ist, sondern dass der Hype große Auswirkungen auf die Börsenkurse eines ganzen Marktsegments haben kann. Wenn neue Aktien oder Märkte von den Medien entdeckt werden, stehen plötzlich den wenigen Aktienbesitzern des neuen Marktsegments Abermillionen Kleininvestoren gegenüber, die schnell noch (was ja auch mein erster Gedanke war) auf den fahrenden Zug aufspringen wollen. Einige davon kaufen, das sind aber so viele auf einmal, dass die Kurse steil ansteigen. Es gibt einfach wenige Leute, die gerade jetzt verkaufen wollen, und sprunghaft viele mehr, die plötzlich Interesse zeigen. Das zieht den Kurs ruckartig hoch.

Dieser Raketenanstieg gibt den Medien sofort neue Nahrung. Hype! Meldungen dieser Art schießen wie Pilze aus dem Boden: »Die Börsianer wittern Riesenchancen im 3D-Druck!« Jetzt kommen noch mehr potenzielle Anleger und sind mehr und mehr überzeugt, dass an 3D »etwas dran sein muss«. Der Hype steigt und steigt, die Kurse auch. Sie kennen die alte Börsenweisheit: »Die Hausse nährt die Hausse.« Oder: Irgendwie gibt es eine Kettenreaktion, die alles nach oben treibt.

[Der Hype nährt den Hype.]

Langsam mehren sich aber nun die Stimmen in den Medien, die den Hype für »völlig überzogen« erklären und das Ganze zu einer »Blase« oder einem reinen »Hypestorm« erklären. Sie kommen nun mit »enttäuschten« Argumenten statt mit Begeisterung. Die klingen so: »Leute, der 3D-Druck ist noch nicht technisch ausgereift. Natürlich verändert er die Welt, aber erst in vielen Jahren, wenn überhaupt. Denkt daran, wie lange der Weg des Nadeldruckers bis zum Super-Tintenstrahldrucker mit IP-Adresse dauerte, der dann auch nur unwesentlich teurer ist als die Tinte.« Das lesen jetzt alle Leute, die gerade 3D-Aktien gekauft haben. Die Argumente erscheinen in allen Medien. »Glauben Sie echt, die Hausse werde noch lange weitergehen?« Verschiedene Börsenexperten verneinen das jetzt in den Medien. Es ist zu jeder Zeit überhaupt kein Problem, negative Stimmen für die Medienberichte zu bekommen, denn irgendwer ist immer negativ eingestellt und auch immer jemand positiv.

Und dann - so sagen wir immer - »kippt die Stimmung«. Viele potenzielle Anleger zögern nun, zum Spitzenkurs neu einzusteigen. Die Kauflaune ebbt ab. Einige Anleger, die 3D-Aktien schon 2011 oder 2012 gekauft haben, verkaufen ihre Aktien mit immer noch sagenhaften Gewinnen und sind sehr mit sich und dem Geld zufrieden.

Diese Frühbesitzer verkaufen jetzt erfreut, aber es kommen keine neuen Käufer mehr hinzu. Nun stürzt die Aktie ab. Alle reiben sich die Augen und fragen sich, ob die Aktie denn wirklich so viel wert ist, wie sie kostet. Das ist nicht so klar und wahrscheinlich nicht richtig. Denn die Kurse sind ja nur deshalb gestiegen, weil die Aufmerksamkeit stieg, und nicht, weil das Unternehmen irgendwelche Fortschritte erzielt hatte. Es war eine reine Aufmerksamkeitshausse. Nun folgt eine reine Aufmerksamkeitsbaisse nach derselben nüchternen Logik.

Die Kurse bröckeln. Die zu Höchstkursen eingestiegenen Euphoriker ärgern sich und zögern, mit Verlust zu verkaufen. Sie warten auf wundervolle Quartalsergebnisse. Dann würde der Kurs doch wieder steigen! Endlich kommen sie heraus - die neuen Quartalszahlen. Die sind gut, aber nicht berauschend. Ökonomisch gesehen ist alles in Ordnung, aber die Euphoriker brauchen Euphorisches für einen fulminanten Wiederanstieg des Kurses! Da aber die finanziellen Ergebnisse wie erwartet ausfielen und keine Wunder darstellen, verkaufen jetzt sogar einige der Neueinsteiger voller Reue und eigentlich schon in Panik. Sie fühlen sich reingelegt. Darin bestätigen sie jetzt auch viele Medien. Schade. Aus Schaden wird man angeblich klug, aber gerade die Reingefallenen werden es beim nächsten Mal wieder versuchen, weil sie die gefühlte Schmach vor sich selbst tilgen wollen. Und so geht alles wieder genauso schnell runter, wie es hinaufgestiegen ist. Mist, verdammter!

[»Shit« nährt den »Shit«.]

Ich betone nochmals: Weil ein reiner Aufmerksamkeitsrausch die Aktie bekannt machte, kauften Privatanleger die Aktie ohne Rücksicht auf deren Wert, sie kauften nur mitten in der Masseneuphorie, um am Rausch teilzuhaben. Wenn die Aufmerksamkeit nachlässt, sinkt die Aktie. Nun erst besinnen sich alle, ob die Aktie den irre hohen Kurs wert ist. Die Antwort ist negativ. Nun verkaufen alle in Panik ... Niemand handelt so wirklich rational. Sie alle fallen auf Aufmerksamkeitsschwankungen herein, die durch die Medienberichterstattung ausgelöst werden. Genau das lässt die gewieften Spekulanten verdienen.

So, das war jetzt eine populär gehaltene Erklärung für ein Ansteigen bis zum Platzen der Blase und den folgenden Höllenritt. Es ist aber um Größenordnungen schlimmer bestellt. Die Experten kennen sich nämlich mit diesen Phänomenen aus.

Ich hole noch einmal etwas weiter aus. Die Experten können leider nicht hellsehen. Sie bemerken daher oft zu spät in den Medien, dass ein Hypestorm heraufzieht. Beim Einsteigen sind sie deshalb auch meist etwas zu spät dran. Sie unterstützen dann noch ein bisschen den Anstieg, die Aktionärsbriefe und Berater ziehen durch »heiße Empfehlungen« die Aktien noch weiter nach oben. Es ist aber klar, dass es irgendwann einen Höhepunkt geben wird. Wenn die Spekulanten fühlen, dass die Aufmerksamkeit nachlässt, setzen sie (als wenn sie verabredet wären – es ist aber eher die »Schwarmintelligenz« der Leerverkäufer) auf fallende Kurse. Damit initiieren sie das Abstürzen ins Bodenlose. Sie *leerverkaufen* die 3D-Aktien möglichst auf der Spitze, erzeugen durch das Verkaufen eine scharfe Abwärtsbewegung und warten, bis die Aktie unten ist. Dann kaufen sie die Aktien wieder zurück, die sie vorher verkauft haben, ohne sie zu besitzen. Sie machen damit einen Riesenreibach, wenn sie richtigliegen.

Wenn Sie nicht genau wissen, was Leerverkaufen ist, hier eine Kurzeinführung:

In Amerika ist das Leerverkaufen von Aktien gang und gäbe, aber in Deutschland wird es nur manchen Kunden von manchen Banken erlaubt. Daher ist das Taktieren hiermit in Deutschland eher nicht bekannt.

Denken Sie an das Prinzip Ihres Girokontos: Sie können ein Guthaben auf dem Konto stehen haben (»im Plus stehen«) oder mit dem Konto im Soll stehen (»Minus«). Sie können genauso ein Fremdwährungskonto eröffnen, bei dem Sie zum Beispiel in Norwegischen Kronen im Plus oder Minus stehen.

Und jetzt dasselbe für Aktien:

Sie können eine Aktie zum Beispiel für 100 Euro kaufen. Die besitzen Sie dann, sie wird Ihrem Depot gutgeschrieben, und gleichzeitig erscheint auf Ihrem Geldkonto eine Belastung von 100 Euro. Sie können die Aktie auch für 100 Euro leerverkaufen (ohne sie zu besitzen), dann bekommen Sie beim selben Kurs 100 Euro auf ihrem Geldkonto gutgeschrieben und stehen im Aktiendepotkonto mit einer Aktie im Minus. Das kennen wir normal nicht, mit Aktien im Minus zu stehen. Es wird nicht gerne gesehen, weil es risikoreich ist.

Manchmal gibt es nämlich schreckliche Überraschungen: Stellen Sie sich vor, die Aktie, mit der Sie im Minus stehen, steigt von 100 Euro auf 1000 Euro. Dann stehen Sie mit 1000 Euro im Kredit, haben aber nur 100 Euro beim Leerverkauf der Aktie bekommen. Das Risiko ist also beim Leerverkaufen viel höher als beim Besitz von Aktien. Beim Besitz der Aktie können Sie nur so viel verlieren, wie die Aktie wert ist - sie kann ja »nur« auf null fallen. Beim Leerverkaufen ist der Verlust im Prinzip nicht begrenzt.

Wenn Sie eine Aktie besitzen, hoffen Sie natürlich, dass diese im Wert steigt. Wenn Sie aber eine Aktie leerverkauft haben, hoffen Sie, dass sie fällt. Wenn Sie im besten Fall fast bis auf null fällt, also fast wertlos ist, dann kaufen Sie die Aktie an der Börse für fast 0 Euro zurück und stellen damit Ihre Aktienschuld auf null: Sie haben aber immer noch die anfänglich erzielten 100 Euro auf dem Geldkonto.

Der Käufer einer Aktie wettet also auf einen Anstieg, der Leerverkäufer auf einen Verfall. Der Leerverkäufer freut sich am meisten, wenn das Unternehmen, dessen Aktien er leerverkaufte, Bankrott macht. Das ist ein echter Höhepunkt im Leben eines Leerverkäufers!

Die Börse ist eigentlich dafür gedacht, dass man als Anleger Besitztitel kaufen und verkaufen kann. Jetzt aber verkommt sie zu einem Wettbüro. Die Käufer setzen auf Sieg, die Leerverkäufer auf Niederlage. Die Käufer setzen darauf, dass es dem Unternehmen gut geht. Sie fühlen sich oft dem Unternehmen verbunden und empfinden im Herzen, dass sie »an dem Unternehmen beteiligt sind«. Die Leerverkäufer gewinnen Geld, wenn das Unternehmen Probleme hat oder durch Meldungen in den Medien welche bekommt. Leerverkäufer haben also Interesse daran, dass es Negativschlagzeilen über das Unternehmen hagelt. »Hier sagt ein junges Kind aus Vietnam aus, dass es fast ohne Lohn im Dreck arbeiten musste, um für diese Unternehmen Hygieneartikel zu produzieren. Es ist ein Mädchen!«

Die klassischen Anleger möchten Stetigkeit und Sicherheit. Sie möchten kontinuierlich steigende Kurse und gute Dividenden. Ihr Geld soll geduldig und ruhig arbeiten. Es soll sich fair vermehren und im Alter ein Polster bilden. Stiftungen möchten den Kapitalstock erhalten und die Zinserträge für wohltätige Zwecke einsetzen.

Die Profis aber leben von dem Auf und Ab. Mal jubeln sie die Kurse als Käufer irre hoch, und dann machen sie Kasse, schlagen sich als Leerverkäufer auf die andere Seite und helfen mit allen Kräften, die Kurse in den Boden versinken zu lassen. Die Profis wollen Schwankungen, der Computerhandel auch. Die Profis sind die Kriegsgewinnler im Börsenchaos. Sie surfen auf den Wellen - auf und ab. Und die Privatanleger wundern sich über ihr »mangelndes Glück«.

Normalmenschen fragen sich: Ist die Möglichkeit ethisch gut, mit einem Crash Geld machen zu können? Die Protagonisten des Leerverkaufens argumentieren mit den Möglichkeiten, ihre Finanzpositionen abzusichern oder allgemein gegen zu große Risiken zu schützen. Man kann zum Beispiel eine amerikanische Aktie (die in

Dollar notiert ist) gegen einen Dollarkursverfall absichern, indem man so viele Dollar leerverkauft, wie die Aktie gekostet hat. Die Protagonisten des Leerverkaufens finden es auch unbedingt wünschenswert, wenn negative Nachrichten über Unternehmen ans Licht kommen. Zum Beispiel haben Leerverkäufer theoretisch ein großes Interesse, das Skandalumfeld im Dieselgate rund um Volkswagen aufzuhellen, weil sie dadurch Geld verdienen. Damit tragen sie indirekt zur Aufklärung bei. Die Protagonisten erinnern sich an Goethes *Faust*, in dem der Teufel Mephistopheles über sich sagt:

[»Ich bin ein Teil von jener Kraft, die stets das Böse will und stets das Gute schafft.«]

Die Antagonisten wollen dagegen das Leerverkaufen verbieten, weil es für das Wirtschaften in der Welt nicht gut sein kann, wenn manche, die gar nicht in der Wirtschaft mitarbeiten, von außen Profite einstreichen wollen, indem sie auf Versagen, Probleme, Markteinbrüche, Missernten oder Krieg spekulieren. Der Kurseinbruch der Börsen nach dem Terroranschlag des 11. September 2001 in New York war ein absoluter Freudentag für Leerverkäufer, die gleich in den Minuten nach dem Einschlag verkauften. Wunderbar für den, der auf Untergang setzt! [Ich weiß noch, dass ich damals eine seltsame Meldung auf Yahoo las: »Flugzeuge über New York zusammengestoßen?« Da war die Lage noch unklar. Wer gut informiert war, konnte in Minuten ein Vermögen machen, ich selbst habe dann nur den Absturz auch in meinem Depot nacherleben dürfen.]

Diese Diskussion wird schon lange erbittert geführt. In diesem Buch, in dem es ja um Aufmerksamkeit geht, möchte ich nun einen besonderen Akzent setzen. Ich möchte darauf hinweisen, dass die Spekulanten aller Felder, die gierigen Manager, die Journalisten und oft auch die Politiker am meisten profitieren, wenn es dauernd heftig bergauf und bergab geht. Hin und her, rauf und runter – jeden Tag ein neuer Hype! Dann gewinnen die Medien Aufmerksamkeit, die Spekulanten überlisten die naiven Privatanleger und die Politiker haben einen Vollzeitjob, sich gegenseitig anzubrüllen. Regieren müssen sie so lange nicht. Es ist ja immer Krise.

Das Ausnutzen wirtschaftlich begründeter Schwankungen an den Börsen mag oder mag nicht ethisch vertretbar sein. Aber:

> Das Zocken mit der naiven Aufmerksamkeit der Privatanleger ist ethisch nicht vertretbar. Das Manipulieren der Aufmerksamkeit noch weniger.

Die kommerziellen Medien als Zocker mit Aufmerksamkeitsschwankungen

Die Medien sollten uns informieren und aufklären. Sie sollten uns erbauen, weiterbilden und mit uns Lebensfragen und Zukunftsszenarien besprechen. Wir hätten gerne Nachrichten und eine weise Einordnung der Vorkommnisse in das Ganze. Die Medien haben eine gesellschaftliche Verantwortung. Früher war es die größte Ehre, sorgfältigen und gut recherchierten investigativen Journalismus zu betreiben. Watergate aufdecken oder die CDU-Schwarzgeldaffäre! Edward Snowden interviewen! So etwas brachte ewigen Ruhm und natürlich auch Auflage.

So viel Aufwand ist heute nicht mehr nötig. Politiker, Stars und Spitzensportler ringen um Aufmerksamkeit und sind gar nicht so sehr dagegen, wenn ihre Skandälchen in der Presse breitgetreten werden. Paris Hilton wurde mit ihrem Sex-Video berühmt, nachdem Pamela Anderson dieses Tor zum Gehyptwerden weit geöffnet hatte. Wie wundervoll, wenn ein Fußballstar drei Wochen auf der Bank saß – sofort wird gestichelt, ob seine Karriere vorbei ist. Erst Götzendienst, dann Denkmalssturz! Wie schön, wenn sich irgendwo Ehekrisen abspielen oder Zickenkriege mitfilmen lassen, wenigstens gegen Honorar als Scripted Reality.

Das Internet ist so bunt und offen geworden, dass es gefühlt zehn Hypes pro Tag zur Auswahl gibt, die alle anderen Medien sofort aufnehmen und verwerten können. Sommerflaute bei Nachrichten? Passé. Nie wieder Sauregurkenzeit. Ah, da ist Gift im Essen gefunden worden, wieder ein Whistleblower, ein tragisches Unglück in Neuseeland oder Anzeichen für einen vielleicht geplanten Terrorakt. Skandal im Schlachthof, Schäbiges aus dem Pflegeheim – Qual der Wahl.

Die Kunst ist es, Hypes zu erzeugen, die möglichst zu lange andauernden kontroversen und leidenschaftlichen Debatten führen. Die Bevölkerung muss dazu am besten polarisiert werden. Alle müssen mitfiebern und die Diskussion verfolgen wollen. Dazu eignen sich besonders Affären, die sich länger hinziehen und die ganze Zeit über emotionalisieren. Der Fall Uli Hoeneß ist zum Beispiel so ein Glücksfall für die Medien geworden. Der Hype geht nun schon ins vierte Jahr, zwischen »Kreuziget den arroganten Herrn Hoeneß« und »Seid doch gnädig mit unserem Uli, der so viel Gutes getan hat«. Und neuerdings spielen wir das Ganze mit Franz Beckenbauer. »Es geht ihm doch nur um Geld, wie schnöde!« – »Der gute Kaiser Franz hat so viel für uns getan.«

Diejenigen Aktien steigen am höchsten, die plötzlich sehr viele Leute kaufen wollen. Diejenigen Skandale, Hypes oder Sensationen werfen für die Medien am meisten ab, die sehr viele Menschen dauerhaft aufflammen lassen. Besonders krass wird es, wenn »Urängste« aufgerührt werden. Welche sind das? Für mich sind das solche:

- Angst, wenn es Gründe gibt, sich bedroht zu fühlen
- Unwohlsein und große Vorsicht bei Unsicherheit
- Empörung über Ungerechtigkeit und Ungleichbehandlung
- Widerwille, wenn es neue Regeln geben soll
- Zweifel, wenn gravierende Entscheidungen notwendig sind
- Ärger und Bedrohungsgefühle, wenn sich jemand nicht an die Regeln hält
- Zorn bei Arroganz und Kritik von Höhergestellten
- Unbedingter Wille, stets den Schuldigen herauszufinden
- Hintanstellen von Lebenslust – erst die Pflicht!

Ich glaube ja heimlich, dass der deutsche Nationalcharakter ein bisschen in Richtung »Zwanghaftigkeit« tendiert. Und wenn man den gut zu reizen versteht, kann man trefflich längere Zeit Aufmerksamkeit in den Medien anrühren. Ich zitiere einmal aus der Wikipedia:

Zwanghafte Personen neigen zu einer weniger effektiven Zeitplanung: Wichtige Dinge erhalten bis zum letzten Augenblick einen Aufschub, dagegen erfahren Freizeitaktivitäten sogar eine exakte Planung. Arbeit und Erfolgsstreben werden meist über Vergnügen und soziale Beziehungen gestellt. Oft versuchen sie, ihr Tun logisch und rational zu rechtfertigen. Emotionales beziehungsweise affektives Verhalten anderer wird nicht toleriert. Durch ihre ausgeprägte Unentschlossenheit werden Entscheidungen immer wieder hinausgeschoben, was Ausdruck einer übertriebenen Furcht vor Fehlern ist. Diese kann dazu führen, dass Aufträge und Vorhaben überhaupt nicht erledigt werden können. Auch sind sie außerordentlich gewissenhaft und nehmen gerne die Rolle des »Moralapostels« ein. Bei sich und anderen nehmen sie alles sehr genau, auf Kritik von Autoritätspersonen reagieren sie außergewöhnlich sensibel und verletzt. Die Fähigkeit zum Ausdruck von Gefühlen ist häufig vermindert. In zwischenmenschlichen Beziehungen wirken Betroffene dementsprechend kühl und rational. Die Anpassungsfähigkeit an die Gewohnheiten und Eigenheiten der Mitmenschen ist eingeschränkt. Vielmehr wird die eigene Prinzipien- und Normentreue auch von anderen erwartet. Sie tendieren bisweilen zum Geiz und sind oft nicht in der Lage, sich von abgetragenen oder nutzlosen Dingen zu trennen, auch wenn sie keinen Erinnerungswert haben.

Erkennen Sie darin etwas von uns wieder? »Wir wollen die DM wiederhaben.« – »Wir müssen eine Quote definieren, wie viele Flüchtlinge pro Stunde kommen dürfen, sonst verlieren wir die Kontrolle.« – »Fremde müssen sofort unsere Regeln und Gewohnheiten übernehmen, das meinen wir mit Integration.« – »Hoeneß muss wie jeder andere Gefangene behandelt werden, ohne jeden Promi-Bonus, darauf werden wir scharf achten.« -»Wir wollen keine Staatsschulden, gar keine.« -»Die Digitalisierung birgt unvorhersehbare Risiken. Wir sollten sie nur in Betracht ziehen, wenn alles sicher ist.«

Wenn Medien gut auf der Klaviatur der deutschen Kitzligkeiten spielen, erzeugen sie den größten Hype. Das tun sie nun in unverantwortlicher Weise. Wo Behutsamkeit befrieden könnte (»Bleibt ruhig, wir haben alles im Griff«), wird eben draufgehauen, bis sich das Volk polarisiert. Die Medien verlassen die Rolle, unsere Kultur konstruktiv zu befruchten. So wie die Spekulanten durch Hochjubeln und leerspekulatives Niederziehen den Objekten der Spekulation (den Unternehmen) schaden, so schaden die Medien der Gesellschaft durch das Hypen und die Shitstorms danach.

Wenn das Hochjubeln und Niederziehen Jungstars betrifft, werden dadurch mutwillig Seelen zerstört - egal, es muss grelle Meldungen geben.

Brexit und Donald Trump: Erinnern Sie sich an den Beginn der Finanzkrise? Da hörten wir zigmal zu unserer Beruhigung: »Die Finanzkrise ist, wie der Name schon sagt, eine reine Finanzkrise, sie findet an den Börsen und unter den Spekulanten statt. Sie hat keinerlei Beziehung zu der Realwirtschaft und keine weiteren Auswirkungen auf uns.« Heute sagen viele gebildete Leute, dass sie besonders die lauten Internetmedien fast schon hassen, weil die Berichterstattung oft sehr unterirdisch geworden ist. »Wir ignorieren diesen Schmutz einfach und lassen ihn aus unserem Leben raus. Punkt. Wir lassen uns unser Leben nicht eintrüben.« Leider hat das Zocken der Medien mit Aufmerksamkeit nun doch herbe Folgen in unserem Leben. Wir haben uns den Brexit eingefangen, weil jede beliebige Lüge und jeder Schmutz ungefiltert berichtet wurde - Schmutz gibt Klicks! Und heute, da ich dies schreibe, beschmutzen sich Trump und Clinton. Es geht nur rudimentär um die Zukunft der USA, mehr um Gesundheitsprobleme der Kandidaten, Sex-Affären von Bill Clinton und Sex-Ansichten von Trump, alte Mails und fehlende Steuererklärungen. Der Aufmerksamkeitsfokus auf diesen Schmutz des Tages bringt den Medien Geld und uns möglicherweise schlimme Folgen in unserer Zukunft.

Diese schlimmen Folgen bekommen wir auch dann zu spüren, wenn Trump nicht gewählt wird und selbst dann, wenn in Großbritannien nochmals abgestimmt würde. Das würde nur die Kurzfristfolgen eindämmen. Das wirklich Bedrohliche ist, dass das Zocken mit Aufmerksamkeit in den Medien unter eifriger Mithilfe und Verstärkung der Medien jetzt absolut Beispiel macht. Bei uns ja auch, siehe AfD.

> Das Aufmerksamkeitszocken würde nicht funktionieren, wenn alle ethisch wären. Um zu zocken, muss man unethisch werden. Zocken wird belohnt. Folglich schlittern wir in schlimme Zeiten.

Die unsichtbare Hand der Aufmerksamkeit – besser die Geißel

Ich hole noch einmal aus, zur unsichtbaren Hand über dem Markt: Die Marktwirtschaft und die Börsenprofis begründen ihr Dasein immer damit, dass sie helfen, die Märkte im Gleichgewicht zu halten. »Wenn jeder in seinem Interesse agiert, kommt für das Gemeinwohl das Beste heraus.« Dieser Gedankengang stammt von Adam Smith, er äußert ihn 1776 in seinem Hauptwerk *Der Wohlstand der Nationen*. Wahrscheinlich kennt ihn jedes Kind, das schon einmal von Wirtschaft gehört hat. Durch das Agieren jedes Einzelnen in seinem eigenen Interesse bildet sich ein Gleichgewicht heraus - als wenn eine »unsichtbare Hand« die Geschicke der Welt zum Besten leiten würde.

Aber hat jeder auch Adam Smith gelesen? An der berühmten Stelle heißt es:

»Wenn daher jeder einzelne so viel wie nur möglich danach trachtet, sein Kapital zur Unterstützung der einheimischen Erwerbstätigkeit einzusetzen und dadurch dieses so lenkt, dass ihr Ertrag den höchsten Wertzuwachs erwarten lässt, dann bemüht sich auch jeder einzelne zwangsläufig, dass das Volkseinkommen im Jahr so groß wie möglich werden wird. Tatsächlich fördert er in der Regel nicht bewusst das Allgemeinwohl, noch weiß er, wie hoch der eigene Beitrag ist. Wenn er es vorzieht, die eigene nationale Wirtschaft anstatt die ausländische zu unterstützen, denkt er nur an die eigene Sicherheit, und wenn er dadurch die Erwerbstätigkeit so fördert, dass ihr Ertrag den höchsten Wert erzielen kann, strebt er lediglich nach eigenem Gewinn. Er wird in diesem wie auch in vielen anderen Fällen von einer unsichtbaren Hand geleitet, um einen Zweck zu fördern, der keineswegs in seiner Absicht lag. Es ist auch nicht immer das Schlechteste für die Gesellschaft, dass dieser nicht beabsichtigt gewesen ist. Indem er seine eigenen Interessen verfolgt, fördert er oft diejenigen der Gesellschaft auf wirksamere Weise, als wenn er tatsächlich beabsichtigt, sie zu fördern.«

Adam Smith nimmt an, dass wir unser Kapital beziehungsweise unsere Kräfte zur Unterstützung der Erwerbstätigkeit einsetzen, damit also sinnvoll wirtschaften. Dann gibt es eine gewisse Tendenz zu einem sich ausbildenden Gleichgewicht. Man spricht von der Selbstregulierungsfähigkeit des Marktes. In der Wirtschaftstheorie wird immer darüber diskutiert, wie der Markt am besten im Gleichgewicht zu halten ist – lässt man die »unsichtbare Hand« allein agieren, vertraut man also auf die Selbstheilungskräfte? Oder greift der Staat ein und reguliert? Niemand fragt sich, ob das jeweilige Gleichgewicht denn nun der bestmögliche Zustand wäre. Gibt es bessere Gleichgewichte mit mehr Wohlstand, zum Beispiel, wenn wir alle in unserem Tun solidarischer sind und uns ethischer benehmen? Es gibt doch jedenfalls schlechtere Gleichgewichte, so zum Beispiel, wenn man gesetzlich erlauben würde, Bomben auf Wettbewerberfabriken zu werfen. Gleichgewichte ohne Verbrecher sind besser als mit ihnen. Ethik würde doch einen höheren Zustand im Gleichgewicht halten?

Wieso lassen wir die Wirtschaftsjournalisten einfach den Adam Smith nachplappern?

Ich finde, zu Adam Smith wäre viel zu sagen. Denn wir erlauben ja nun das Zocken mit allem - am besten mit dem Hochfrequenzhandel durch Computer. Seitdem haben die Schwankungen an den Märkten deutlich zugenommen! Das heißt doch, dass der Börsenhandel eben nicht zu Gleichgewichten führt? Man hat sich darauf verständigt, dass das zockende Verhalten der Profis den Bauern schadet und damit Hungertode provoziert. Deshalb stellen die Banken nach und nach das Zocken mit Rohstoffen und besonders mit Nahrungsmitteln ein.

So ist das also? Die Zocker konzedieren, dass die Börsenspekulation mit Nahrungsmitteln dem Menschen schaden. Warum schaden sie denn dann nicht insgesamt? Warum setzen sie ihr Tun anderswo fort? Warum lassen wir das zu?

Ich habe am Beispiel der Aktien von 3D Systems erklärt, dass es den Marktteilnehmern absolut nicht um den realen Wert dieser Aktien geht, auch nicht um die von Adam Smith erwähnte »Unterstützung der Erwerbstätigkeit«, sondern nur um das Hochtreiben der Aktie durch mehr Aufmerksamkeit. Es wird zuerst eine Aufmerksamkeitshausse provoziert, dann eine Aufmerksamkeitsbaisse.

Dieses Börsenphänomen sehen wir nun überall. Es wird mit Aufmerksamkeit an sich gezockt. Die Medien und die Politik adaptieren die Strategien der Unternehmenspressesprecher, der Aktienempfehlungsbriefe und dergleichen. Sie jubeln Themen hoch, kümmern sich nicht um die Folgen und ziehen weiter.

»Hosianna!« und »Kreuziget ihn«. Dieses Aufmerksamkeitszocken soll und will absolut nicht in ein Gleichgewicht münden. Es wird jede Anstrengung unternommen, das Gleichgewicht durch immer neue Impulse zu verlassen.

[Beim Zocken mit Aufmerksamkeit gibt es keine Selbstregulierung »des Marktes«.]

Es gibt also durch das laute, extreme und flachsinnige Agieren der Aufmerksamkeitsprofis absichtlich nie ein Gleichgewicht. Bei der Aufmerksamkeit ist es tatsächlich so, als sei das Werfen von Aufmerksamkeitsbomben auf den Gegner geradezu die Methode der Wahl, so als wenn Aufmerksamkeitskrieg die beste Ausbeute an Aufmerksamkeit ergäbe.

Die unsichtbare Hand der Aufmerksamkeit ist eine unsichtbare Geißel für die Menschheit und auch für die Börsen und für die Wirtschaft. Die Voraussetzung, dass sich jeder um etwas für sich bemüht, das der Gesellschaft nicht direkt schadet, ist falsch. Solange es erlaubt ist, der Gesellschaft zu schaden, ist die ganze Wirtschaftstheorie schlicht Murks. Und der Flachsinn schadet der Menschheit real. Sagen Sie jetzt nicht, »das Dumme finde ja nur im Internet statt und habe nichts mit dem Leben zu tun«.

Befreien wir unsere Aufmerksamkeit!

as große Motto des Aufklärungszeitalters war »Sapere aude« (wage es, weise zu sein). Oder wie es Immanuel Kant formulierte: »Habe Mut, dich deines eigenen Verstandes zu bedienen!«. Der Mensch sollte dafür kämpfen, aus seiner Unmündigkeit herauszutreten, indem er den traditionellen Mächten die Vernunft als universelle Urteilsinstanz entgegensetzte. Freiheitsrechte und religiöse Toleranz würden die Lage der Menschen verbessern, die Naturwissenschaften würden Fortschritt bringen und eine kritische öffentliche Haltung könnte jede illegitime Macht zügeln. Für zu kritische Vernunft konnte man damals eingesperrt werden, man musste wirklich noch wagen. Heute muss man die Vernunft fast schon immer neu suchen und finden, weil sie zu wenig Aufmerksamkeit bekommt. Die Vernunft wird nicht mehr unterdrückt, sondern durch Spektakel überlagert. Diesen Zustand muss sie überwinden und sich dazu wohl viel besser in Szene setzen.

Heute sind wir im Prinzip aufgeklärt, aber wenn wir auf den Kupferstich von Daniel Chodowiecki aus dem Jahre 1791 schauen, könnten wir sehr nachdenklich und traurig werden. Das Bild will sagen: *Im Moment der Aufklärung, zu dem die römische Göttin der Erkenntnis, Minerva, das Licht spendet, finden die Religionen der Welt zusammen.*

10. Daniel Chodowiecki, Toleranz (1791)

Wie kann die universelle Vernunft den heutigen Flachsinn zügeln? Wie illegitimieren wir den Flachsinn? Die Freiheit, heute im Internet zu publizieren, bringt auch eine Verantwortung mit sich. Freiheit ist nicht grenzenlos, sondern schließt ihren verantwortlichen Gebrauch ein. Es mag legal sein, Beleidigungen in satirischer Form zu publizieren und diese Freiheit von Gerichten bestätigen zu lassen. Die Gerichte entscheiden über die Grenze, die das Gesetz der Freiheit setzt. »Weiter hinaus ist verboten!« Die Ethik und die Verantwortung setzen keine Grenzen, sondern wissen um eine gesunde Mitte. Diese Mitte, die sein soll, haben wir aufgegeben. Wir schielen nur noch auf die Grenzen, die nicht überschritten werden dürfen. Wir streiten nur noch, ob ein Facebook-Eintrag Hetze im Sinne des Gesetzes ist, das dann eine Löschung verlangt. Wir reden nicht so sehr davon, was verantwortlich oder auch nur angemessen ist.

Immanuel Kant kämpfte für die Freiheit des Menschen, sich aus der Unmündigkeit zu befreien. Diese Freiheit hat heute jeder. Jetzt sollten wir die Pflicht predigen, sich nicht in einer flachsinnigen Welt zu verlieren. Heutige Antworten wie »Smartphoneverbot« sind ebenso flachsinnig wie das, was sie verhindern wollen. Wir müssen eine neue Verantwortung übernehmen, zu der wir heute alle nötige Freiheit haben.

[Freiheit verpflichtet.   ]

Dieser schlichte Satz ist natürlich schon gesagt worden. Ich google. Neben dieser Formulierung gibt es noch »der Freiheit verpflichtet«, zusammengenommen kommt die Kombination »Freiheit verpflichtet« satte 7 010-mal vor, etwa die Hälfte davon im anderen Sinne. Wenn etwas nur 7 010-mal beim Googeln auftritt, ist es »so gut wie nicht bekannt«. In früheren Artikeln habe ich selbst immer wieder in Anlehnung an die Formulierung »Eigentum verpflichtet« viel weitergehender gefordert:

[Hirn verpflichtet.]

Wer ein Hirn hat, soll damit verantwortlich umgehen. Wer diese Verpflichtung tief empfindet, kann mit dem Untertitel des Buches viel anfangen: »Ich habe ein Hirn, ich will hier raus!« Raus aus der Welt des Flachsinns!

Aber wie? Ich thematisiere hier im letzten Teil des Buches ein paar Möglichkeiten, die mir wesentlich erscheinen:

- Wir beleuchten die Existenz einer neuen Art von Intelligenz – nämlich die Intelligenz für Attraktivität.
- Wir verdrängen das endlose Meer des Flachsinnigen durch feste, gesicherte Inseln des Tiefsinns – ich schlage vor, alles Kulturgut der Menschheit im Netz mehr oder weniger frei zur Verfügung zu stellen.
- Neben dem Tiefsinn sollten wir auch Tiefsinnige kultivieren. »Stream Smarts« könnten so etwas wie neue Tiefsinn-Coaches werden.
- Zu der als grenzenlos empfundenen Freiheit der Äußerungen in den Medien muss eine neue Verantwortung erwachsen, die wieder zu einer besonnenen Balance führt. Freiheit hat Grenzen – die der Verantwortung.

AQ – die Attraktionsintelligenz

Ich finde, wir Menschen haben mehrere Intelligenzen. Eine zweite haben wir ja schon weitgehend anerkannt – denn neben dem dominierend bekannten IQ gibt es seit längerer Zeit auch einen EQ, einen Quotienten der emotionalen Intelligenz.

Ein hoher EQ wird im Arbeitsleben immer wichtiger, weil immer mehr Routinearbeiten in die Computer verschwinden und weil die meiste übrig bleibende Arbeit das Klarkommen mit Menschen zum Inhalt hat. Mit all dem »Menschelnden« kommen Computer (noch) nicht wirklich klar. Also müssen wir alle Arbeit um den Menschen herum selbst können. Es stellt sich heraus, dass wir im Durchschnitt absolut nicht gut dazu in der Lage sind. Wir sind in der Masse leider nicht emotional intelligent. Die Klage um dieses Faktum wird immer lauter. Wir zanken uns in Meetings, gehen nicht aufeinander ein, versuchen zu wenig, uns in andere hineinzuversetzen, hören nicht genügend zu, lehnen andere Standpunkte zu brüsk ab und lösen zu wenige Konflikte in Freundschaft.

Trotz dieser täglichen Erkenntnisse ist alles rund um den EQ noch Neuland. Stellen Sie sich vor, Sie müssen eine knifflige Matheaufgabe lösen und schaffen es nicht. Oder Sie rätseln an einer Maschine herum, die nicht tut, was Sie wollen - irgendetwas funktioniert nicht. Sie stehen da, mit einem verzweifelten Gefühl des Scheiterns. Da kommt ein Mathematiker oder Ingenieur hereingeschneit und meistert die Aufgabe oder das technische Problem mit einer frischen Idee oder zwei, drei Handgriffen. Sofort stehen wir schön dumm da, besonders, wenn der andere stumm zufrieden lächelt. Weil er stolz ist, es zu können? Oder weil er uns für Noobs hält? Wir fühlen in solchen Momenten, dass uns für solche Probleme etwas im Kopf fehlt oder abgeht. »Ich bin zu dumm dafür.«

Dieses Bewusstsein fehlt für die emotionale Intelligenz. Wenn wir mit anderen Menschen nicht klarkommen, schimpfen wir auf sie - und bestimmt nicht auf uns! Auf eine Matheaufgabe oder ein Maschinenbedienproblem können wir nur eingeschränkt schimpfen. Wir können uns eventuell noch etwas retten, indem wir »Wer hat sich eine so verrückte Bedienungsweise ausgedacht?« schimpfen. Aber wir müssen anerkennen, dass andere schlaue Menschen kein Problem damit haben. Genau so sehen wir im Leben, dass es Menschen gibt, die mit allen ihren Mitmenschen und sogar mit unseren Feinden gut klarkommen. Wir erkennen daraus aber nicht etwa, dass diese Menschen eben einen höheren EQ haben, sondern wir werfen ihnen eher innerlich vor, auch unser Feind zu sein, weil sie bestimmt irgendwie »mit denen« unter einer Decke stecken. Wir übernehmen kaum die Eigenverantwortung für den schlechten Zustand unserer Beziehungen. Immer der andere hat die Schuld, der Partner hat die Ehe zerbrochen oder der Konkurrent das Projekt gekippt.

Das »Objekt« der emotionalen Intelligenz ist eben wieder ein Mensch, so wie wir selbst. Wer an Mathe scheitert, weiß, dass er es nicht bringt – Mathematik ist Mathematik, wie ein Fels. Wer aber mit Menschen nicht klarkommt, kann für sein Scheitern fast immer genug Gründe in den anderen Menschen finden. Daher kommt kaum jemand auf die Idee, sein eigener EQ sei zu niedrig – obwohl, wohlgemerkt, genau das von anderen Menschen ja oft gesagt wird: »Du kannst nicht mit Menschen umgehen!«

Wer eine Matheaufgabe nicht packt, bittet jemanden um Hilfe, der es kann. Wer mit Menschen nicht klarkommt, könnte entsprechend um Vermittlung im Konflikt bitten. Das tut er aber nicht, denn er findet, die anderen sind schuld. Deshalb werden viel mehr emotionale Fehler gemacht als sachliche.

Es geht aber nicht nur um Mathe und Mensch wie IQ und EQ, sondern hier im Buch vor allem um das Thema der Aufmerksamkeit. Es handelt sich dabei wohl um ein selbstständiges Talent, nämlich das, positive oder die im speziellen Fall jeweils gewünschte Aufmerksamkeit zu erlangen. Schauen sie sich in einem typischen Meeting um. Dort haben meist diejenigen Leute das große Wort, die mit Aufmerksamkeit gut umgehen können. Sie haben eine solche Strahlkraft, dass andere ihnen gebannt zuhören. Sie können leicht das Wort ergreifen und bekommen von den anderen die Gelegenheit, ihre Standpunkte zu begründen oder einzubringen. Während die emotionale Intelligenz mehr damit arbeitet, den anderen zu verstehen und ihm zuzuhören, gibt es wohl eine Intelligenz der Aufmerksamkeit, diese auf sich zu ziehen. Diese Intelligenz verschafft sich Gehör.

Viele Manager und gute Verkäufer haben eine solche Attraktionsintelligenz. Diese kann im Attracticon oft den Ausschlag geben. Ich habe viele Meetings im Geschäftsleben erlitten, in denen die wirklichen Fachleute nie zu Wort kamen. Warum nicht? Das fragten sie sich selbst. Antwort: »Weil die Oberschwaller das ganze Meeting gehijackt haben«, wie man in amerikanischen Firmen sagt. Das wurmt die Experten sehr. Sie wissen von allen am besten Bescheid, kommen aber nicht zu Wort oder können sich nicht ausdrücken und schon gar nicht interessant machen. Dann sehen sie mit Tränen im Herzen oder im Hirn, dass wiederum seltsame Beschlüsse gefasst werden, die aus ihrer Sachsicht einfach nur Unfug darstellen.

Nun könnten die Experten im Prinzip analysieren, warum sie von den Verkäufern und Beratertypen so stark dominiert werden. Es liegt an ihrer mangelnden Kompetenz der Attraktivität, es fehlt ihnen an Ausstrahlung, andere für sich einzunehmen. Das aber verstehen sie nicht, weil Expertenhirne oft sehr einseitig auf hohen IQ getrimmt sind. Darauf sind die Experten sogar sehr stolz, und dieser Stolz macht sie blind für die Kompetenzen der Verkäufer und Manager, die sie dann eher hassen, als dass sie von ihnen lernen würden. So wie Leute mit einem geringen EQ ihr Leiden verschlimmern, indem sie die anderen für schuldig erklären, so kommen Experten noch weniger mit dem Leben zurecht, wenn sie die »Vielredner« verachten.

Es muss daher – finde ich (mehr dazu in meinem früheren Buch *Professionelle Intelligenz*) – noch eine weitere Intelligenz geben, nämlich die des Sinnes für Attraktivität. Es geht um die Gabe, andere für sich einzunehmen, sie zu verführen, positive Gefühle in ihnen auszulösen, sie zu überzeugen und sie für sich zu interessieren. Manche – »Leute mit einem hohen AQ« – können etwas, woran andere durchgängig scheitern. Diese sind in Bezug auf Attraktivität dumm. Diese Art von Dummheit ist noch unbekannt, weil eine hohe Attraktionsintelligenz nie richtig gewürdigt wird. Oft wird sie gehasst oder verachtet. Lady Gaga, Paris Hilton, Kim Kardashian, »Posh Spice« Victoria Beckham und Verona Pooth setzen oft Glanzlichter der Aufmerksamkeitskunst und scheffeln Abermillionen damit. Wir würdigen solche Talente nicht, aber wir schauen interessiert bis gebannt hin. »Das kann doch nicht wahr sein! Ein Fleischkleid!« Wir verstehen nicht, warum man uns selbst dagegen nie wirklich beachtet ... Wir ärgern uns einfach, wie leicht man hohe Summen mit Werbung für Blubb-Spinat verdient. Wir finden es ungerecht, meinen, es sei unecht – wir grummeln, ohne uns je

Gedanken zu machen, wie wir an unserer eigenen Attraktivität arbeiten könnten.

Könnte es nicht so sein, dass die Attraktionsintelligenz eine sehr wichtige oder meinetwegen eine der allerwichtigsten ist? Wenn Sie für sich im Netz werben, eine Seite oder einen Shop betreiben, wenn Sie einmal dem Chef von Ihrer Idee erzählen möchten, wenn Sie verkaufen oder überzeugen wollen: Zuallererst müssen Sie das Interesse der anderen wecken. Ihr Gegenüber muss Ihnen seine Zeit schenken – heute, wo Zeit knappstes Gut ist. Sie müssen zuerst attraktionsintelligent die phatische Kommunikation einleiten und einen Kanal öffnen. Vorher hört der andere nicht zu. Vorher klickt er ihre Seite weg. Zuerst die Attraktion, dann das Herz erreichen und zum Schluss mit Sachverstand kommen! So herum. Die meisten versuchen es direkt in der Sache – und keiner hört zu.

Natürlich müssen Sie nach der Attraktionswirkung auch liefern, das ist klar. Sie dürfen nicht enttäuschen, nachdem Sie die Aufmerksamkeit geweckt haben und sie auf sich ziehen konnten. Aber vor allem anderen müssen sich zuallererst die Blicke auf Sie richten.

The Winner is ... der mit hohem AQ, morgen sicherer als heute. »Attention first.« Das ist die Voraussetzung. Und ja – stimmt, danach muss man liefern.

Wir kennen die Katastrophen und Enttäuschungen nach der ersten positiven Aufmerksamkeit:

- »Sie wirkt sehr kompetent, aber dann war ich schwer enttäuscht.«
- »Er sieht umwerfend sexy aus, aber wenn er sein Maul aufmacht, oh je.«
- »Sie hat die Macht, zu sagen, was sie will. Wir müssen zuhören, es kommt aber nur Mist.«

Man konnte es in früheren Zeiten völlig ohne AQ weit bringen und in hohe Machtpositionen gelangen, aber heute wird es ohne guten AQ immer schwieriger. Ich stelle fest:

[Die Attraktionsintelligenz gewinnt an Bedeutung.]

Und leider auch:

[Mit Attraktionsintelligenz sind nur wenige von Geburt an gesegnet.]

Und wir können uns daraus erklären:

[Der Flachsinn und der Missbrauch von Aufmerksamkeit steigt zu ungekannter Blüte auf.]

Wir lernen es ja nicht, zu überzeugen und zu »verführen«! Insbesondere in Deutschland ist es geradezu verpönt, einen sichtbar hohen AQ zu haben. Wir haben also keine Erfahrung damit! Sind wir AQ-dumm? AQ-Dumme können es ja nicht merken, die anderen sind schuld.

Durchschnittlich AQ-Gesegnete erleben wenigstens bewusst, dass sie öfter in Probleme rennen, ohne deren Ursache zu verstehen. Sie versuchen dann, »weniger Fehler zu machen«. Dazu suchen sie nach Regeln und Ratschlägen, die auch talentfreies Gelingen versprechen. Kaum jemand schafft es über die Exzellenzstufe des Lehrlings hinaus. Es gibt keine AQ-Bildung, niemand lehrt dieses Fach, ethisch wertvolle Vorbilder zum Nacheifern gibt es kaum. Lady Gaga wäre ja kein solches leuchtendes Beispiel.

Natürlich gibt es schon ein paar Ratgeber der Cargo-Kult-Pornografie mit zehn Kapiteln zum Thema, aber das reicht eben nicht. Wir müssen den AQ ja erst ins allgemeine Bewusstsein bekommen.

»Medienkompetenz« und Bildung – Erkennen können, was wertvoll ist

Seit einiger Zeit wird das Wort Medienkompetenz inflationär benutzt. Was muss man können? Ein iPad bedienen? Ich war einmal Zeuge, als ein junger Mann einer schon recht älteren Dame »das Internet beibrachte«. O-Ton: »Für den ersten Anfang brauchst du nicht viel. Fast alles geht erst einmal mit drei Webseiten: Google, Amazon und YouTube. Google für Wissen, Amazon fürs Einkaufen und YouTube für die Lebensfreude, als TV-Ersatz und Ratgeber. Ja, und Whatsapp auf dem Phone. Du musst da aber nicht nur lesen, was deine Enkel schreiben, du musst mitmachen und selbst schreiben, sonst bist du da raus. Schick einfach öfter Fotos, das ist schon mal ganz gut. Angry Birds installiere ich gleich, Bejeweled auch. Das reicht dann.«

Tja, so einfach ist das! Viele können auch heute noch nicht, nach einer Generation Internet, mit Webseiten, Internet-Banking, Smartphones und Mails umgehen. Sie zögern, weil ihnen alles rund um Computer fremd erscheint. Die Medien berichten von Gefahren, Datendiebstählen und Passwortausspähern. Natürlich weiß bald jedes Kind, was für ein Schmutz im Internet zu finden ist. Der »Ehe-Hygiene«-Firma Beate Uhse geht es schlecht. Man kann sich sattsam alle nackten Tatsachen im Netz anschauen, ohne einen Cent zu bezahlen.

Die Erwachsenen, die sich nicht mit den neuen Medien auskennen, fürchten sich und wollen ihre Inkompetenz oft nicht beheben. Bloß nicht dumm anstellen! Sie sehen aber mit Staunen und Besorgnis, dass ihre Kinder ungesteuert »irgendetwas« im Netz machen. Sind die denn überhaupt kompetent? Können die das schon sein, so jung, wie sie sind? Muss man denn nicht Angst um sie haben, dass sie betrogen oder verführt werden? Das ist für Erwachsene ohne Internet-Kompetenzen nicht gut entscheidbar, deshalb sind sie oft pauschal »gegen« das Internet. Es müsste Lehrgänge für das Internet geben! Oder einen Führerschein! Die gibt es ja, aber das Internet wandelt sich rasend schnell …

Die Politiker kennen sich nicht besonders mit den neuen Medien aus. Angela Merkel sprach in einem berühmten Satz vom »Neuland« – da stöhnte die Internetgemeinde fast verzweifelt auf. Immerhin sprechen jetzt alle von einer sogenannten Medienkompetenz, die jeder haben sollte. Man sollte vielleicht surfen können? Oder was soll das denn sonst sein, eine Medienkompetenz? Ich schaue in der Wikipedia nach und muss etwas lächeln.

Medienkompetenz umfasst laut der Wikipedia Fähigkeiten wie »Buch ausleihen«, »geeignete Nachrichtensendungen im TV finden«, Leserbriefe schreiben, Blogartikel oder »Rundbriefe« verfassen (sagt man heute nicht Newsletter?), eine Homepage einrichten, ein Buch schreiben oder einen Flashmob initiieren. Man solle eine kritische Distanz zu den Medien halten, um in journalistischen Beiträgen politische oder kommerzielle Interessen erkennen zu können. Kein Wort von Facebook, Twitter, YouTube, Einkaufen, Banking, WhatsApp, von Klingeltönen, Preisvergleichen, Barcodescannern, elektronischem Zahlungsverkehr, Kleinkreditaufnahme per App, Navi-Benutzung, Fahrplanauskunft, eBay oder Gaming (Spiele aller Art). Das Internet ist Teil unseres Lebens geworden – aber die Definitionen von Medienkompetenz werden noch von ängstlichen Oberlehrern verfasst, die ihren Kindern Tastenhandys zum 16. Geburtstag schenken.

Medienkompetenz im eben definierten Sinne ist »Internet auf Lehrlingsniveau«! Die Fähigkeit, ein Tablet oder eine Hightech-Schultafel bedienen zu können, ist nicht viel mehr als das Landebahnbauen nebst Towerbeten bei Cargo-Kulten. Die neuen Medien bestimmen unser Leben doch bald ganz und gar! Trotzdem wird das Internet noch immer als etwas »zum Surfen« wahrgenommen. Man informiert sich dort und findet etwas Gesuchtes. Die Öffnungszeiten der Sparkasse und die Speisekarte vom Rössl in Waldhilsbach sind heute zwar zuverlässig im Netz, aber für das wirkliche »aktive Leben im Netz« fehlt noch so viel!

Abgesehen davon, dass sich ein guter Teil unseres Lebens ins Internet verlagert, schauen wir ja auch immer auf den dort vorhandenen Schmutz – den Flachsinn eben. Wer kann das Wichtige und

Wertvolle vom »Mist« unterscheiden? Wie bewahren wir uns vor dem immensen Zeitverlust, den wir durch das Abwägen »sinnvoll oder flach« erleiden? Ist es das Wertvolle noch wert, wenn wir zu lange danach suchen müssen?

Ich erinnere einmal daran, was das ist – Bildung:

Der Vorgang geistiger Formung, auch die innere Gestalt, zu der der Mensch gelangen kann, wenn er seine Anlagen an den geistigen Gehalten seiner Lebenswelt entwickelt. Gebildet ist nicht, wer nur Kenntnisse besitzt und Praktiken beherrscht, sondern der durch sein Wissen und Können teilhat am geistigen Leben; wer das Wertvolle erfasst, wer Sinn hat für Würde des Menschen, wer Takt, Anstand, Ehrfurcht, Verständnis, Aufgeschlossenheit, Geschmack und Urteil erworben hat. Gebildet ist in einem Lebenskreis, wer den wertvollen Inhalt des dort überlieferten oder zugänglichen Geistes in eine persönlich verfügbare Form verwandelt hat.

(Aus dem Brockhaus in fünf Bänden von 1960, den ich mir zur Konfirmation wünschen musste. Das ist jetzt 50 Jahre her!)

Hilfe, wo bekommt man diese Bildung her? Wie erfasse ich das Wertvolle, Würdige, Taktvolle und Anständige? Wie gewinne ich Verständnis, Geschmack und gesundes Urteil? Darauf gibt es eine uralte Antwort: »Buch ausleihen« – so beginnt ja auch heute der Wikipedia-Eintrag zur Medienkompetenz. Bildung setzt voraus, dass es verlässliche Quellen für die wertvolle eigene Entwicklung gibt. Das Internet sammelt aber nicht nur dieses Wertvolle, sondern alles.

Bei einer Bibliothek schauen die Einkäufer und Bibliothekare darauf, eine exquisite Sammlung anzulegen. Aber im Netz? Ein paar Goldnuggets in Schlammwüsten, so schaudern die von Netzphobie Befallenen.

Wir können nun weiterdenken:

- Wir entwickeln eine neue Kompetenz der Aufmerksamkeitsverwendung und -optimierung.

- Wir schaffen analog zu einer guten Bibliothek eine exquisite Sammlung von Inhalten, die unsere Aufmerksamkeit wert sind – wir müssen dann nicht mehr so sehr üben, unsere Aufmerksamkeit und unser Interesse auf die wertvollen Inhalte zu konzentrieren.

Die Kompetenz guter Aufmerksamkeits-Allokation

Wohin schaut der Mann zuerst, wenn er eine Frau sieht? Was nimmt die Frau zuerst an einem Mann wahr? Für alle diese Fragen gibt es Studien. Die sind wieder sehr wissenschaftlich – ich fürchte, niemand hat je untersucht, dass man doch bei den meisten Menschen nirgendwo hinguckt – die sind uns doch alle in der Regel egal. Wir müssen mit unserer Aufmerksamkeit sparsam umgehen. Die Studien untersuchen sicher auch:»Wohin schaue ich, wenn ich hinschauen muss oder will?« Wenn ich hinschauen muss oder will, ist ja schon der phatische Kanal zwangsläufig geöffnet, aber wann schaue ich denn überhaupt hin?

Wohin schauen wir, wenn wir auf einer Webseite landen? Darüber gibt es auch Studien. Man weiß statistisch, wer auf welcher Webseite wohin schaut, und schon lange können Katalogversender recht gut schätzen, wie sich Bildgröße, Farbe und Position auf einer Katalogseite auf den Umsatz eines Produktes auswirken. Bei diesen Untersuchungen setzt man natürlich immer voraus, dass wir uns die Seite anschauen. Ich habe oben im Buch das Wort dafür erwähnt: Man versucht sich an der Onpage-Optimierung, so wie sich Menschen gut kleiden, um Aufmerksamkeit auf ihre Schokoladenseiten zu ziehen.

Unsere Aufmerksamkeit stelle ich mir zweistufig vor. Ich schaue erst instinktiv irgendwohin und lasse meine Aufmerksamkeit fast unwillkürlich von etwas einnehmen, erst dann schaut sich der Verstand oder mein Herz die Sache genauer an. Mein Blick fällt also zuerst fast unbewusst auf etwas, danach schalten sich Augen, Ohren, Gehirn und Gefühl ein. Zuerst gibt es dann wohl eine Art phatische Verbindung (ich schaue überhaupt hin), erst danach urteile ich schnell, ob sich mein Blick genau dahin lohnt, dann lese ich eingehender, höre besser zu oder schaue genauer hin.

Eine gute Bildung würde unser Unbewusstes oder unsere Instinkte schulen, sodass sie uns auf das Wichtige und Wertvolle hinweisen – im Museum auf das Hervorragende oder beim Autofahren auf Gefahren. Ich wundere mich zum Beispiel, dass ich fast regelmäßig, wenn ich hier mit Ihnen über bestimmte Aspekte des Flachsinns nachdenke, ein paar Volltreffer zum Thema ausgerechnet in der heutigen SZ finde. Das nervt Sie vielleicht, und Sie denken möglicherweise beim Auftauchen von »SZ« im Text, ich will diese Zeitung irgendwie loben oder als Referenz herausheben. Nein, es geht mir um etwas anderes – die wichtigen Artikel sind immer da, jeden Tag, aber besonders dann, wenn ich über ein bestimmtes Thema nachdenke, fällt mein Blick instinktiv auf alles, was mit dem Thema zu tun hat. Es ist, also ob ich in meinem Körper eine Google-Suche wie einen Wecker angestellt habe. Mein Instinkt schlägt wie ein Sensor an, wenn mir etwas über den Weg läuft, das meinen Kopf oder mein Herz gerade beschäftigt hält. Es fühlt sich so an, als wenn mein Instinkt oder mein Körper mithilft, meine Kopfprobleme zu lösen, indem er mich aufmerksam macht: »Schau da!«

Diese unbewusste Steuerung meiner Aufmerksamkeit beim »Rumsurfen« finde ich sehr wertvoll, und auch, dass irgendetwas in mir immer gerade zum passenden Augenblick mir Menschen über den Weg stolpern lässt, die etwas zum Thema beitragen können. Wenn ich etwas wirklich will und wünsche, hilft mir mein Instinkt. Er filtert die Welt nach diesem Willen ...

Und ich frage mich: Kann man das lernen? Es erziehen? Wie?

Ich habe noch keine gute Antwort auf die Frage, wie gute Aufmerksamkeitsallokation in meinen Körper käme. Aber es gibt ja schon Antworten in unserer Kultur. Das Panopticon versucht uns so streng zu halten, dass die Aufmerksamkeit auf das Befohlene angeordnet wird und Zuwiderhandlungen bestraft werden. Die Schulen wollen Konzentration auf die Tafel, die Panopticon-Chefs auf den Gewinn, die Kardinäle auf Wohlverhalten, vielleicht auf Gott. Sie richten uns ab. Sie geben uns bei nicht genehmer Zuteilung und Allokation von Aufmerksamkeit schlechte Noten, versagen uns Gehaltserhöhungen oder schimpfen uns Sünder. Wir lernen das Beten: »Führe uns nicht in Versuchung.« Sie sagen uns unaufhörlich: »Pass doch auf. Schau dort hin!« Die gute Aufmerksamkeitsallokation ist also ein zentrales Thema der Erziehung, aller Religionen und aller Chefs. Sie versuchen es meist mit der Brechstange des Zwangs, der harten Eingewöhnung, der Pflichtpredigt und der Dressur. Sie warnen uns vor Hyperaktivität, unüberlegten Einkäufen, spontanem Handeln, Tätigkeiten mit Suchtpotenzial und Suchtmitteln aller Art. »Bleib rein und keusch, arbeitsam, fleißig und gottgefällig. Konzentriere dich ausschließlich auf das, was von dir gewollt wird.«

Diese Sicht auf die Aufmerksamkeit zielt darauf ab, den Instinkt einfach abzuschalten und die Allokation der Aufmerksamkeit allein durch die »Vernunft« (das, was von uns gewünscht wird) vornehmen zu lassen. Wer diese Dressur nicht mitmacht, ist dann hyperaktiv, aufmerksamkeitsgestört oder beides und muss zum Arzt. Bei den meisten Gestörten schwinden ja dann die Symptome auch wieder - sie werden langsam, aber sicher endlich doch vom Dressursystem eingefangen - Ritalin kann der reifende und sich langsam anpassende Jüngling nach und nach absetzen.

Sie sehen, da wird ein großes Fass aufgemacht - Stoff für langes Philosophieren und Forschen mit umstürzlerischem Potenzial. Ich habe dieses Thema länger in meiner Omnisophie-Trilogie behandelt - mit meiner These, dass wir bestimmte Aufmerksamkeitssensoren in uns tragen, die wir eben richtig per Erziehung und Persönlichkeitsentwicklung justieren müssen. Wir haben im Instinkt der Aufmerksamkeit wahrscheinlich ein hochwirksames »Organ«, das aber von unserer Kultur einfach unterdrückt wird. Freud würde sagen: Da ist ein Es, das unterdrückt wird und Schäden anrichtet, wenn seine Einkerkerung zu stark betrieben wird. Schauen wir kurz auf die Aufmerksamkeitsallokation der Neurotiker: Bei manchen schlägt der Instinkt vor allem bei Angst an, bei anderen nur bei Ohnmacht, bei wieder anderen vor allem bei Disharmonie und Zwist, andere schäumen besonders auf, wenn sie nicht genug Respekt bekommen, also erniedrigt werden. Depressive haben eben

Hilflosigkeitssensoren, Zwanghafte Unordnungssensoren, Narzisstische Nichtanbetungssensoren, Burn-out-Kandidaten Misserfolgssensoren. Neurotiker haben offensichtlich eine falsch eingestellte Aufmerksamkeit. Ihr Instinkt zeigt ihnen vor allem etwas an, was sie zu verwunden droht – eine vernünftige Sicht oder Aufmerksamkeit ist ihnen im Stresszustand der Neurose nicht möglich. Sie sind erkrankt, weil der Instinkt nicht mehr unterdrückt werden kann, sondern sich mit Fehlleistungen wieder an die Oberfläche bringt.

Ich habe das sichere Gefühl, dass unsere Gesellschaft einmal an diese große Baustelle heran muss. Wie erziehe ich einen gesunden, hilfreichen Instinkt, der meine Aufmerksamkeit auf das Richtige lenkt? Offensichtlich sind doch alle Neurosen mit einer Fehlallokation der Aufmerksamkeit verbunden: Man sieht nur Unglücke, alles rosig, alles schwarz, alles traurig, alles neidisch ...

Nein, sie managen unsere Aufmerksamkeit à la Panopticon. Im Attracticon aber spielen sie alle mit unseren Trieben, die uns eigentlich verboten sind. Sie spielen mit den neurotischen Zeigern auf Angst, Neid, Sinnlosigkeit, Ohnmacht und Benachteiligung. Sie zeigen auf Lust, Sünde und peitschen alle Emotionen hoch. Das Panopticon unterdrückt und verdrängt die Triebe, das Attracticon lockt sie analytisch berechnend wieder hervor und versucht sie aufzureizen. Ist das verantwortlich?

Wollen wir wirklich eine so widersprüchliche und sinnwidrige Kultur? Sollten wir nicht auch beten: »Und führe uns nicht in Versuchung, wie auch wir nicht versuchen werden?«

Ich träume von einer Erziehungs- und Führungskultur, die gute Instinkte für eine gute Aufmerksamkeitsallokation schult und ermutigt. Wie gesagt, ich habe noch keinen guten Plan, wie das gehen soll. Bei unseren Kindern haben wir versucht, sie in ihrem Interesse anzufachen und zu stärken, wenn sie an etwas Wertvollem Gefallen fanden. Wir haben dann gleich Ressourcen herbeigeschafft, damit sich ihr Interesse vertiefen kann.

Auch bei Mitarbeitern geht so etwas gut. Wenn sie irgendwo Talent zeigen, sollte ich als deren Chef sofort dieses Talent ausbauen lassen. Ich verteile die Arbeit unter den Leuten hauptsächlich danach, dass sie an den Aufgaben wachsen können.

Ich betreibe dadurch Empowerment, dass ich sie ihre Stärken finden und ausbauen lasse.

Sie alle müssen irgendwann etwas entdecken, was in sehr positivem Sinne ihren Willen weckt, die Aufmerksamkeit darauf richtet und sie dann wie automatisch für das Leben ertüchtigt. Kinder sollten am besten Berufungen fühlen: »Das studiere ich! Das erfüllt mich!« Und später: »Da arbeite ich gern.« Und weiter: »Für dieses große Projekt lebe ich gern.«

Berufene, Interessierte oder Start-up-Unternehmer lassen sich nicht mehr sinnlos ablenken. Wer für etwas Wichtiges und Wertvolles leben kann, kann keine Ablenkung gebrauchen.

Wie aber erkenne ich das Wertvolle und Exzellente? Im Sport ist es einfach. Ich schaue mir Weltmeisterschaften an. Exzellentes Schachspiel kann ich über das Nachspielen von Meisterpartien erkennen und mit einer Smartphone-App sofort üben. Exzellente Architekturen sehe ich auf Reisen ... Wie aber verstehe ich psychologische Fragen, wie trainiere ich emotionale Intelligenz? Wer bringt mir einen Sinn für Attraktion bei, wie managt man Menschen und leitet Projekte? Worauf kommt es überall an? Wenn ich zu allem etwas im Netz finde – was davon ist auf Stufe 7, was nur Cargo-Kult?

Eine mögliche und einfache (nur eben sehr arbeitsintensive) Lösung wäre, das Wertvolle und Wichtige einfach mit Qualitätsgarantie ins Netz zu stellen und uns in Kontakt mit den Vorbildern und Meistern zu bringen.

Kultur im Netz – Tiefsinn-Oasen zwischen die Seichtgebiete!

Stellen Sie sich vor, ein Schüler soll eine Präsentation über die sieben Weltwunder halten. Das ist prinzipiell viel einfacher als in meiner Jugend. Damals musste ich mir alle Kenntnisse über die Wunder irgendwo anlesen. Das ging in Groß Himstedt gar nicht, aber ich hatte das Glück, im Hildesheimer Hauptbahnhof eine wirklich fabelhafte Schülerwarteraumbibliothek zur Verfügung zu haben. Dort notierte ich mir einiges und hielt ein Kurzreferat. Heute sehe ich nach Sekunden in der Wikipedia eine Liste der sieben Wunder nebst Stoff für eine halbe Stunde Referat. Dann wähle ich bei »Google Bildersuche« je zwei schöne Illustrationen der sieben Weltwunder, kopiere sie auf Präsentationsfolien und bin fertig. Die Präsentation ist bestimmt wesentlich instruktiver als das, was ich vor 50 Jahren hätte vortragen können.

Nun kommt das Problem: Ist es rechtlich erlaubt, Bilder von Weltwundern aus dem Netz für Referate zu verwenden? Darf ein Lehrer den Schülern etwas aus dem Internet zeigen? Sofort eröffnet ein kompliziertes Urheberrecht Grauzonen. Lehrer haben im Zweifel oft Angst vor den Vorgesetzten und Schulbehörden. Letztere trauen sich kaum, sich mit solchen Rechtsfragen zu befassen, und verbieten prophylaktisch alles rechtlich Graue. Was nun weiß ist oder schon grau, weiß man kaum. Daher bleibt die traurige Erkenntnis: So richtig leben kann man mit dem Internet noch nicht.

Ich habe heute für meine Präsentationen ein Abonnement bei einem großen »Stock-Photo-Portal«, das um die fünfzig Millionen Fotos bereithält, die ich gegen Gebühr nutzen kann. Bei meinem Abo-Typ komme ich auf Kosten von etwa 3 Euro pro Bild.

Fünfzig Millionen wunderbare Fotos? Das klingt viel. Aber es sind viele Serien ähnlicher Bilder dabei, viele sind vollkommen unbrauchbar. Beispiel: Ich suche ein empörtes Gesicht. Bei der Suche nach »Empörung« - Moment, ich schaue jetzt gleich einmal - werden mir 20 769 Bilder vorgeschlagen. Da schneiden alle möglichen Leute empörte Gesichter, aber so unauthentisch, dass ich fast alle entsetzlich finde. Ich muss sehr lange suchen! Nächstes Problem: Ich gebe »Miley Cyrus« ein. Da erscheinen tatsächlich ein paar Bilder, das hätte ich jetzt gar nicht gedacht! Weiße nackte Plastikpuppen, die in einer Billiggrafik auf einer Abrissbirne schwingen. Kein Vergleich zu der nackten Miley Cyrus, die auf der echten Birne reitet! Warum finde ich diese berühmten Bilder nicht? Das ist klar: Sie sind nicht lizenzfrei. Daher gibt es zum aktuellen Tagesgeschehen kaum jemals etwas im riesigen Foto-Lager zu finden. Dritter Versuch: Ich suche nach einer Grafik zu einer Beratungsmethode. Die finde ich entweder gar nicht, besonders wenn sie neu ist, oder sie ist seeehr amerikanisch dargestellt. Meistens schreibt eine absolut unvermeidliche Hand im Bild ein paar megamoderne Fremdwörter auf eine Glasplatte ... Ohne die schreibende Hand gibt es wenig - was mache ich jetzt? Alles neu zeichnen?

Oder: Kinder wie ich lieben Jim Knopf mit der Augsburger Puppenkiste. Ich schwärme für die alte schwarz-weiße Fassung, bei der uns früher beim Lied der Wilden 13 noch der Schreck in die Glieder fuhr. Heute schunkeln sie ja fast nur! Schrecklich! Ich will Ihnen das kurz einmal zeigen ... Moment - aber: In der Mediathek im Internet sind solche wertvollen Kulturinhalte nicht rechtlich sauber zu finden. Die Sendungen werden nur wenige Monate vorgehalten und kommen dann in die Archive. Warum? Rechtliche Probleme. Das Privatfernsehen ist aus Gründen der »Wettbewerbsverzerrung« dagegen, dass die Sendungen aller Zeiten im Netz zu finden sind, denn dann schauen wir vielleicht nur noch wertvolle Inhalte und gehen der Werbung verloren.

Ich behaupte:

[
Das Staatsfernsehen hat so viele wertvolle Inhalte in den gehüteten Archiven, dass ich ein Kind bis zur Volljährigkeit ohne jeden Trash großziehen kann.
]

Ich erinnere mich noch, dass wir vor dem Abitur »die *Antigone* durchnahmen«, einmal die von Sophokles, dann die von Jean Anouilh. Wir lasen diese Dramen (das sind eigentlich die Texte für die Schauspieler zum Lernen) und verglichen sie miteinander. Wochenlang. Warum in aller Welt haben wir uns nicht einfach die zwei Theateraufführungen angesehen? Die gab es natürlich nicht in Hildesheim. Aber sie sind im Archiv des Fernsehens. Warum haben wir uns danach so lange mit den verschiedenen Adaptionen von Bert Brecht befasst und sie nicht angeschaut? Sie schlummern rechtlich sicher in den Archiven. Alles wurde von unseren Gebühren bezahlt – aber nein, wir wollen das Privatfernsehen nicht ärgern und verzichten lieber auf eine anständige Bildung. Wir lesen also die Drehbücher der Dramen und haben das eigentliche Kunstwerk, das Theaterstück, nie gesehen.

Ich will sagen: Man kann im Internet alles kaufen und anschauen, aber wenn wir kreativ werden wollen oder uns wirklich bilden möchten, dann ist sehr vieles aus rechtlichen Gründen verboten. Das Wertvolle und Exquisite unserer Kultur ist nicht wirklich verfügbar. Und genau deshalb müssen wir stets lange surfen und abwägen, was genau nun wichtig und ernst ist. Genau deshalb müssen wir so viel Zeit verschwenden und lange suchen. Weil das Wertvolle nicht zur Verfügung gestellt wird, müssen wir Medienkompetenz erwerben, um wenigstens etwas davon finden zu können.

Ich ärgere mich. Warum müssen wir alle Geld dafür bezahlen, dass der Staat damit *Tatort* dreht, immer noch irrwitziger, rotlichtblutrünstiger und kostenträchtiger? Was bitte ist der Auftrag der staatlichen Medien? Doch wohl Bildung? Doch wohl zur Verfügung zu stellen, was sonst nicht für normale Bürger beschaffbar wäre? War es nicht die Idee, mir eben auch in Groß Himstedt Bildung zu ermöglichen? Durch Fernsehen, Radio und die Schülerwarteraumbibliothek? Weg mit dem Rundfunkvertrag, der es zulässt, dass auf unsere Kosten Zuschauerquotenoptimierung betrieben wird, um unsere monatlichen Einzahlungen zu rechtfertigen!

[
Ich wünsche mir, alle unsere hohen Kulturgüter würden digitalisiert und frei ins Internet gestellt.
]

Wir reisen beschwerlich nach Kairo, um uns die Pyramiden anzuschauen. Wir wollen das Taj Mahal sehen, den schiefen Turm von Pisa, die Kaisergruft in Speyer und den Kölner Dom. Wir schließen aber die Theater, entziehen den Musikschulen die staatliche Unterstützung, wollen die Museen lieber als Profitzentren betreiben und lassen »Kultur« langsam zu lediglich »Luxus« verkommen. Die Kirchen werden vermietet, nie mehr prachtvoll neu erbaut, der

Glaube verkommt ohne das Erhabene, das ihn so lange trug. Ich erinnere an Grundlegendes:

[Hohe Kultur und gemeinsamer Sinn sind kein Luxus, sondern die Grundlage unseres Lebens.]

Warum tragen wir nicht wenigstens alle kulturellen Güter im Netz zusammen, soweit sie digitalisierbar sind?

- Fotos von allen Sehenswürdigkeiten, Kunstwerken, Produkten, Tieren, Pflanzen, infrage kommenden Menschen des öffentlichen Lebens, geschichtlichen Momenten und Monumenten etc.
- alle Theaterstücke, Opern, Lehrfilme und Dokumentationen
- alle Musiknoten aller Zeiten, Kulturen und Komponisten
- alle Literatur mit Interpretationen, Materialien etc.
- alle wertvollen (Kinder-)Sendungen aus den Fernseharchiven
- digitale Kopien von Gebäuden, Kunstwerken, Madame-Tussauds-Wachsfiguren, Tierskeletten und ähnlichem Anschauungsmaterial, Skulpturen und Produkten aller Art (»3D-Druck ready«)

Und weiter: Ich hätte gerne zu allem, was sonst nur Stichwort in einem Lexikon ist, auch PowerPoint-Folien und Abbildungen, die man für Schulpräsentationen oder Konferenzvorträge nutzen kann. Ich könnte dort das Stichwort »Lean Management« oder »Selbstfahrende Autos« eingeben und würde eine Fülle verwendbarer Erklärungsfolien und Bilder bekommen.

Kennen Sie die Virtual-Reality-Brille (VR-Brille) mit dem Namen Oculus Rift? Die gibt es seit April 2016 im Handel. Die Firma Oculus VR hat 2012 erstmals ein paar Millionen Kapital eingesammelt, um ihr Produkt Rift fertig zu entwickeln. 2014 ist die ganze Firma von Facebook für 2 Mrd. (!) Dollar übernommen worden. Sie verstehen, dass auf diesem Gebiet eine große Erwartungshaltung besteht? Man setzt eine Brille auf und sieht alles in dreidimensionaler, fast realer Wirklichkeit. Wer heute ein Oculus Rift kaufen will, muss natürlich zur Probe einen Film anschauen, am besten den, wie man Achterbahn fährt. Wenn Sie die Brille aufsetzen, fühlen Sie sich genau wie in der Achterbahn. Sie können nach rechts und links, nach unten und nach oben (lieber nicht nach oben) schauen und rasen los – wie »in echt«! Vielleicht haben Sie schon Leute von außen angesehen, wie sie anfangen, mit den Armen zu rudern, manche setzen sich vor Schreck hin, wenn die Achterbahn einen Looping macht. Da der Film außen auf dem Bildschirm auch in 2D zu sehen ist, kann der Verkäufer dem Oculus-Rift-Filmbetrachter in bestimmten Zehntelsekunden auf die Schulter tippen, manche erschrecken sich dann fast zu Tode und schreien oder fallen hin. Suchen Sie sich einmal Kurzvideos auf YouTube dazu! Inzwischen ist ja ein gutes Stück vom Jahr 2016 ins Land gegangen, es gibt nun auch andere VR-Brillen für Spielkonsolen etc. Viele sagen, die VR-Brillen läuten ein neues digitales Zeitalter ein.

Das kann ich mir vorstellen! Man könnte Virtual-Reality-Videos von Mietwohnungen fabrizieren. Wer eine Wohnung mieten möchte, kann sie dann mit einer VR-Brille wie in Wirklichkeit besichtigen. Wir können in der Wohnung virtuell herumgehen und uns umschauen. Wo ist Schimmel? Gibt es genügend Steckdosen? Wie ist der Blick vom Balkon? Das Vermieten von Wohnungen wird so revolutioniert. Jeder kann von daheim aus besichtigen!

Entsprechend könnten wir Theaterstücke filmen und uns mitten im Stück virtuell auf der Bühne zwischen den Schauspielern bewegen. Wir können Museen, Kathedralen und Burgen besichtigen. Jeder kann mit der VR-Brille durch Neuschwanstein wandeln.

Lassen Sie alle Ihre Fantasie schweifen: Für die medizinische Ausbildung könnten viele Tausend Kranke mit allen denkbaren Leiden in VR-Qualität zu studieren sein. Welch ein Unterschied zu den großen Hörsälen, in denen unten ein Professor vielen Studenten eine einzige Leiche von Weitem zeigt. Wir könnten für alle Pflanzen, Tiere, Naturwunder etc. etc. VR-Videos herstellen, wir könnten jedem Menschen in dieser Welt das Wissen der Welt und unsere Kulturschätze in einer völlig neuen Qualität frei ins Wohnzimmer oder ans Flughafengate bringen.

Jeder Bildungssuchende, jeder nach Materialien suchende Lehrende, jeder, der Grafiken und Fotos zum Vortragen benötigt, findet dann alles frei und staatlich-qualitätsüberprüft im Netz.

Ein Traum? Unsere Vorfahren konnten doch über die Gelder und Unterstützung vieler Fürsten und Mäzene über Jahrhunderte Großes erbauen, warum nicht wir, wo wir an einer Zeitenwende stehen?

Sehr vieles ist ja im Internet, aber eben verstreut und unter dem strengen Urheberrecht. Gefühlt ist alles verboten. Ganze Anwaltskanzleien quälen die Netzgemeinde mit Abmahnungen wegen geringfügigster Verstöße. Die Urheberrechte finde ich selbst in der Tat ärgerlich. Warum bieten technische Patente nur 15 Jahre Schutz, warum sind bloße Fotos hingegen bis 70 Jahre nach dem Tod des Fotografen nicht frei? Zum Patent ist nach dem Gesetz nur das anmeldefähig, was einen wirklichen »Erfindungssprung« darstellt – man darf nicht einfach nur kleinere Verbesserungen patentieren lassen. Aber die Millionen Fotos vom Eiffelturm haben fast beliebiges Urheberrecht?

Ich schreibe ja Bücher. Und ich kann für mich sagen: Nach 15 Jahren ist der Verkauf der Bücher ziemlich am Boden, eher bei null Komma null. Es macht kaum einen Unterschied, ob ich die Rechte für 15 oder 100 Jahre an einem Buch habe. Denn ein Leser kann das Buch nach 20 Jahren wahrscheinlich nicht mehr kaufen, weil die Verlage heute die Lagerkosten schlecht gehender Bücher mit dem spitzen Bleistift nachrechnen und Auflagenreste sehr schnell in den Reißwolf oder zur Verramschung geben. Ein Verlag hat bzw. ich als Autor habe dann die Restverwertungsrechte, aber die Rechte hat ja immer jemand. Immer muss man fragen und sich erkundigen. Wer hat die Rechte, wen muss ich bitten? Der finanzielle Wert der Rechte an den meisten Werken ist nach einiger Zeit oder von vornherein immer (bei so etwa allen Fotos vom Eiffelturm) sehr gering. Was soll das? Dieses Managen und Sitzen auf fast wertlosen Rechten?

Ich verstehe, dass Musikwerke wie das Stück »Another Brick in the Wall« oder »Yesterday« für lange Zeit klotzige Gewinne bringen, ja. Das sehe ich. Ich schlage einen Kompromiss vor: Alle geistigen Werke sind nach 15 Jahren frei, wenn kein Antrag gestellt wird, sie weiter zu schützen. Für einen solchen Antrag muss nach meiner

Vorstellung eine Gebühr bezahlt werden – sagen wir 1000 Euro für weitere 10 Jahre. [Anm.: Bei Grabstellen machen wir es ja auch so.] Dann wäre faktisch so ziemlich alles bald frei, weil es nach 15 Jahren weniger wert ist als 1000 Euro. Fertig. Der Staat stellt dann für die Augsburger Puppenkiste nach 15 Jahren eben keinen Antrag mehr und wir haben die Kultur wieder für uns.

Lassen Sie mich hier, weil es gerade passt, ein bisschen jammern. Ich habe schon einmal hoffnungsfroh ein paar Redenhonorare in das Projekt www.wikiofmusic.org gesteckt. Dort wollen wir mit den Musiknoten und Komponisten-Vitae beginnen und alles, soweit die Urheberrechte tragen, ins Netz stellen. Wir haben das Projekt auf Messen gezeigt, die Ministerpräsidenten nickten wohlgefällig, Milliardäre haben uns gelobt – aber es hilft niemand wirklich mit, so ein Portal wirklich mit ein paar Vollzeitangestellten hochzufahren. Die Musiker freuen sich, wenn sie Noten downloaden können, aber sie helfen nicht mit, weil sie eigentlich ja nur spielen wollen und nicht »programmieren«. Geld spenden wollen sie auch nicht, sie suchen ja ständig Möglichkeiten, ohne Bezahlung an Noten heranzukommen. Könnten wir nicht alle Musikstücke in einem Generalmusikverzeichnis listen und dort die Noten publizieren oder per Klick auf denjenigen verweisen, der die Urheberrechte hat? Dann hätten wir auch gleich einen großen Noten-Shop für Chöre, Veranstaltungen und Orchester.

Es ist schwer, heute viele Leute für den gemeinsamen Bau von etwas Großem zu begeistern. Warum interessieren sich die Mäzene nicht dafür, die es ja einst gab? Ich habe bei vielen Stiftungen angefragt, ob sie nicht Kulturgüter sponsern könnten. Sie könnten alle Bauwerke der Welt (den Eiffelturm!) hochwertig fotografieren und die Fotos der Gemeinschaft spenden. Sie könnten alle Musiknoten programmieren lassen. Aber nein, die Stiftungen sagten bisher, soweit ich fragte, typischerweise dies (ich überzeichne zum Verdeutlichen):»Wir sind eine gute Company, die im Rahmen der CSR (Corporate Social Responsibility) so einiges an Geld stiftet, auch, damit es in unserem Nachhaltigkeitsbericht erwähnt werden kann. Wir haben daher (!) sehr langfristige Verträge mit großen gemeinnützigen Organisationen. Wir kümmern uns nun nicht weiter darum, wir haben das Geld einfach für Jahre verplant und jetzt keinen Stress mehr damit. Wir möchten grundsätzlich nicht über neue Projekte reden.«

Da fällt mir nur noch ein, die Haushaltsabgabe für den staatlichen Rundfunk großenteils umzuwidmen und für die Schaffung digitaler Kulturgüter zu verwenden.

Warum bringen die deutschen Hochschulen keine Vorlesungen ins Netz, wenn es doch Harvard kann? Warum haben die Hochschulen keine große Abteilung, die professionelle Mitschnitte herstellt? Warum gibt es keine Abteilungen, die Lehrfilme und Anschauungsmaterial herstellen? Kann man vielleicht einmal Geometrie in Videos erklären, damit man nicht mit alten Pappmodellen von Dodekaedern hantieren muss? Solche Materialien gibt es übrigens im ganzen Netz verstreut, aber eben wieder unter Urheberrecht und nicht leicht zu finden ...

Ich hätte gerne VR-Brillen-Videos aller Physik- und Chemieexperimente, ich möchte gerne virtuell mikroskopieren oder ins Weltall sehen und die Sternstellungen erlernen. Ich möchte zu allen historischen Ereignissen und Plätzen Videos vorfinden, auch historische Aufnahmen und damalige Filme.

Dieser Kulturschatz sollte wirklich einmal professionell angefasst werden – also auch von Leuten, die dafür bezahlt werden. Heute verlieren so viele Medienleute ihren Broterwerb, so viele Künstler und Idealisten. Warum lassen wir sie nicht eine neue freie digitale Kultur begründen? Wenn wir in eine neue Kultur höherer Professionalität aufsteigen wollen (absolut notwendig wegen der Digitalisierung), dann müssen wir die Infrastrukturen dafür schaffen. Digitalisierung der Kulturinhalte würde auch sehr viele Arbeitsplätze im Medienbereich schaffen ...

Folgt den Stream Smarts!

Diesen Begriff habe ich in einem Newsletter von *Breaking Smart* neu skizziert gefunden – ich habe sofort Feuer gefangen. Ja, Stream Smarts braucht die neue Kultur! Den Artikel finden Sie schnell, wenn Sie nach dem Titel des Beitrags surfen: *Book Smarts, Street Smarts und Stream Smarts.* Die beiden ersten Begriffe werden schon lange gebraucht. Die Welt teilt sich horizontal in Book Smarts, die theoretisch alles wissen, und in Street Smarts, die einfach probieren und experimentieren. Diese beiden werden aus der amerikanischen Sicht als gegensätzlich gesehen. Ich habe darüber schon im Buch *Schwarmdumm* geschrieben. Ich übernehme einen Absatz:

Ein Book Smart ist gut erzogen, hat akademische Bildung und »weiß alles genau«. Ein Street Smart hat die schlaue Intelligenz, wie sie im Straßenkampf der Gangs nützlich ist. Street Smarts sind gewiefte, clevere Meister des Überlebens, die auch in sehr kritischen Situationen richtige Entscheidungen treffen können. Sie haben den schnellen Instinkt im Kampf, während die Book Smarts alles mit Vernunft bewältigen wollen.

Das Urban Dictionary sieht einen Street Smart so: *A person who has a lot of common sense and knows what's going on in the world. This person knows what every type of person has to deal with daily and understands all groups of people and how to act around them. This person also knows all the current shit going on in the streets and the ghetto and everywhere else and knows how to make his own right decisions, knows how to deal with different situations and has his own independent state of mind. A street smart person isn't stubborn and actually listens to shit and understands shit.*

(Eine Person mit einer Menge von gesundem Menschenverstand, die weiß, wie es in der Welt zugeht. Diese Person weiß, wie sie jede Art von Personen im täglichen Leben behandeln muss, sie versteht alle Gruppen um sich herum und weiß mit ihnen umzugehen. Diese Person kennt all die Scheiße, die auf der Straße, im Ghetto und sonst wo passiert und kann immer richtig entscheiden, sie kann mit allen Situationen umgehen und hat einen unabhängigen, freien Standpunkt. Ein Street Smart ist nicht widerspenstig, ganz im Gegenteil, er hört sich all die Scheiße an und versteht die Scheiße auch.)

Diese Sätze sind authentisch Street Smart, nicht wahr?

Der Book Smart liest natürlich vor der Inbetriebnahme die Gebrauchsanweisung, der Street Smart schaltet alles an und schaut, was passiert. Book Smarts stehen auf Projektdokumentationen, Street Smarts »vergessen es« lieber. Ist Sport gesund, und wenn ja, wie viel davon? Der Book Smart wälzt Bücher und surft, der Street Smart treibt Sport und spürt in den Knochen, ob es gut ist.

Es gibt eine neue Art »der Weisheit«. Man schreibt in seinem Blog, auf Facebook oder Google+ über interessierende Themen und fragt immer auch, ob es anderswo noch mehr gute Artikel und Erfahrungen für dieses Feld gibt. Dann kommen viele substanzielle Antworten. Man muss dazu keine dicken Bücher mehr durchforsten, denn viele im Netz wissen schon eine Antwort und verweisen auf Fachpublikationen und praktische Vorschläge. Wenn eine wichtige Frage aufgeworfen wird, kann es viele gute und wertvolle Reaktionen im Pro- und Contra-Sinne geben. Über etliche Tage kommentieren Fremde und Freunde, oft sind wirklich Rosinengedanken dabei. Alle zusammen lernen gemeinsam und tauschen ihre Erfahrungen aus. Dadurch kommt man auch auf unbekanntem Terrain sehr schnell an die führenden und maßgebenden Gedanken, die es in der ganzen Welt dazu gibt.

Stream Smarts sind solche Menschen, die gewisse Netzzentren von Diskursen bilden. Sie stehen in dauerhafter Verbindung mit einer größeren Community und tauschen Wissen und praktische Erfahrungen aus. Wer sich in einem »Stream« an den Diskussionen beteiligt und vielen anderen hilft, wenn diese Probleme haben, macht sich langsam einen Namen - in dieser Region des Netzes. Wer viel gibt, dem wird im Netz auch viel zurückgegeben. Wer oft antwortet, dem wird auch geantwortet. Stream Smarts vereinen so das Lernen und Tun aus Büchern, aus Erfahrungen und praktischen Ratschlägen. Sie leben in virtuellen Gemeinschaften.

Im Netz gibt es viele sehr wichtige Stream Smarts, die langsam Autoritäten in bestimmten Gebieten werden. Sie kennen sicher Sascha Lobo mit der pinkroten Irokesenfrisur, der für viele ein Vorbild im Netzleben ist. Und ich versuche mich selbst als Stream Smart (z. B. für Innovation oder artgerechte Haltung von Menschen) - so wie ich hier dessen Idee konkretisiere. Ich sitze also hier in Waldhilsbach mit Blick auf den Königsstuhl bei Heidelberg und habe Kontakt mit jeweils ungefähr zehntausend anderen Menschen in verschiedenen Netzwerken. Ich publiziere alle zwei Wochen ein *Daily Dueck* auf meiner Homepage, diskutiere in Maßen mit, versuche anzuregen und nehme Anregungen auf. Als Schriftsteller bin ich nicht allein in der Welt an meinem Schreibtisch, ich finde überall Inspirationen und Resonanzböden für meine Schriften. Bevor ich dieses Buch hier veröffentliche, haben viele Leute schon zu einzelnen Punkten Stellung bezogen, sodass ich einigermaßen sicher bin, hier keinen großen Unsinn für Sie zu verzapfen. Im Netz findet gewissermaßen eine »Vorbesprechung« statt, wobei mir vieles an Wissen geschickt und auch praktische Erfahrung gespendet wird.

Im Mittelalter schlossen sich Kaufleute und Patrizier zu Gilden zusammen, Handwerker zu Zünften - sie unterstützten sich gegenseitig, lernten voneinander und orientierten sich an herausgebildeten Exzellenzregeln. Im digitalen Zeitalter werden nun solche Gilden oder Zünfte in neuer technologischer Ausprägung möglich. Stream Smarts auf einem Gebiet könnten gemeinsam solche Gilden etablieren. Die müssten dann von »Meistern« moderiert und geführt werden, sie verbinden die Mitglieder und schauen auf eine immer höhere Kultur und auf die Erfahrungsschätze.

Gute Stream Smarts sind so etwas wie Vereinspräsidenten oder Gildenmeister im Netz, ohne dass je ein expliziter Verein, eine Zunft oder Gilde gegründet worden wäre. Am besten spannen mehrere »Community-Meister« ein Netzwerk von tief Interessierten auf. Solche wertvollen Stream Smarts sind leider rar. Im Netz läuft man immer denselben vielleicht hundert Bloggern über den Weg. Sind es so wenige? Habe ich die anderen nicht gesehen - sind mir nur diese Wenigen je im Netz begegnet?

Wer sich solchen wichtigen Stream Smarts anschließt und ihre Aktivitäten im Netz verfolgt, hat eine echte Chance, von Flachsinn verschont zu bleiben. Natürlich müssen Sie diese Stream Smarts erst finden, das sollte aber nicht zu schwer sein. Surfen Sie einfach in Ihrem Fachgebiet herum und schauen Sie, auf welche wertvollen Inhalte Sie immer wieder stoßen - und folgen Sie dann den »wertvollen Personen«, die sich um diese exzellenten Inhalte kümmern.

Neue Stärken entwickeln – Raus! Raus!

»Digitalisierung« ist 2016/17 das Wort des Jahres. Es wird unfassbar inflationär genutzt. Alle denken gerade jetzt gleichzeitig über die »digitale Transformation« nach. Die SZ zeigt eine Karikatur (aus der Reihe *Meissners Strategen*) zweier Manager, die eine leere weiße Präsentationsfolie an die Wand gebeamt haben. Sagt der eine: »Vielleicht könnten wir diesen Teil, wo es um die Gestaltung der digitalen Transformation geht, noch etwas mit Inhalt füllen ...« Genau vor diesem Problem stehen die Regierungen, die Manager und auch wir als Privatpersonen. Da rollt eine Lawine auf uns zu, aber wir können kaum erkennen, wie sie aussieht. Stream Smarts könnten uns da viel zeigen.

»Sie müssen mit dem Denken raus aus Ihrem kleinen Kreis!«, das muss den Unternehmen und Parteien immer wieder gesagt werden. Selbst wenn alle Mitarbeiter einer Firma oder alle Politiker einer Gemeinde alles wissen und verstehen, was in ihrer Firma oder Gemeinde los ist - das reicht trotzdem nicht! Die Lawine kommt von außen! Niemals war es wichtiger als heute, nach draußen und nach vorne zu schauen.

[»Draußen« in der Welt vollzieht sich die Digitalisierung.]

Hilft es, wenn Benzinauto-Ingenieure nun an Batterien tüfteln? Verbrennungsmotoren haben viel mit Physik zu tun, Batterien aber mehr mit Chemie. Sind weltbeste Physiker nun plötzlich weltbeste Chemiker? Reicht es, wenn sie durchschnittliche Chemiker werden? Nein, das genügt doch nicht?

Schauen wir in den Energiebereich: Sind weltbeste Kernkraftwerkbetreiber nun weltbeste IT-Fachleute, um ein computergesteuertes Netzwerk für eingespeisten Öko-Dachstrom zu installieren? Können Versicherungen, die sich zur Tariffestlegung schon eher aufs Gefühl verlassen, nun mit den jungen FinTechs mithalten, die – wie schon geschildert – Risiken durch Googeln über uns erfassen? Können sie nicht. Sie sind die Besten seit langer Zeit – für das Alte. Sie können natürlich umlernen und sich in das Neue hineinknien, aber werden sie wieder die Besten? Das schaffen nicht viele. Kann das ein Unternehmen oder eine ganze Region hinbekommen? Wahrscheinlich nicht, oder? Aber wenn Sie das wollen – Bester in einer noch fremden Disziplin werden –, dann können Sie doch nicht intern in Ihrer Firma oder in Ihrer Gemeinde in Meetings per Brainstorming schlauer werden!

Stellen Sie sich vor, eine Fußballbundesligamannschaft will auf Beachvolleyball umschulen. Kaufen sie sich dann ein Netz und Spielsand im Baumarkt und legen los? Sie werden doch erst einmal Videos von Weltmeisterschaften anschauen und die Trainingsprogramme der Volleyballer. Sie werden einen Star-Trainer einstellen und sich einweisen lassen. Sie werden sich untersuchen lassen, ob sie körperlich überhaupt dazu taugen – vielleicht sind sie zu klein und brauchen gar nicht erst anzufangen etc.

Aber all das geschieht heute bei der Digitalisierung nicht. Sie sitzen in Meetings und beraten. Sie sehen sich nicht in der Welt um, studieren nicht die Meister auf den fremden Gebieten. Sie köcheln im eigenen Saft. Die Lehrer gehen nicht hinaus ins Internet und kommen mit den besten neuen Ideen zurück. Sie beraten im Lehrerzimmer. Die Eltern sitzen als Nachbarn oder bei Elternkonferenzen zusammen und überlegen, wie lange man pro Tag »Internet darf«. Sie gehen nicht in die Welt hinaus und suchen nach neuen Möglichkeiten der Erziehung oder denken sich in die nötigen Fähigkeiten hinein, die ihre Kinder später haben sollten.

[Ich will sagen: »Raus! Raus!«]

Die Community-Meister und Stream Smarts dürfen nicht nur die Menschen und Mitarbeiter in ihrem Bereich verbinden, sie müssen die ganze Welt in die eigene Enge hereintragen. Ich habe das in vielen Unternehmen diskutiert. »Sie müssen doch draußen lernen, oder von den Meistern da draußen!« Und sie antworten oft: »Das darf niemand wissen, dass wir eine neue Strategie versuchen, wir lernen heimlich.« - »Von wem?« - »Wir bauen eine Sonderabteilung auf und stellen dafür junge Leute ein, die das studiert haben.« - »Wieder Anfänger, keine Profis?« - »Profis sind zu teuer, die lassen sich dann vielleicht von uns auch nichts mehr sagen und übernehmen das Ruder.« - »Wäre das schlecht?« - »Na, hören Sie mal!«

Wenn ein junger Mensch einen Beruf ergreifen will, wählt er am besten den, den er liebt - er folgt möglichst einer starken Berufung und arbeitet mit Freude an Dingen, für die er so viel Talent mitbringt, dass er sich gar nicht quälen muss. Wenn nun aber die Digitalisierung über uns hereinbricht? Wenn nun der Physiker plötzlich Chemiker sein soll, der Landwirt ein »Precision Farming Expert«, der Energieerzeuger ein IT-Spezialist? Die Digitalisierung zwingt uns Neues auf, das wir keineswegs als Berufung empfinden. Wir fühlen einen unangenehmen Zwang auf uns lasten.

Daher sind wir »dagegen«, so gut und so lange es geht. Die Unis entschließen sich eben nicht, jetzt beispielhafte Vorlesungen ins Netz zu stellen, die Lehrer halten neue Whiteboards und Tablets schon für die neue Zeit an sich - ohne dass die Inhalte dazu da wären. Auch sie sind wie die karikierten Manager, die vor einer weißen Wand oder eben einem leeren Whiteboard sitzen. Die Eltern machen die Entwicklungen ihrer Kinder nur zögerlich mit. Niemand kümmert sich um ein neues Zeitalter, in dem wieder das Wichtige und kulturell Erhabene im Netz den größten Einfluss hat. Alle warten ab, was ihnen die Digitalisierung so bringt.

Aber was bringt die Digitalisierung, wenn man abwartet? Werbung, Sensationen, Abzocke, Extremes. Viele Blogger bemühen sich um neuen unabhängigen Journalismus und um faire Berichterstattung, viele brennen für bestimmte neue Vorstellungen und Visionen. Die alten Medien würdigen sie natürlich nicht, weil sie um ihre finanzielle Pfründe fürchten und daher »Umsonstjournalismus« tendenziell diffamierend in die Ecke »Billigjournalismus« drängen.

In dem Singspiel *Die Meistersinger von Nürnberg* macht Sixtus Beckmesser den Gesang des jungen Ritters Walther von Stolzing nieder, der - ja, wie soll man sagen - in heutiger Diktion mit einem neuen Genre oder Sound aufwartet, der alle bisherigen Vorstellungen vom Singen an sich sprengt. Nur Meister Hans Sachs kann im Neuen etwas Meisterliches erkennen:

> *Halt, Meister! Nicht so geeilt!*
> *Nicht jeder eure Meinung teilt. -*
> *Des Ritters Lied und Weise,*
> *sie fand ich neu, doch nicht verwirrt:*
> *verließ er unsre Gleise*
> *schritt er doch fest und unbeirrt.*
> *Wollt ihr nach Regeln messen,*
> *was nicht nach eurer Regeln Lauf,*
> *der eignen Spur vergessen,*
> *sucht davon erst die Regeln auf!*

Könnten wir nicht in dieser Weise das Neue einmal nicht »verwirrt« finden? Und gleich über die neuen Regeln und Stärken des Neuen respektvoll nachsinnen? Ja, sollten wir. Wagners Spiel geht ja noch gut aus. Man bricht ja nicht gleich mit aller Tradition, sondern von Stolzing heiratet in sie ein, und er willigt schließlich doch noch ein, die traditionelle Meisterwürde des Establishments anzunehmen und Schwiegersohn zu werden.

> *»Verachtet mir die Meister nicht, und ehrt mir ihre Kunst!«*

Ein schönes Ende dieses Singspiels, aber ich fürchte, mit der Digitalisierung treiben wir es derzeit noch ernster, beziehungsweise das Spiel ist noch im Gange. Das Neue und das Alte haben sich noch nicht gefunden und machen kaum Anstalten, sich zu versöhnen. Ach, wir brauchen einen Hans Sachs für die neue Zeit der Digitalisierung und die neuen Stärken der neuen Welt.

Empowerment – zurück zur Selbstbestimmung!

Warum gibt es keinen kontemporären Hans Sachs? Keinen Voltaire 4.0? Keinen Bertolt Brecht? Die haben wir heute nicht. Die Politik bemüht sich nicht mehr um Intellektuelle, eher um die Tagesstimmung der potenziellen Wähler und ihre Rückgewinnung aus den extremen Ecken, wohin diese sich durch schlechte Politik getrieben fühlen. Die Politik lebt nicht mehr von gutem Rat, sondern von Umfragen. Neue Ideen lässt die Politik nicht mehr durch Intellektuelle gegenchecken, sondern sie reagiert auf den Widerhall im Netz, sie zuckt also unter allem gebotenen Flachsinn zurück. Die Wirtschaft ist immer stärker mit den eigenen Quartalsergebnissen beschäftigt und hat das Sponsoring für Kultur zurückgefahren, soweit es sich nicht halbwegs finanziell im Sinne von Werbung lohnt oder sich als notwendiges Futter für einen Corporate-Responsibility-Report anbietet. Die Städte überlegen den Abbau von Kultursubventionen, alles »soll sich selber tragen«. Was sich aus der Sicht eines Buchhalters nicht auszahlt, darf nicht sein.

In unserer Umbruchgesellschaft und mitten im Krawall haben Besonnene kaum Widerhall. Es gibt kaum noch die Möglichkeit, unverletzt in der Öffentlichkeit zu stehen. Für jede Äußerung drohen Shitstorms und Niedermache. Jedes Wort wird erst auf die Goldwaage gelegt und danach, wenn das nichts hilft, auf die Waage der Malevolenza, des bösen Willens. Man sucht nach Hebeln, den Gegner zu treffen. Jeder Gestresste sieht zudem alles andere aus der Brille seiner eigenen Neurose. Politiker wittern Verrat, Manager Schlamperei, Mitarbeiter Gier, Besitzer Steuererhöhungen oder Journalisten Angriffe auf ihre Freiheit.

[Wer die Stimme erhebt, bleibt nie mehr unverletzt.]

Das war früher auch schon so, als es weniger Demokratie gab. Aber heute hagelt es Kritik und Schmäh aus allen Ecken, und die Kritik ist unfairer, böswilliger und bewusst verletzender geworden.

Das Internet hat ein Gedächtnis – und auf jeden Gedanken, den man im Internet nur wiederholt, kommt sofort ein unwilliges:»Das hast du schon gesagt!« Oder:»Das ist nicht neu. Darüber schrieb ich schon vor zehn Jahren einen Satz in der Laubsägenzeitung.«

Dieses ständige Verletzen macht müde. Stars halten es nur unter Mühen aus, weil sie Geld damit scheffeln, wenn sie sich als Projektionsfläche privater Wutregungen zur Verfügung stellen. Selbst unsere Fußballweltmeistergötter sind eben oft faule Millionäre.

[Wer will denn nun noch mitten in der Öffentlichkeit stehen, wenn er damit kein Geld scheffelt?]

Ist nicht Sophrosyne oder die gleichmütige Besonnenheit die Haupttugend nach Sokrates? »Sophrosyne« bedeutet im Griechischen »Gesundheit des Zwerchfells«, denn im Zwerchfell vermutete man damals den Sitz der Seele. Gesundheit der Seele! Besonnenheit ist eines der Ideale im Konfuzianismus und zählt eben überall in allen Philosophien zu den wichtigen Tugenden des Menschen. Sophrosyne ist eben nicht Impulsivität, Hast, Unüberlegtheit und vorschneller Lärm. Besonnenheit nimmt sich Zeit und vermeidet den Flachsinn sowieso.

Sie mögen mich einen Träumer schimpfen, wenn ich an diese Tugend erinnere und aufrufe, Vorbild in ihr zu sein – und das auszuhalten. David Hume – kein Träumer – unterscheidet zwischen nützlichen und »nur angenehmen« Tugenden. Besonnenheit fällt für ihn in die Kategorie der nützlichen (!).

Unter dem allgemeinen Flachsinn ist die Besonnenheit untergegangen. Wir leiden heute an auszehrender Seele, weil Besonnenheit mit dem Ruhen in Vernunft und liebendem Verständnis verbunden ist. Flachsinn ruiniert den Sitz der Seele.

Gehen wir also, die nützliche und aktive Besonnenheit wiederzufinden. Es reicht nicht, vielleicht noch daheim besonnen oder weise zu sein, wenn draußen der Flachsinn tobt. Wir müssen uns diesem stellen und dürfen nicht in Trägheit und dann in Defätismus übergehen.

[Raus! Raus aus der Unbesonnenheit!
Auch draußen in der Welt!]

Brexit – Trump – Fremdenhass: Da schütteln die meisten fast fassungslos den Kopf, aber eben daheim. Wir schauen mit großen Augen zu, wie sich die Welt zerfasert.

Der unbesonnene Donald Trump appelliert derzeit erschütternd flachsinnig an alle niedrigen Angstinstinkte amerikanischer Landbewohner, er nimmt sich dazu missbrauchend die Freiheit. Die unverantwortlichen Brexit-Zocker fetzten sich um des Fetzens willen und sind überrascht, dass sie nun eine Entscheidung umsetzen müssen, die mit extrem viel Arbeit verbunden ist, die Konflikte beschert, die Wirtschaft schwächt und eben nicht die EU zerbricht, sondern das United Kingdom.

Die völkische bundesdeutsche AfD steuert hohe Wahlgewinne an, obwohl sie ein vollkommen desaströses Bild der Uneinigkeit und der internen Kämpfe abgibt und im demokratisch-parlamentarischen Sinne nicht arbeitsfähig zu sein scheint. Die Regierungskoalition handelt noch und reagiert auf die Tageserfordernisse, aber vor der Presse scheint sie schon heillos zersplittert, die eigentliche Oppositionsarbeit übernimmt die CSU.

Sie alle handeln im Rahmen der Gesetze, es ist rechtlich erlaubt, so zu reden, wie sie reden, es ist nicht verboten, so um Macht, Pfründe oder vielleicht auch nur um Sonne auf das Ego zu kämpfen. Sie sind frei, so zu handeln, aber wir fühlen, dass sie ihre Freiheit unverantwortlich missbrauchen, wie auch die Medien, die das gefühlte »Affentheater« wie einen Geschäftssegen empfinden müssen, weil sie dauernd irgendwelche »sensationellen Befindlichkeiten«, Rückzieher, Neubehauptungen und Beschuldigungen vermelden können.

Politiker missbrauchen die Tatsache, dass wir wählen müssen. Unternehmen sind wenigstens noch an Kunden gebunden, die eine Wahl haben. Beim Wählen hat man keine Wahl. Die Sitze werden auch dann verteilt, wenn nur schlechte Kandidaten zur Auswahl stehen. Wir haben gelernt, dass wir die subjektiv beste Partei wählen sollen, aber was tun wir, wenn es keine gute gibt?

Die bekannten Medien missbrauchen das Vertrauen, das wir einst in sie setzen konnten. Sie tun das sicher auch aus Existenzangst, weil die Umsonstkultur im Internet die Werbefinanzierung verlangt und dazu verleitet, das komplette Trickarsenal auszulutschen.

Spekulanten missbrauchen das erlaubte Spielen mit der Aufmerksamkeit, Märkte nicht nur verantwortungsvoll zu bereinigen (damit rechtfertigen sie sich), sondern sie erzeugen um des Profites willen Schwankungen, um davon zu profitieren. Dieses Erzeugen von Schwankungen, das Hoch- und Niederreden, das Hoch- und Niederschreiben, ist genau das Gegenteil vom vorgeblichen Stabilisieren der Märkte oder der politischen Kultur.

Freiheit ist keine Freiheit, Streit zu säen, um Aufmerksamkeit zu ernten. Stiften von Unruhe ist Gift für eine besonnene Balance.

Wie aber heißt es immer (noch) so schön? »Deutschland hat den Standortvorteil gesicherter Rechtsverhältnisse und des Arbeitsfriedens, der Sicherheit des privaten Lebens, des gemeinschaftlich guten Umgangs miteinander ...« Vielleicht gibt es in Deutschland noch verhältnismäßig viel Besonnenheit, aber wir zehren dieses Kapital langsam auf. Vergessen Sie nicht, der Standortvorteil ist auch von ökonomischer Bedeutung. Ist uns dann Besonnenheit immer noch nicht wichtig?

Wir haben die Freiheit, damit verantwortlich umzugehen. Freiheit verpflichtet. Hirn verpflichtet. Jeder von uns trägt Verantwortung.

Jeder von uns trägt auch die Verantwortung für die immer gähnendere Kluft der Ungleichheit, gegen die wir »Empowerment für alle« setzen müssen.

Ertragen Sie jetzt bitte vorab ein paar Buchseiten über »Empowerment«, erst dann kann ich mit dem Hammer draufhauen.

Heute rätseln wir über die wachsende Kluft zwischen Arm und Reich. Warum werden die Reichen nicht nur normal reicher, sondern auch relativ zu den anderen reicher?

Damit befasst sich eine ganze Ungleichheitsforschung. Wir studieren die Kurven des Nobelpreisträgers Simon Kuznets, der sich als Pionier in den USA mit volkswirtschaftlichen Gesamtrechnungen befasste (»Erfinder des Bruttosozialprodukts«). In dieser Tradition aufbauend wühlte Thomas Piketty in Massen von Daten der Verteilung der Einkommen und Vermögen in den Volkswirtschaften. Es entstand der Weltbestseller *Das Kapital im 21. Jahrhundert*. Die Diagnose: Die Kapitaleinkommen wachsen stärker als die Gesamtwirtschaft. Heute werden die Arbeiten von Carlos Góes dagegengehalten, die den Piketty-Effekt in drei Viertel der Länder nicht feststellen können. Hilfe, woran liegt es denn? Warum öffnet sich die Schere?

Ich verstehe es, glaube ich. Ich habe dafür keine Zahlen, weil es die wohl auch kaum gibt. Ich fühle auch – das ist jetzt eine starke Meinung – dass die Gründe der Misere nicht in Gefilden liegen, die die Volkswirtschaftler traditionell beackern. Jetzt muss der alte Witz über den im Dunkeln verlorenen Schlüssel wieder ran: »Warum suchst du unter der Laterne?« – »Er ist wahrscheinlich da drüben, aber hier ist mehr Licht.« Die Kluft zwischen Reich und Arm wird in der Verteilung des Geldes gesehen. Dort aber muss gar nicht die Ursache liegen. Die Volkswirtschaftler suchen aber nur auf dem Acker der Wirtschaft, und sie suchen mit den Methoden der Volkswirtschaft: Sie analysieren Daten der letzten Jahrzehnte. Die Digitalisierung aber steht noch nicht in den Datenbanken, sie ist mit Statistik, Simulation und Analyse von wissenschaftlichen Einfach-Modellen noch nicht fassbar. Volkswirtschaft neigt nicht dazu, Werkzeuge zu bieten, die in einer unklaren Zukunft helfen und Kompass sein können. Wissenschaft kommt doch immer erst nach den Pionieren. Heute versucht die Wissenschaft wohl, die Geschichte eines Landes zu schreiben, gerade nachdem es entdeckt worden ist. Wenn ich jetzt also ohne Wissenschaft einfach nur überzeugt bin – nach langem Nachdenken – dann sehen Sie mir bitte die vermeintliche Kühnheit nach. Nachdenken – einfach so – hilft im Wandel bestimmt besser! Es ist keine Kühnheit, sondern ein Versuch, die Stimme der Metis zu hören. [Anmerkung: Das ist die Göttergattin von Zeus, die in seinem Kopf sitzt und ihm Rat einflößt; Zeus hatte sie einst verschluckt, um zu verhindern, dass sie seinen Nachfolger gebiert. Sie aber wand sich in seinem Körper nach oben, gelangte schließlich in seinen Kopf und brachte dort Pallas Athene zur Welt, die von Hephaistos per Axthieb aus Zeus' Schädel befreit werden musste; so plausibel stellte man sich damals die Kopfgeburt von Inspiration, Geist und Siegesstrahlen vor; die Eule kam dann noch irgendwie dazu. Metis aber, hinter Zeus' Ohr, flüstert noch heute – so wie ein Beifahrer im Auto, der ja nicht fahren muss, daher alles sehr gut und weise sieht und mit seinen Erkenntnissen zum Glück nie hinter dem Berg hält.]

Die Kluft also – da bin ich mir sicher – entsteht immer mehr zwischen Leuten, die in ihrem Beruf Spezielles leisten können, was viel Geld wert ist, und solchen, die in ihrer Tätigkeit austauschbar sind oder so gesehen werden. Ein guter Projektleiter ist wesentlich mehr wert als ein schlechter – dazwischen liegt manchmal das Wohl oder Wehe einer ganzen Firma. Im Extrem: Wer kann gute Stuttgarter Bahnhöfe oder Berliner Flughäfen bauen? Ist nicht der Münchner Flughafen voll im Plan entstanden und funktionierte er nicht von Tag 1 an? Ein gutes Buch verkauft sich (theoretisch) gut, die wahnsinnig vielen schlechten eben (meist) nicht. Die Arbeitszeit für ein gutes oder ein schlechtes Buch ist wahrscheinlich statistisch gesehen gleich. Der eine Schriftsteller kann reich werden, die meisten müssen die Arbeit als brotloses Hobby betrachten.

Eine ungeschickte Presseerklärung kann eine Wahl kosten oder Milliarden (siehe VW und Diesel). Ein toller Koch zieht Restaurantgäste an, ein durchschnittlicher führt geradewegs in die Pleite. Wir sehen überall, dass es Menschen gibt, die in Schlüsselpositionen einen großen Wert haben können. Die verdienen immer mehr Geld, die anderen nicht. Das habe ich in einem meiner Bücher begründet (*Professionelle Intelligenz*). Professionelle Menschen schaffen es, dass alles gut klappt, Unprofessionelle versemmeln zu viel und richten oft viel mehr Schäden an, als sie an Gehalt kosten (siehe die Bauruinen).

Schauen wir doch auf diese Scheren:

[Die Schere zwischen den Professionellen und den Unprofessionellen öffnet sich.]

Die Schere zwischen denen, die etwas unter Verantwortungsübernahme erfolgreich vorantreiben, und denen, die tun, was ihnen heute sehr oft schon von Handheld-Geräten und Computerbildschirmen gesagt wird, öffnet sich weiter und weiter.

Die Ungleichheit entsteht also eher nicht in der Ökonomie (das mag früher anders gewesen sein, und daher kleben die Forscher dort fest), sondern im Raum der Erziehung, Bildung und Persönlichkeitsentwicklung. Es geht darum, dass man etwas richtig gut kann. Es geht, wenn ich es in einem Wort sagen möchte, um »Empowerment«. »Empowerment« ist schon ein deutsches Wort geworden, es wird oft in dieser amerikanischen Form im Unternehmensumfeld gebaucht. Im Deutschen spricht man auch von Selbstkompetenz. Die deutsche Kultusministerkonferenz versteht darunter:

Bereitschaft und Fähigkeit, als individuelle Persönlichkeit die Entwicklungschancen, Anforderungen und Einschränkungen in Familie, Beruf und öffentlichem Leben zu klären, zu durchdenken und zu beurteilen, eigene Begabungen zu entfalten sowie Lebenspläne zu fassen und fortzuentwickeln. Sie umfasst Eigenschaften wie Selbstständigkeit, Kritikfähigkeit, Selbstvertrauen, Zuverlässigkeit, Verantwortungs- und Pflichtbewusstsein. Zu ihr gehören insbesondere auch die Entwicklung durchdachter Wertvorstellungen und die selbstbestimmte Bindung an Werte.

Das, was wir heute als Bildung bezeichnen (ich hatte schon aus dem Brockhaus zitiert), entstammt den Gedanken der Aufklärung. Jedem soll der Zugang zum Wertvollen und Wichtigen eröffnet werden. Empowerment sieht Bildung als gute Plattform an, hat aber zum Ziel, den Menschen zu befähigen, selbstbestimmt einen guten Platz in der menschlichen Gesellschaft zu finden. Oder mit meinem Vorstellungsbild: Jeder sollte »self empowered« jede Unprofessionalität hinter sich lassen können und mehr sein können als eine »austauschbare Humanressource«, wie man heute sagt. Diese Voraussetzungen sind heute keineswegs gegeben. Wer das Glück hat, schon daheim von seinen Eltern oder Bezugspersonen empowert zu werden und sich auch empowern zu lassen, hat alle Chancen im Leben. Menschen in der Bildungsferne müssen zum wachsenden Teil aus prekären Verhältnissen heraus zusehen, wie einige Erfolg haben.

[Der Graben verläuft zwischen den Empowerten und den anderen.]

Simon Kuznets beobachtete damals, dass sich eine Schere der Ungleichheit öffnete, sobald sich die damaligen Gesellschaften von Agrarländern zu Industrieländern wandelten. Die durch Trecker & Co. freigesetzten Landarbeiter zogen in die Städte, wo sie in Fabriken gutes Geld verdienten - mehr als auf dem Land. Dadurch, so Kuznets, öffnete sich die Schere. Schließlich will keiner mehr Landarbeiter sein, da ziehen die Löhne für diese etwas an. Auf der anderen Seite gibt es bald genug Fabrikarbeiter, die Löhne flachen ab. Die Schere schließt sich wieder. Wie gesagt, die neueren Daten und Statistiken bestätigen das nicht. Schauen wir aber trotzdem einmal auf die Argumentation: Landarbeit wird obsolet und Fabrikarbeit gut bezahlt. Also ziehen die Landarbeiter in andere Berufe. Wenn dieser Wechsel vollzogen ist, gleicht sich alles wieder aus. Diese Situation haben wir heute wieder: Die Produktionsgesellschaft wandelt sich in eine Digitalwelt. Die Arbeitsplätze in dieser alten Welt werden wieder obsolet, diesmal durch Computer statt durch Trecker und Fabrikmaschinen, und wieder denken wir, die Arbeiter gehen jetzt in die digitale Welt und suchen sich dort sehr gut bezahlte Arbeit, so wie damals die Landarbeiter in die Städte ziehen.

Diesmal aber - und darauf weise ich seit Jahren etwas frustriert hin - ist der Wechsel der Arbeiter ungleich schwieriger. Klar kann ein Landarbeiter in den Autobahnbau und in die Fabrik, aber der Wechsel in die hochprofessionellen Berufe der digitalen Welt (Lösungsentwicklung, Innovation, Beratung, Projektleitung, Management, Planung, Change Management etc. etc.) verlangt eben Menschen mit höher entwickelter Persönlichkeit. Die neue Welt, das wollte ich sagen, verlangt neben Kenntnissen und Bildung auch Selbstkompetenz oder Empowerment. Die neuen Berufe verlangen die Übernahme von Verantwortung und den emotional intelligenten Umgang mit Menschen, einen Sinn für Sinnvolles und Attraktives und Beharrlichkeit des Willens, der als Ausstrahlung von außen sichtbar ist. Viele von Ihnen werden diese Anforderungen sofort mit dem Gedanken an die eierlegende Wollmilchsau verbinden und innerlich mehr oder weniger abtun. Dann sehen Sie die Schere nicht, die sich gerade öffnet, die zwischen den Wollmilchsäuen und den anderen, zwischen den neuen Professionellen und denen, die in der neuen Welt unprofessionell wirken (können nicht überzeugen, kommen mit anderen Menschen nicht klar, haben Konflikte, übernehmen ungern die Verantwortung, weil sie keine Schuld bekommen wollen).

Mein Fazit ist dann niederschmetternd: Diese Schere, die ich sehe, schließt sich eben nicht. Oder nicht so leicht. Sie ließe sich über Empowerment schließen, aber der Graben zwischen normalen Mitarbeitern heute und den Empowerten ist so groß, dass wir eine sehr lange Übergangsphase erleben werden, wenn wir nicht sofort und auf der Stelle überlegen, was wir tun sollen: Wir sollten sofort die Verantwortung für das Schließen der Schere übernehmen und möglichst vielen Menschen den Übergang erleichtern, wir müssen die Erziehung neu ausrichten, die Bildungssysteme umdenken und die Arbeitgeber in die Pflicht nehmen, die sinnigerweise genau an diesem kritischen Punkt unserer Zeit die betriebliche Ausbildung zusammensparen.

Die Lösung ist: Empowerment für alle.

Empowerment wird in zwei Bedeutungen verstanden: »Ich bin empowert« als Statusmeldung und »Ich empowere jemanden« als helfender Vorgang. Empowerment steht als Begriff sowohl für das Ergebnis und den Werdungsprozess. Wenn wir als Eltern, Lehrer oder Vorgesetzte jemanden empowern, dann führen wir ihn in den Zustand der Selbstkompetenz oder des Empowerment über, oder wir geben einem noch nicht Selbstkompetenten möglichst professionelle Unterstützung, aus einem Zustand der Hilflosigkeit, Machtlosigkeit und Einflusslosigkeit herauszufinden und auf die andere Seite der Kluft zu kommen.

Und ich sage: Wer unter uns selbstkompetent ist, hat (verdammt noch mal!) die Verantwortung, andere zu empowern. Die »da oben« im Sinne des Empowerments sollen die Verantwortung übernehmen, die anderen zu empowern. Die Professionellen »da oben« digitalisieren alles und stoßen durch die Automation und die Digitalisierung große Massen von Menschen in die prekäre Zone. Die Hochprofessionellen verdienen viel Geld damit, aber sie müssen ihre eigene Verantwortung sehen und übernehmen. Sie sind es, die für die nächste Zeit eine Welt schaffen, in der es beliebig viele unterbezahlte Jobs gibt (Zusteller, Pflegekräfte, Gaststättenpersonal) und in der eierlegende Wollmilchsäue sehr knapp sind und als Spezialkräfte händeringend gesucht werden.

Wenn das Problem einmal so verstanden ist, kann man es bekämpfen. Durch aktives Empowerment anderer durch die schon jetzt Empowerten.

Und jetzt hole ich mit dem Hammer aus: Alle diese Hirnquickies, die Dominanz der Werbung, das Treiben in den Sudelgebieten, das unverantwortliche Zocken mit unserer Aufmerksamkeit trägt absolut nichts zu einem Empowerment der Menschheit bei. Die Wölfe hätten gerne noch viel mehr austauschbare naive Rotkäppchen, die ein leckeres Fressen für sie werden. Als Klicker und Kunden sollen wir lieber Unprofessionelle sein, am besten ganz dumm.

Der wachsende Flachsinn hintertreibt jedes Empowerment. Die Cargo-Kulte (»Übe doch jeden Tag fünf Minuten Charisma und rufe bis zur Heiserkeit Tschakka-Tschakka in den Spiegel«) und alle die Filterblasen lenken unerträglich ab. Die feigenblättrigen »Exzellenz-Initiativen« und »Hochbegabten-Trainings« sind zwar im Prinzip (als Leuchtturmprojekte) löblich, lenken aber von dem Problem ab, den Gesamtlevel der Selbstkompetenz in der gesamten Menschheit zu heben. Sie wirken daher wie ein Cargo-Kult. Deshalb forderte ich eben, den Tiefsinn zu fördern, die Kulturschätze flachsinnsfrei für jedermann im Netz zu öffnen und wieder Vorbilder der neuen Welt zu schaffen und zu propagieren statt Promi-Klatsch zu verbreiten.

Das Hoch- und Niederziehen zur Aufmerksamkeitsspekulation lenkt die Menschen ab und schadet. Das wissen wir alle, die Wortwendung der »digitalen Demenz« ist in unser aller Ohr. Die Lösung aber liegt nicht in der Verweigerung der neuen Welt, deren Wildwestzustand uns Angst macht. Sie liegt nicht in dem falsch verstandenen Lustwandeln auf der Flaniermeile eines Ballermann-Netzes, sondern in der gemeinsam verantwortlichen Urbarmachung der neuen fruchtbaren Erde, in der heute der schnell wachsende Flachsinn blüht, der nur wenig Pflege braucht und fast von selbst aus dem Boden schießt. Denken wir doch über eine Kulturbepflanzung nach.

Verantwortung statt Hype! Empowerment für alle. Wer empowert ist, soll empowern helfen. Die Professionellen sollen in diesem Sinne verantwortlich hinaus in die Welt und nicht stöhnend heraus aus dieser Welt gehen. Ja, und aller Hype für Flachsinn müsste gebrandmarkt werden. Und und und ... mein Herz klopft. Ich möchte loslegen – mit Ihnen.

Auf ins Culture Valley!

Heute übt das sogenannte Silicon Valley eine weltweite Faszination aus. Viele Technologieunternehmen haben in der südlichen Gegend der San Francisco Bay ihren Hauptsitz. Hierhin strömen die hoffnungsvollen Unternehmensgründer, hier holen sich Technologen aus aller Welt Inspirationen. Einige Vorstandvorsitzende deutscher DAX-Unternehmen kommen fast schockiert von Besuchen zurück. So viel Pioniergeist sehen sie dort, den sie in Deutschland nicht annähernd spüren! – Da sticht das träge Gehabe der eigenen Belegschaft so sehr dagegen ab! Wer aus dem Silicon Valley zurückkehrt, weiß anscheinend sofort, was es geschlagen hat. Da brodelt ein gewaltiger Erfindergeist, der die ganze Welt bewegt und gravierend verändert.

Auf der anderen Seite gibt es ein anderes großes Amerika außerhalb des Silicon Valley, eines, das sich zu großen Teilen Donald Trump zum Präsidenten wünscht, weil sich dieses Amerika nicht mehr vorstellen kann, mit etablierten Politikern dem gefühlten amerikanischen Elend zu entrinnen. Das Silicon Valley bringt Innovation und vielen Professionellen und Empowerten viel Geld, aber keine allgemein bessere Kultur. Die aber sollte man sich ja besonders auf die Fahnen schreiben.

Wenn die deutschen Unternehmensbosse von Besuchen des Silicon Valley aus Kalifornien heimkehren, erliegen sie der Versuchung, an ein bloßes Klonen eines Valley vor der Haustür zu denken. Ach was, bloß klonen! Ich habe ja schon hier im Buch meinen Missmut geäußert, dass die Naiv-Appellierer ihr Unwesen treiben: »Nun erfindet doch mal.« Die Wissenschaftspolitiker stupsen die Wissenschaftler an: »Kooperiert mit der Wirtschaft, führt Erfindungen in reale Innovationen über.« Konzernbosse fordern ihre raren Innovatoren auf, endlich die Kunden zu verstehen. Städte bauen Gründerzentren auf. Das Wort Start-up wird immer öfter in den Sonntagsreden der Politiker gebraucht. Der Aufbau einer neuen Innovationskultur oder einer jungen Gründerkultur lässt mich aber trotzdem immer an Cargo-Kulte denken.

Die Besucher des Silicon Valley bringen als oberflächlichen Eindruck heim, dass dort viele Gründer zusammenarbeiten und dass sie dort Billardtische und Hängematten im Eingangsbereich zur

Verfügung haben. Aha ... Man baut also Büroflächen für Gründer aus und platziert Tischfußballspiele zum Mittagspausenkickern. Man baut Landebahnen und Tower. Nun wartet man auf die Milliarden aus den erfolgreichen Gründungen.

Natürlich landen Flugzeuge nicht ohne Landebahnen und Tower, die sind eben eine Vorbedingung. Aber für den Erfolg von Gründerzentren kommt es hauptsächlich darauf an, dass sich ein Geist für Exzellenz, Erstklassigkeit, weltweite Visionen und unternehmerisches Können ausbildet. Den erschafft man nicht durch Vermieten von subventionierten Büroflächen, der bildet sich auch nicht von allein, wenn viele Gleichinteressierte auf einem Haufen hocken. Ohne Goethe und Schiller wird das nichts mit Weimar, ohne die Modersohns oder Mackensens gelingt ein Künstlerdorf Worpswede nicht so gut. Nur Qualität erzeugt eine neue Kultur, aber man versucht es mit Quantität, gegen jede Vernunft. Jede Stadt eröffnet Kulturzentren und Start-up-Kolonien wie die Erschließung von neuen Gewerbegebieten. Alle fangen an – ohne führende Köpfe, alle imitieren irgendwelche Landebahnen und reden aufgeregt über die kommenden Flugzeuge. Es wird planlos mit Hoffnungen gehandelt. Wie ich diese Floskeln hasse! »Wir stehen natürlich noch am Anfang, aber die ersten Schritte sind gemacht. Die Richtung stimmt. Dies ist natürlich erst die erste Konferenz, wir wollen noch viel verbessern ...« Vielleicht bin ich nur zu ungeduldig, endlich etwas von konkreten Resultaten hören zu wollen. In Berlin gibt es ja schon eine größere Gründerszene – da setzt sich etwas so vehement in Bewegung, dass anderen Städten richtig bange wird. »Gibt es dann nur noch Berlin?«

Vielleicht wird ja Berlin – vielleicht werden München, Jena und Köln Keimzellen für neue Gründerkulturen, die Deutschland technologisch und zukunftsträchtig auf Trab bringen und halten. Unsere Aufgabe ist aber viel umfassender: Wir müssen die gesamte Kultur in die Zukunft führen. Wir erleben demnächst die Automation vieler Arbeiten, von Berufen oder sogar Berufszweigen. Wir sehen den Absturz ganzer Menschengruppen in prekäre Lagen oder gar Armut, wir müssen uns alle auf ein historisch nie gekanntes Bildungsniveau der hohen Professionalität aufschwingen.

[Silicon Valley reicht nicht. Auf zu einem Culture Valley!]

Dazu brauchen wir eine vernünftige Infrastruktur und - darf ich dieses ein wenig veraltete Wort benutzen? - führende Intellektuelle, die es einmal gab und die ausgestorben zu sein scheinen.

Zur Infrastruktur: Das Silicon Valley nahm seinen Aufschwung mit Computern, Netzen, dann dem Internet und jetzt der Cloud und der Verfügbarkeit von großen Analysedatenmengen, die die Grundlage für allerlei künstliche Intelligenz durch »Big Data« bilden. Überall da, wo diese Infrastrukturen gut ausgebaut sind, wo es Glasfaserkabelnetze, wissenschaftliche und andere Daten und Aufgeschlossenheit gibt, blüht das Land. Dafür sind Finnland und in neuerer Zeit Estland leuchtende Beispiele gewesen. In Estland kann jetzt sogar jeder die E-Staatsbürgerschaft erwerben, das Internet ist dort spottbillig. 2014 publizierte die *Huffington Post* im Netz einen Artikel:

> *Vor gerade einmal 24 Jahren war Estland eine Wüste. Wirtschaftlich kaputt. Politisch bedeutungslos. Technologisch rückständig. Heute dagegen ist die baltische Republik mit ihren 1,3 Millionen Einwohnern das vielleicht digitalste Land der Welt.*
>
> (http://www.huffingtonpost.de/2014/03/24/digitale-zukunft-estland-_n_5021458.html)

Estland ist der schlagende Beweis dafür, dass man eine gewisse Kultur auf der grünen Wiese etablieren kann, wenn man entschlossen eine wirklich zufriedenstellende Infrastruktur aufbaut. Die Früchte einer solchen Infrastruktur und der sich entwickelnden Kultur können wir heute in der EU sehen. Jeder kann nach Estland fliegen, man muss gar nicht bis nach Kalifornien reisen.

Ich habe mir gerade hier im Buch gewünscht, dass wir unser gesamtes Kulturgut frei im Internet zur Verfügung stellen, neue Kulturgüter (Medizin, Physik) produzieren und freigeben, alle Vorlesungen in zukunftweisender Form publizieren und so weiter. Ich will sagen: Um eine solche Infrastruktur zu schaffen, muss man nicht unbedingt gleich einen Bewusstseinswandel betreiben und wieder einmal hilflos oder naiv »Umdenken in den Köpfen« per nicht legitimiertem Appell verlangen. Es geht viel einfacher, man kann die Inhalte schlicht mit viel Geld erzeugen. Ein paar Milliarden, und es geht los! Wir müssen dazu keine Gesetze ändern, alte Zöpfe abschneiden oder Demonstranten abwehren. Wir können es einfach tun, so wie es mit dem Legen von Glasfaserkabeln in Estland ja auch klappt. Wir finanzieren eine neue Industrie!

[Culture Technologies schaffen die Infrastruktur für das Culture Valley.]

Wir sollten Unternehmen fördern, die alles rund um Kultur beliebig gut aufbereiten und der Allgemeinheit zur Verfügung stellen. Warum können wir das nicht? Estland - Sie haben es vernommen - war kaputt, bedeutungslos und rückständig. Estland hat es geschafft. Deutschland ist wirtschaftlich gesund, hat die Technologien und großen politischen Einfluss. Geht es uns vielleicht zu gut? Warum schaffen wir keinen kulturellen Sprung nach vorne und oben?

Schaudern Sie bitte nicht, wenn ich scheinbar leichtfertig »kostet nur Milliarden« sage. Ich freue mich so sehr, dass es überhaupt allein mit Geld geht! Sehen Sie sich alle anderen Innovationen an, wenn es juristisch schwierig wird oder wenn die Ewiggestrigen mauern. »Atomstrom wollen wir nicht, aber die Windräder verschandeln die Natur. Könnten wir sie nicht unterirdisch betreiben?«

Culture Technologies sollten nicht in dieser Weise auf unterirdische Gegenargumente treffen - oder? Na gut, ich kann mir schon welche vorstellen, aber wir können ja schon einmal anfangen. Kultur nährt die Kultur.

Die Infrastruktur, die durch Culture Technologies erschlossen wird, lässt dann die neue Kultur großer Professionalität und allgemeinen Wohlergehens sprießen. Wo Internet ist, kommen

Start-ups, wo Straßen sind, entstehen Häuser. Denken Sie etwa an die blühende Stadt Siegburg bei Bonn, die als Haltepunkt auf der ICE-Schnellstrecke vom Frankfurter Flughafen nach Köln einen sagenhaften Aufschwung nahm. Denken Sie an den Niedergang der Städte, die vom ICE-Netz abgeklemmt werden, oder die damals keinen ICE haben wollten. Besichtigen Sie doch einmal den Bahnhof von Bebra, der früher der Knotenpunkt schlechthin war. Bebra war vor der Wende die Schleuse zum Verkehr nach Osten. Heute ist nichts mehr davon zu spüren, es riecht schlecht, notdürftig eben, der Bahnhof wirkt wie eine Ruine (ich war vor zwei oder drei Jahren das letzte Mal da).

[Kulturelle Infrastruktur ist das Saatfeld für Kultur.]

Nun brauchen wir »nur noch« etliche - wie sage ich nur? - Intellektuelle, die solch eine neue Kultur zur Verbannung des Flachsinns anschieben helfen.

Ach, Intellektuelle - die gab es früher. Heute wird der Begriff kaum noch im Munde geführt. Warum nicht? Gibt es keine mehr? Ist »intellektuell« so etwas wie »schlaumeierisch«? Ich bemühe einmal mehr die Wikipedia:

> *Als Intellektueller wird ein Mensch bezeichnet, der wissenschaftlich, künstlerisch, religiös, literarisch oder journalistisch tätig ist, dort ausgewiesene Kompetenzen erworben hat und in öffentlichen Auseinandersetzungen kritisch oder affirmativ Position bezieht.*

Früher gab es gefühlt ziemlich viele davon, besonders aus den geisteswissenschaftlichen Bereichen unseres Daseins. Wo sind sie bloß geblieben? Sind sie tendenziell von Netzphobien befallen und bleiben eben »in ihren Zirkeln« unsichtbar? Hören wir sie bei den drängenden Fragen? Manchmal schon, aber sie werden mehr und mehr als lebensfern angesehen. Sie mischen sich nicht energisch genug ein und mischen daher nicht mehr mit. Die Talkshows im Fernsehen plaudern gefällig werbend mit Promis, oder sie ziehen bewusst geplante Rowdy-Wrestlings zum Lustgewinn und zur Zap-Verhütung auf. Sie hauen und stechen aufeinander ein, dann kommt zum Abkühlen ab und zu einmal ein »Experte« zu Wort, den die Streithähne dann gleich wieder vollkommen ignorieren. Wo sind die Intellektuellen?

Die zitierte Definition eines Intellektuellen sagt, dass dieser nicht nur wissenschaftlich weiß, sondern das Wissen einbringt und nutzbar macht. Philosophien sind heute zum Beispiel immer abstrakter und unverständlicher geworden, für den praktischen Menschen sind Platon und Aristoteles eigentlich besser. Ist das nicht ein Armutszeugnis? Psychologen verdammen jede »Alltagspsychologie« als nicht wissenschaftlich genug – wo aber sind sie im echten Leben neben den Trivialratgebern und patentierten selbst erfundenen Lebensrettern?

Ich möchte diese meine Klage erläutern. Es gibt einen Unterschied zwischen einer Erfindung (dem erstmaligen Entdecken, Wissen oder Erkennen) und einer Innovation (dem vielmaligen Nutzen). Wissenschaftler, Philosophen, Psychologen etc. sind heute eher Erfinder, aber keine Innovatoren mehr. Sie beeinflussen die Menschen nicht, sie wissen es nur besser. Besonders Deutsche erfinden so viel!

- Heinrich Göbel erfand die Glühbirne, Edison machte uns Licht im Haus.
- Philip Reis erfand das Telefon, aber Bell ließ uns telefonieren.
- Carl Benz erfand das Auto, aber Ford produzierte eines für uns.

Ich will sagen: Was einen Erfinder vom Innovator unterscheidet, differenziert den Experten vom Intellektuellen. Der Intellektuelle muss nichts erfinden, sondern nur das Gute wirklich in unser aller Welt setzen. Dazu muss er in unsere Welt kommen, auch und besonders in die des Netzes. Er muss die Welt verbessernd verändern helfen und an der neuen Kultur schaffen. Er soll wichtige Positionen beziehen und behaupten. Der »Kompetente« oder »Experte«

ist stolz auf neue geistreiche Erkenntnisse, der Intellektuelle trägt sie sinnstiftend in die Menschheit. Es kommt auf den Einfluss in den öffentlichen Auseinandersetzungen an! Vielleicht kann es ein Intellektueller sogar schaffen, Maßgebendes in die Welt zu setzen - wie etwa Kant mit seinem kategorischen Imperativ. Darauf kommt es an - nicht auf das Ersinnen des Imperativs, sondern auf dessen Einfluss auf unsere Kultur.

Was ist eine komplizierte Erfindung wert, die patentiert und publiziert ist - die aber niemand braucht oder versteht?

»Raus, raus aus der Geistesfilterblase!«, will ich rufen, aber es fehlt den Intellektuellen eben auch an den heute erforderlichen Talenten rund um den AQ. Es geht nicht mehr nur darum, die Wahrheit zu verkünden, sie muss auch attraktiv dargestellt werden, sonst nimmt sie keiner wahr. Die Intellektuellen müssen sich Mühe geben, dass es eine phatische Brücke zwischen uns und der Wahrheit gibt. Sie dürfen sich nicht auf »Hegel muss man sich eben mühsam erarbeiten« zurückziehen. Das ist im Zeitalter der Aufmerksamkeit mindestens arrogant, sicher aber erfolglos. Das habe ich schon so oft gesagt, aber typische Professoren schütteln den Kopf: »Man muss es sich wirklich hart erarbeiten müssen, sonst sitzt es nicht. Ich habe es auch lange nicht verstanden. Jeder muss sich durchbeißen.« Das ist alte Welt. Tiefsinn bekämpft den Flachsinn nicht durch verachtende Abkapselung. Die heutigen Experten werden so aufgenommen: Tc;df - too complicated, didn't follow - zu kompliziert, mag mich nicht darauf konzentrieren! Wir brauchen keine geisteswissenschaftliche Auseinandersetzung im Elfenbeinturm gelehrter Sprachfiguren. Wir brauchen Intellektuelle zum Aufbau einer neuen Kultur.

Der Unterschied zwischen einem Erfinder und einem Innovator oder zwischen Ruhm und Nutzen wird seit einigen Jahren immer besser verstanden. Ich hoffe, dass es uns gelingt, auch den Unterschied zwischen einem Kompetenten und einem Intellektuellen endlich in seiner Tragweite zu verstehen.

Erfinder, Wissenschaftler, Experten - raus aus der Filterblase! Auf zur Kulturneugründung!

In einer höher gebildeten Welt der Empowerten und Professionellen brauchen wir andere Kulturen, neue Werte und gar neue Menschenbilder. Der Empowerte ist wirksam in seiner Umgebung tätig, seine Arbeit soll ihn erfüllen. Er ist kein Tier mehr, das von Krawattenträgern zur Arbeit am Band getaktet werden muss. Die Unternehmen diskutieren diese neuen Kulturen seit Jahren schon immer intensiver. Wie sieht die neue Unternehmenskultur der Zukunft aus?

Ja, könnten wir bitte darüber einmal ernsthaft reden? Nein, man schaut sich die Arbeitsräume von Google in Kalifornien an und kopiert sie. Es geht immer darum, das Erfolgreiche zu imitieren, was oft in einen Cargo-Kult mündet. Manager sagen »best practices« dazu. Man schaut, was woanders gut läuft, und macht es nach. Das ist im Übergang in eine neue digitale Gesellschaft nicht der richtige Weg. Wir sollten grundlegender nachdenken:

- Metawork/Metaarbeit: Wie werden wir arbeiten und miteinander umgehen?
- Metamanagement: Wir organisieren wir in Zukunft Firmen und Institutionen?
- Metakultur: Wie gehen Menschen miteinander um? Wie entwickeln sich neue Staatsformen in der digitalen Welt?

Mit dem bloßen Kopieren können wir ja wieder anfangen, wenn die neue Richtung klar ist. Für neue kulturelle Richtungen brauchen wir neue Intellektuelle. Unternehmen erkennen nun langsam den Wert von Innovatoren an. Sie glauben seit einiger Zeit auch, dass es »Andersdenkende« geben dürfte, die nicht nur »Whatever you decide, boss, I'll prove you right« sagen (»Was immer du befiehlst, Chef, ich werde durch harte Arbeit beweisen, dass deine Anordnung bestmöglich war«). Die Institutionen spüren, dass in instabilen Zeiten die Menge der Jasager in die falsche Richtung laufen könnte. Daher predigen sie wenigstens verbal die »Notwendigkeit von Querdenkern«, die auch einmal ungewohnte Denkwege ausprobieren und andere Ansichten haben, die frischen Wind in die Institutionen bringen und »aufrütteln«. Da räkeln sich verbal die Selbstgefälligen ganz oben: »Wir hören es auch einmal gern, wenn jemand abseits von eingefahrenen Pfaden denkt, wenn jemand unkonventionell an die Dinge herangeht und unvoreingenommener ist, als wir es sind - manchmal lassen wir uns auch beim Dinner den Spiegel vorhalten, das regt an.« Genauso gründen Politiker Arbeitskreise, um neue Gedanken ausloten zu lassen und gar einmal das Volk per teurer Studie zu befragen.

Die Kulturen verändert das nicht, absolut nicht.

Diese Studien, Querdenker, Künstler und Unkonventionellen bilden eine Art Hofnarrenkonzert. Es darf ab und zu einmal der Wahrheit ins Gesicht gesehen werden, mit Humor, der den Ernst aus der Sache herausnimmt.

Neue Gedanken sollten nicht nur aufrütteln oder »genossen werden«, sie sollen wirken. Dazu brauchen wir neue Strukturen und nicht nur Intellektuelle in der Öffentlichkeit oder in der öffentlichen Diskussion, sondern wohl auch in den Unternehmen und Institutionen. Gibt es die heute? Stream Smarts werden in Unternehmen noch geschätzt, aber wie steht es um Intellektuelle, die dem Vorstand die Stirn bieten, ihn wirklich fordern und mit Vernunft und neuen Ideen Einfluss nehmen?

Im Netz gilt: Wer die Stimme erhebt, bleibt nie mehr unverletzt. Wie ist das innerparteilich? Wie in einem hierarchischen Großkonzern? Gibt es gleiche Augenhöhe zwischen Macht und Vernunft?

Viele erfolgreiche Jungunternehmen zeichnen sich durch ein balanciertes Gründerteam aus. Da ist der »Techie«, der eine Erfindung zu einer Innovation werden lässt. Da ist der, der die Organisation formt (»shaping the new world«) und machtvoll klarmacht, dass am Ende Gewinne erzielt werden - und schließlich sorgt ein dritter für die Attraktivität, das geniale Marketing, die Allianzen mit anderen Unternehmen und das Netzwerk der Kunden. Diese ersten drei agieren sehr oft mindestens am Anfang auf Augenhöhe und sind ein wirkliches Team.

Und wir sehen alle, dass es irgendwie so sein muss.

Neue Infrastrukturen und Culture Technologies ermöglichen neue Kulturen und neue Culture Valleys, aber die Stream Smarts, die Institutionsintellektuellen, die Macher, Innovatoren und die echten Pioniere müssen es schaffen, dann auf dem urbaren Acker ein Culture Valley entstehen zu lassen.

Wir alle können das. Deutschland hatte ein bewundertes Bildungssystem, ein herausragendes Gesundheitssystem und glänzt noch heute durch das typisch deutsche Ingenieurwesen. Super. Und nun gehen wir ran an ein neues Culture Valley. Denn hier wollen wir nicht bleiben. Hier wollen wir raus.

Literatur

Jeremy Bentham, Das Panoptikum. Aus dem Englischen von Andreas Leopold Hofbauer, hrsg. von Christian Welzbacher, Berlin 2013.

Gunter Dueck, Dueck's Panopticon: Gesammelte Kultkolumnen, Heidelberg 2007.

Gunter Dueck, Professionelle Intelligenz (2011), Köln 2013

Gunter Dueck, Schwarmdumm, Frankfurt 2015

Ibrahim Evsan, Du bist die Botschaft: Wie Sie als Wertebotschafter erfolgreich zum Social Trademark werden und damit Großes bewirken können, Kindle Edition, Amazon, o. J.

Richard Feynman, Cargo Cult Science, Rede in der Caltech, Text im Netz unter http://calteches.library.caltech.edu/51/2/CargoCult.htm, Pasadena 1974

Richard Feynman, Sie belieben zu wohl zu scherzen, Mr. Feynman! München 2008

Michel Foucault, Überwachen und Strafen: Die Geburt des Gefängnisses (1975), Frankfurt 1993.

David Maister et al., The Trusted Advisor, New York 2001.

Monthy Python, The Spam Song, auf YouTube: https://www.youtube.com/watch?v=g8huXkSaL70.

Adam Smith, Der Wohlstand der Nationen (1776), Köln 2013

Zusammenfassung von Hegels Philosophie auf: http://www.philosophie-seite.de/Hegel/philosophie.htm.

Bildnachweis

1. Abbildung eines Panopticons, Quelle: Wikipedia, Kopie aus dem Werk Benthams, von der Seite https://de.wikipedia.org/wiki/Panopticon#/media/File:Panopticon.jpg

2. Kubanisches Gefängnisgebäude, Quelle: Wikipedia, image upload by Friman, von der Seite https://de.wikipedia.org/wiki/Panopticon#/media/File:Presidio-modelo2.JPG

3. Amerikanische Postkarte (»Interior view of cell house, new Illinois State Penitentiary at Stateville, near Joliet, Ill.«, Quelle: Scanned from the postcard collection of Alex Wellerstein. (Copyright expired.); von der Seite: https://prisonphotography.org/2010/08/21/stateville-prison-joliet-il-art-object

4. Teatro de Fenice in Venedig, 2015, nach der Rekonstruktion, Quelle: Wikipedia, Photograph by Youflavio – Own work, CC BY-SA 4.0, von der Seite https://commons.wikimedia.org/w/index.php?curid=46062999

5. Die Einfachheitskurve. Schaubild von Olivia Mitchell, Quelle: http://www.speakingaboutpresenting.com/content/presentation-simplicit

6. Unsere Aufmerksamkeit in der Einfachheitskurve, Quelle: Gunter Dueck nach dem Schaubild von Olivia Mitchell

7. Gartner Hype Curve, Quelle: Gartner Inc.

8. Aufmerksamkeitsstürme, Quelle: Gunter Dueck nach Gartner

9. Kursverlauf von Aktien, Quelle: Yahoo Finance

10. Daniel Chodowiecki, *Toleranz*, Quelle: https://de.wikipedia.org/wiki/Aufkl%C3%A4rung#/media/File:Minerva_als_Symbol_der_Toleranz.jpg